アメリカン・タックスシェルター

基礎研究

本庄 資 著
Honjo Tasuku

税務経理協会

はしがき

　アメリカは，未曾有の財政危機を体験しこれを克服してきた歴史的背景から，有害な租税競争による課税ベースの浸食，トリーティ・ショッピングによる課税ベースの浸食，情報通信革命の進展や金融取引の発展に伴い，ストラクチャード・ファイナンス技術や多様な事業体や私法上の形成可能性の法技術を駆使したタックス・シェルターが「税収減少傾向」に拍車をかけ，所得課税，特に法人税の空洞化を促しているとの危機感を募らせている。

　アメリカは，いうまでもなく代表的な自由主義，資本主義の国として，タックス・シェルター自体を否定するものではない。

　拙著『租税回避防止策—世界各国の挑戦』(大蔵財務協会，1998)ではいくつかこの考えを支える次の著名な言葉を引用している。

　マーシャル・J・ランガーいわく「何人も法の要求する以上に多くの税を支払う義務を負わない。租税は任意の拠出でないので，納税者は不当な要求を強制されない。連邦所得税が法制化されて以来，納税者と顧問は「ループホール」を探し求め，「特別な租税上の特典」のためにロビー活動を行い，合法的な形態の課税問題の調整について徹底的な研究を行い，「公的義務の最小限度」を追求してすべての租税法規を解釈してきた。その努力は「租税回避」といわれ，たとえその努力が失敗するとしても合法的である。」

　最高裁いわく「別段の定めがない限り課されることになる税額を法令の認める方法により減少させまたは回避させる納税者の合法的な権利は疑いのないものである。」(ヘルヴェリング対グレゴリー 293 US 465.1935)

　査察官ハンドブックいわく「租税回避は刑事犯罪ではない。合法的な手段で租税を軽減し，回避し，最小化しまたは緩和しようとする試みは許されるべきである。租税回避と脱税の相違は十分明確である。租税回避は，隠蔽せずまた

は偽りを述べない。税額を軽減しまたは排除するために出来事を適合させ，その出来事を完全に開示する。脱税は，詐欺，誤魔化し，偽装，隠蔽，出来事を歪め，曖昧にし，または事実と異なるものに見せかける試みである。」

しかし，タックス・シェルターが，納税者の取得するタックス・ベネフィットが議会の意図したタックス・ベネフィットを超える一定の投資または取引である場合，アメリカはこれに「濫用的タックス・シェルター」(Abusive Tax Shelters) の刻印を押して，税務上否認する。

そこで，アメリカは，査察官ハンドブックで明らかにしているように，第一にタックス・シェルターは，脱税と区分されるためにも，IRSがその実態を把握するためにも，まずIRSに開示されるべきであると考え，オルガナイザーに登録を命じ (IRC 6111(a))，持分の販売者に購入する投資家へのタックス・シェルターIRS識別番号の通知を命じ (IRC 6111(b))，投資家に申告書へのタックス・シェルターIRS識別番号の記載を命じ，オルガナイザーや持分の販売者などのプロモーターに投資家リストの保存義務を課している(IRC 6112)。1997年には，秘密の法人タックス・シェルターについても，登録すべきものとする。

米国の租税政策は，米国企業の国際競争力の強化のため，多様な事業形態の選択を認め，米国企業の海外進出を容易にするため，国外所得免税への方針変換さえ議論する柔軟性をもち，外国資本の米国への誘因となる種々の措置を講じる反面，外国企業課税の強化も図ろうとする。米国は，議会の意図する租税の減免による歳入ロスを覚悟する反面，議会の意図しない歳入ロスには，厳しく対応する方針を明確にしている。税法の不完全性を意識して，ループホールを発見するつど，税制改正によりこのループホールを埋めるべく人目も憚らず，議会，財務省および内国歳入庁が，密接に協力している。

租税法律主義を堅持し，自主申告納税制度に不可欠の法的安定性と予測可能性を保障すべく，米国は一貫して税法改正に最善を尽くす姿勢を示すが，税法のルールを具体化するため，税法は財務長官に租税回避取引を否認し別の取引に置き換える規則制定権を付与する。「法律の委任」という形で大きな権限を付与された財務長官は，財務省規則において個別的否認ルールやその具体化で

あるスタンダードを制定する権限を内国歳入庁長官に付与している。米国の法律家は，複雑かつ財務省規則や内国歳入庁のレベニュー・ルーリングおよびレベニュー・プロセデュアと多層のルール，スタンダード，テスト，さらにコモンローの判例原則を嘆きつつタックス・オピニオンを書き，会計士や投資銀行などのプロモーターはこれらのメカニカル・ルールやテクニカル・ルールを利用してタックス・シェルターを開発し，多額の報酬を得ている。米国は，税法の複雑化が新しいタックス・シェルターを生み出す元凶であることを自覚している。

税法の簡素化は，一見納税者によって理解しやすい税制が期待できるというメリットはあるが，逆にいえば，適用に当たって解釈の余地が大きくなり，裁判の多い米国では法曹のみが潤うか，この解釈権が課税当局に法的に付与されると，自主申告制度とはいえ，実質的には課税庁の恣意性が懸念される状況が生じる。米国のように，課税庁の幹部がポリティカル・アポインティである国では，課税ルールもこれを適用した課税事案も公表されなければ，かつて疑義を招いた事件のように，政敵を倒すために課税庁が利用されるという懸念が残る。また，税務職員が自己流の解釈で課税したりしなかったりということになれば，非行の温床ともなりかねない。したがって，課税ルールやその適用について課税上の判断をした場合には，これをNoticeの形で公表し，かつ，警告を与えることにしている。

多くの財貨・サービスや技術が米国から輸入されるが，タックス・シェルターもその例外ではない。ただ，日本が米国と違うのは，その実態がどの程度把握され，どのようなルールでどのように処理されているのか，公表されていないため，国民によく理解されないままになっている点である。本書は，最近，米国財務省が公表したタックス・シェルター白書や米国議会課税合同委員会スタッフが公表した膨大なエンロン・レポートを中心に米国のタックス・シェルターの実態とこれに税法の予定した税収の確保のために真摯な対抗措置をとる立法，行政および司法の現状を研究し，今後，日本において同じ課題に取り組む方々の研究の一助になればとまとめたものである。その主たる内容は，これ

まで「国際税務」や「租税研究」に掲載された著者の論文によるところが多い。ここに，国際税務研究会および日本租税研究協会のご協力に感謝したい。

　末筆ながら，本書の企画，立案から校正に至るまでお世話いただいた税務経理協会編集局長宮下克彦氏はじめ関係者の人々に厚くお礼申しあげる。

2003年7月

本庄　資

目　　次

はしがき

《第1編》アメリカン・タックス・シェルター

第1章　アメリカン・タックス・シェルターの概要 …………… 3

1　タックス・シェルターの定義 ……………………………………… 3
　（1）　一般的タックス・シェルター　*4*
　（2）　タックス・シェルターの特性　*5*
　（3）　古典的なタックス・シェルターの特性　*7*
　（4）　濫用的タックス・シェルター　*11*
　（5）　バーンアウト・タックス・シェルター　*12*

2　タックス・シェルター発展の要因 ………………………………… 13
　（1）　タックス・シェルターの主たるベネフィット　*14*
　（2）　法人タックス・シェルターのコストの引下げ　*14*

3　タックス・シェルターに利用される事業形態 …………………… 16
　（1）　自営業主（個人）　*17*
　（2）　パートナーシップ　*17*
　（3）　リミテッド・ライアビリティ・カンパニー　*18*
　（4）　規制投資会社　*19*
　（5）　不動産投資信託　*19*
　（6）　不動産モーゲージ投資導管　*20*
　（7）　金融資産証券化投資信託　*21*

（8）　S　法　人　*21*
　　　（9）　人的役務法人　*22*
　　　（10）　閉鎖的保有 C 法人　*22*
　　　（11）　外国事業体　*22*
4　最近のタックス・シェルターに利用される主要税制……………… *25*
　　　（1）　被支配法人に対する非課税譲渡　*27*
　　　（2）　債　務　引　受　*28*
　　　（3）　一定の不確定債務　*28*
　　　（4）　譲受法人による債務の控除　*29*
　　　（5）　脱税または租税回避のために行われる取得　*30*
　　　（6）　関連法人間の償還　*31*
　　　（7）　受取配当控除　*31*
　　　（8）　異　常　配　当　*32*
　　　（9）　連結グループの収益・利潤　*33*
　　　（10）　不動産モーゲージ投資導管　*33*
　　　（11）　リースとファイナンス　*34*
　　　（12）　一般的に非課税とされるパートナーシップへの拠出　*36*
　　　（13）　パートナー持分の清算　*36*
　　　（14）　パートナーシップ資産の調整ベーシスの選択　*37*
　　　（15）　パートナーシップを通じた資産の偽装売却　*38*
　　　（16）　法人パートナーによって支配される分配を
　　　　　　　受ける法人の資産のベーシスの調整　*39*
　　　（17）　拠出された資産に係るパートナーシップの配分　*39*
　　　（18）　パートナーシップにおけるパートナー持分のベーシス　*40*
　　　（19）　パートナーシップ濫用防止規定　*42*
　　　（20）　債務の分類　*43*
　　　（21）　みなし売却　*44*
　　　（22）　不適格負債　*45*

(23)　ストラドル　*46*

　(24)　前払取引　*47*

　(25)　想定元本契約　*48*

第2章　タックス・シェルターの類型 ……………………… *51*

1　タックス・シェルターの類型化 ……………………… *51*
2　JCTのエンロン・レポートによる類型化 …………… *54*
3　損失の創造または損失の二重控除 …………………… *56*
　(1)　基本理論　*56*

　(2)　不確定債務に係る損失　*57*

　(3)　ビルト・イン・ロス　*61*

4　課税排除 ………………………………………………… *72*
　(1)　基本理論　*72*

　(2)　清算REITスキーム　*74*

　(3)　ファースト・ペイ株式　*74*

5　恒久的収益繰延 ………………………………………… *75*
　(1)　基本理論　*75*

　(2)　プロジェクト・トーマス　*76*

　(3)　プロジェクト・コンドル　*83*

6　所得移転または所得分割 ……………………………… *89*
　(1)　基本理論　*89*

　(2)　個人等の所得移転　*91*

　(3)　法人の所得移転　*97*

　(4)　介在者取引　*101*

7　課税繰延 ………………………………………………… *102*
　(1)　基本理論　*102*

　(2)　債権ストラドル　*103*

　(3)　パススルー・エンティティ・ストラドル　*103*

（4）パートナーシップ・ストラドル　*104*

　　（5）想定元本契約　*105*

　　（6）ベーシス引上げ　*106*

　　（7）COLI と TOLI　*106*

8　課　税　軽　減 *114*

　　（1）基 本 理 論　*114*

　　（2）ベーシス・シフト　*116*

　　（3）自 己 金 融　*129*

　　（4）繰越 NOL を消化するためみなし売却を利用する
　　　　　キャピタル・ゲインの創出　*138*

　　（5）アコモデーション・フィー　*142*

第 3 章　ストラクチャード・ファイナンス *151*

1　多段階優先証券 *152*

　　（1）スキームの狙い　*153*

　　（2）IRS の審理　*153*

　　（3）JCT によるスキームの検討　*155*

2　投資ユニット証券 *158*

　　（1）スキームの狙い　*158*

　　（2）投資ユニット証券の 1995 年発行　*159*

　　（3）投資ユニット証券の 1999 年発行　*160*

　　（4）JCT によるスキームの検討　*162*

3　商品前払取引 *167*

　　（1）スキームの狙い　*168*

　　（2）商品前払取引の概要　*169*

　　（3）JCT によるスキームの検討　*173*

《第2編》タックス・シェルター対抗措置

第1章　実体法におけるタックス・シェルター対抗措置 ... *179*

1　租税法律主義と租税回避取引の否認理論 ... *179*
　（1）個別的否認規定の立法の意義　*179*
　（2）租税回避取引の否認の方法　*180*
2　税務会計の基本原則 ... *181*
　（1）会計方法の一般原則　*182*
　（2）会計方法の変更　*183*
　（3）利子に関する会計方法　*183*
　（4）想定元本契約の会計方法　*184*
　（5）ヘッジ取引　*189*
　（6）現金主義の利用制限　*194*
　（7）割賦方法　*197*
　（8）長期契約　*213*
　（9）経済的パフォーマンス・ルール　*215*
　（10）危険負担額に制限される控除　*219*
　（11）資産またはサービスの使用の対価　*224*
　（12）パッシブ活動損失および税額控除の制限　*233*

第2章　租税回避取引に関する主要法令 ... *239*

1　ルールとスタンダード ... *239*
2　共通かつ重要な租税回避防止規定 ... *240*
　（1）会計方法　*242*
　（2）代替的ミニマム・タックス　*243*

（3）投資利子控除の制限　*243*

　　（4）減価償却の取戻　*244*

　　（5）アット・リスク・ルール　*244*

　　（6）パッシブ活動ルール　*245*

　　（7）所得移転の原則　*246*

　　（8）移転価格税制　*247*

　　（9）過少資本税制　*249*

　　（10）タックス・ヘイブン対策税制（サブパート F 所得）　*249*

　　（11）留保収益税　*250*

　　（12）同族持株会社税　*250*

　　（13）S 法 人　*250*

　　（14）パートナーシップ　*253*

　　（15）優先株式による利益の抜き取り　*258*

　　（16）法人分割による利益の抜き取り　*259*

　3　タックス・シェルター類型別の個別的否認規定の例 ……… *260*

　　（1）所得の認識の繰延　*260*

　　（2）益金不算入　*261*

　　（3）所得区分の変更　*261*

　　（4）所得源泉の変更　*262*

　　（5）租税裁定取引　*262*

　4　財務省規則の濫用防止ルールの例 ……………………………… *263*

　　（1）パートナーシップ濫用防止ルール　*263*

　　（2）割引債濫用防止ルール　*264*

　　（3）連結納税濫用防止ルール　*264*

　5　法律の委任 ……………………………………………………………… *264*

　　（1）IRC 269　*265*

　　（2）IRC 446　*265*

　　（3）IRC 482　*266*

（4）IRC 7701⑴　*266*

6　IRSノーティスの例 ··· *267*

　　（1）ノーティス2001-45　*267*

　　（2）ノーティス2002-18　*267*

　　（3）ノーティス2002-21　*268*

7　主要な個別的否認規定の立法の歴史 ······································ *269*

　　（1）投資負債利子の控除制限　*270*

　　（2）利　益　動　機　*270*

　　（3）農業損失の控除制限　*271*

　　（4）過少資本税制　*272*

　　（5）株　式　配　当　*272*

　　（6）一定の農業経費の控除制限　*273*

　　（7）アット・リスク・ルール　*274*

　　（8）代替的ミニマム・タックス　*276*

　　（9）債務引受における「取得原価を超える債務」　*277*

　　（10）米国不動産に対する外国投資税法　*278*

　　（11）所得税の回避・脱税のために組織され

　　　　　または利用される人的役務法人　*278*

　　（12）資産取得として扱われる株式買収　*279*

　　（13）受取配当控除の制限　*279*

　　（14）留保収益税の公開会社への適用拡大　*280*

　　（15）関連外国法人あてに発行した割引債の利子経費の控除制限　*281*

　　（16）関連者またはパススルー・エンティティの利用　*281*

　　（17）パッシブ・ロス・リミテーション・ルール　*281*

　　（18）評価益のある資産の分配に関する

　　　　　ゼネラル・ユーティリティ原則の廃止　*282*

　　（19）キャピタル・ゲイン優遇税制の廃止　*284*

　　（20）関連者間取引の損失・経費の損金算入繰延規定の

「人的役務法人の株主従業員」への適用拡大　*284*
　　（21）　支店利益税　*285*
　　（22）　一定の短期債券の購入のための借入金利子の計上時期　*285*
　　（23）　完全な清算における分配資産につき認識されるゲイン・ロス　*285*
　　（24）　所有権変更後の営業純損失の繰越と
　　　　　　ビルト・イン・ロスの制限　*286*
　　（25）　ビルト・イン・ゲインと相殺するための
　　　　　　買収前損失の利用の制限　*287*
　　（26）　被支配法人の株式・証券を分配する法人の課税上の取扱　*287*
　　（27）　アーニング・ストリッピング　*288*
　　（28）　関連会社間の「債務保証」に対する
　　　　　　アーニング・ストリッピング規定の適用　*288*
　　（29）　金融取引を利用した所得分類の変更　*288*
　　（30）　課税規定を利用した帳簿価額のステップ・アップの防止　*289*
　　（31）　外国税額控除の制限　*289*
　　（32）　パッシブ外国投資会社の繰延防止　*291*
　　（33）　総合調整　*291*

第3章　判例原則　*293*

１　実質主義　*293*
　　（１）　ステップ取引原則　*295*
　　（２）　納税者の実質主義の主張　*296*
２　事業目的原則　*297*
３　経済実体原則　*298*
４　租税回避の否認事例　*299*
　　（１）　グレゴリー判決　*299*
　　（２）　ネシュ判決　*300*
　　（３）　エイケン判決　*301*

　　　　　　　　　　　　　　　　　　　　　　　　目　　次　ix

　　（4）　シュールマン判決　*302*
　　（5）　ACM パートナーシップ判決　*303*

第4章　手続法におけるタックス・シェルター対抗措置 ································ *305*

1　タックス・シェルターの実態把握のための制度 ································ *305*
　　（1）　タックス・シェルター登録制度　*306*
　　（2）　タックス・シェルター開示制度　*306*
　　（3）　投資家リスト保存制度　*307*
　　（4）　秘密の法人タックス・シェルター　*307*
2　タックス・シェルターに対する執行体制 ································ *309*
　　（1）　IRS タックス・シェルターの分析室の設置と機能　*309*
　　（2）　IRS タックス・シェルター・プログラム　*309*
　　（3）　IRS による濫用的タックス・シェルターの取扱　*310*
3　タックス・シェルター対抗措置の強化 ································ *311*
　　（1）　濫用的租税回避取引に関する問題意識　*311*
　　（2）　透明性と厳格な執行　*312*
　　（3）　財務省の立法案（2002）　*312*
　　（4）　財務省の行政措置案　*314*
　　（5）　IRS の執行体制の強化　*318*
　　（6）　タックス・シェルターの開示，登録および
　　　　　投資家リスト保存の懈怠に対するペナルティの強化　*321*
4　国際金融センターとの情報交換の推進 ································ *322*
5　米国議会課税合同委員会スタッフ報告書の税制改正勧告 ············ *323*
　　（1）　エンロンの租税動機取引に関する事実認識　*324*
　　（2）　JCT の勧告　*324*
　　（3）　JCT の各タックス・シェルターごとの勧告　*326*

参考文献 *339*
索　引 *343*

《第1編》
アメリカン・タックス・シェルター

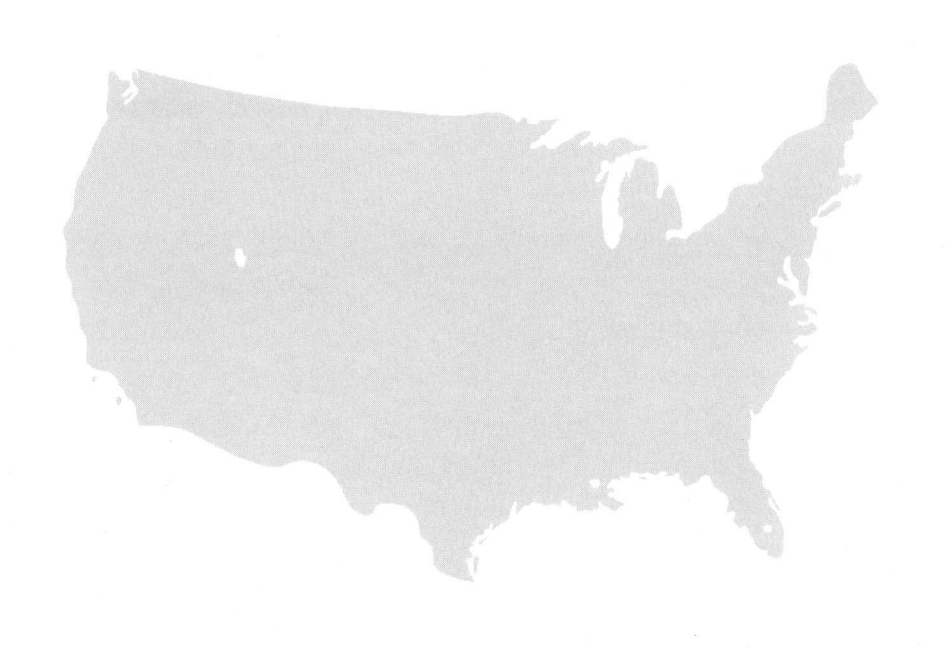

第1章

アメリカン・タックス・シェルターの概要

1 タックス・シェルターの定義

　タックス・シェルターとは何か。また，課税上有利なタックス・シェルターと不利なタックス・シェルターとは，いかなる基準で区別されるか。投資家の公平と法的安定性を確保するために，タックス・シェルターの認定基準および税務上否認の対象となる濫用的タックス・シェルターの認定基準を明確にすることが必要である。米国では，まず「タックス・シェルター」[注1]を定義する (IRC 6111(c))。

　本書においては「タックス・シェルター」は，内国歳入法典によって是認される方法で当期の所得を課税から逃避させ当期の所得税を減少させる可能性を投資家に与える投資であると定義する[注2]。一般に受け入れられるタックス・シェルターとしては，401(K) の利益分与プラン，適格年金または利益分与プランなどがあるが，課税上またはファイナンス上の洗練された戦略を用いた多様な投資プログラムについては財務省および IRS によって否認の是非が検討される。

　（注1）「タックス・シェルター」とは，投資における持分の売却の申出に関してなされた説明から当該投資の売却の申出日後に終了する5年のいずれの年の末日においても投資家のタックス・シェルター割合が2対1より大きくなるであろうと何人も合理的に推測できる投資であって，①連邦もしくは州の証券法に基づき登録を要し，②連邦もしくは州の証券規制当局に通知することを要する登録の免除により売却され，または③相当の投資に該当するものをいう。「タックス・

シェルター割合」とは，各年の末日までの期間に投資家に潜在的に認められると説明される税額控除の350％と所得控除の合計額が，当該年の末日における投資ベースに占める割合をいう。「投資ベース」とは，当該年の末日における投資家の拠出した金銭および他の資産（当該他の資産に係る負債を除く）の額をいい，この場合，①投資の組成，売却もしくはマネジメントに参加する者または②その者の関連者からの借入金は，決定がなされる年の末日前に投資家により無条件に返済されることを要する場合を除き，考慮に入れないものとする。「相当の投資」とは，売却の申出額が250,000ドルを超え，かつ，5人以上の投資家が見込まれる投資をいう。

（注2） 本庄資『国際的租税回避　基礎研究』（税務経理協会，2002）P.6

（1）　一般的タックス・シェルター

後述のタックス・シェルター対抗措置の一つに米国税法には「利益動機（Profit Motive）(注3)の原則」が内蔵されている（IRC 183(c)）。これは，納税者はタックス・シェルター投資による所得控除や税額控除の適用を受けるためには当該投資が利益を得る目的で行うものであることを立証する必要があるという原則である。裁判所は多くのタックス・シェルターについて「利益を得る意図がないという理由で所得控除や税額控除の否認」を認めている。租税裁判所は，「利益動機」の存否を判断するため「一般的タックス・シェルター基準」（generic tax shelter test）を確立してきた(注4)。この基準によれば，「一般的タックス・シェルター」は次のような一定の客観的な性質の有無によって識別される。

① プロモーション資料が「経済実体」（economic substance）より主として「タックス・ベネフィット」に焦点を合わせていること
② 投資家が「価格交渉」をせずに投資資産を購入すること
③ 資産の評価が困難で，パッケージの一部の有形資産が過大評価されていること
④ 有形資産が問題の取引の直前に少額コストで創造または取得されること
⑤ ノン・リコースの約束手形で雑多な対価の支払が繰り延べられること

（注3）　利益動機
　　投資が営業・事業として行われるかまたは利益を得るために行われる場合，そ

の投資に係る所得控除や税額控除の認定のためには利益動機が必要である。裁判では，タックス・シェルター投資が合法的な投資の意図で行われたか，租税回避の目的で行われたかという点が問題となる。しかし，この点については明確な基準がないため，たいていの場合，裁判所は問題のタックス・シェルターは利益を得る意図のないものとしてタックス・ベネフィットを否定してきた。IRSは，判定の際に考慮すべき論点についてガイドラインを定めている（規則1.188-2）。このガイドラインによれば，納税者の主観的意図は営利活動に従事することでなければならないが，納税者の意図は利益動機を示す客観的な行為によって示す必要がある。利益動機の存在の判定には「すべての事実と状況」を考慮に入れるものとされる。ある活動からの総所得が問題の課税年度に終了する5年度のうち3年度の間にその活動から生ずる所得控除を超える場合には，その活動は営利目的で行ったと推定される（IRC 183(d)）。

（注4） J.L.Rose, 88 TC 386, CCH Dec. 43,687; aff'd CA-6, 89-1 USTC 9191, 868 F 2 d 851

（2） タックス・シェルターの特性

タックス・シェルターは，投資家に多様な種類の資産への投資の機会と広範な潜在的タックス・ベネフィットをオファーするが，次のタックス・ベネフィットの利用が共通の特性として挙げられる。

① 当期の所得税額の減少（所得移転，所得分類の変更，所得源泉地の変更，年度帰属の変更，所得控除および税額控除の利用など）

② 投資からの所得やキャピタル・ゲインの課税の繰延（帳簿価額の引継，帳簿価額のステッピング・アップなど）

③ オリジナル投資のファイナンスのために投資家が借入金を利用できること（レバレッジ投資）

④ 租税優遇措置の最大限の利用

すべてのタックス・シェルターには共通の特性があることは認められるが，各タックス・シェルターの運用が同じとは限らない。税法の差異や経済・投資環境の差異などを反映して各タックス・シェルター投資はそれぞれ固有の特色を有するので，潜在的投資家は特定のタックス・シェルターのもつ課税上の得失を検討して投資の意思決定を行う。まず，共通の特性のうち，別に論ずべき

「移転価格」や「タックス・ヘイブン」などを利用した所得移転を除き、「所得控除」を利用した所得移転、「税額控除」を利用した所得税額の減少、「リース取引」や「デリバティブ取引」などを利用した所得区分の変更や年度帰属の操作などから主なものを挙げると、次のようなものがある。

A 税額控除

当期の所得税額を減少させるために直接相殺できる税額控除が税法で次のように認められているが、これらの税額控除は一般にタックス・シェルター投資から投資家にパスされる。

(A) 修復費の税額控除

適格建築物または適格歴史構造物の修復のために生じた一定の経費は、20%の税額控除を受けることができる。

(B) 低所得層住宅税額控除

新築低所得層建築物の適格ベースの70%（一定の連邦補助を受けた建築物については30%）の税額控除が適格低所得層住宅に適用される。

(C) エネルギー税額控除

事業目的のために用いられる一定の種類のエネルギー資産に対する投資は、10%の税額控除を受けることができる。

B 減価償却

営業・事業用または所得の稼得用として取得した資産の取得価額は、一定の期間に減価償却される。この控除の効果として投資家の課税所得は減少する。一定の場合には加速度償却が認められる。加速度償却を可能にする投資は、有効なタックス・シェルターとなる。

C 減耗控除

一定の資産、特に天然資源は、その所有者にとって耐用年数を測定することができないので減価償却はできないが、その資産は減耗するのでその天然資源

から生ずる所得を相殺する減耗控除を請求することができる。例えば石炭，石油およびガス等の天然資源に関する事業活動について多くのタックス・シェルターが設定され，投資家は課税所得を相殺するために減耗控除を利用することができる。減耗控除の合計額が投資家の現実に資本に投下した額を超えることがあるので，投資家にとって有利とされる。

D　通常の所得からキャピタル・ゲインへの転換

個人の最高限度税率は39.1%であるが，長期キャピタル・ゲインの最高税率は一般に20%であるため，タックス・シェルターを通じて通常の所得からキャピタル・ゲインへ所得区分の転換を図ることができる。

E　レバレッジ投資

タックス・シェルター投資の目的の一つは，オリジナル投資の重要部分を借入金で行うことである。これは，投資家が価値の増加または所得の発生を期待できる資産を購入するために借入金を利用する技法で，「レバレッジング」(leveraging) という。レバレッジ投資においては，投資家はさもなければ買う余裕のないタックス・シェルター投資を買うことができるし，買う余裕がある場合にも借入金を利用する範囲で自己資金を当該タックス・シェルター投資の投資額の増加や他の投資に手を広げるために利用することができる。投資が収益性の高いものである場合，投資家は潜在的リターンの増加のために「てこ」として借入金を利用できる。後述の「アット・リスク・ルール」導入前には，不動産ローンなどのタックス・シェルター投資には，個人的にローンの払戻の責任を負わないノン・リコース・ローンが利用されていた。

（3）　古典的なタックス・シェルターの特性

米国において代表的なタックス・シェルターとされるものとしては，①賃貸不動産タックス・シェルター，②石油・ガス・タックス・シェルター，③設備リース・タックス・シェルターがある。後述の対抗措置によってそれぞれの有

利性はかなり減殺されているが，その特性と現代的意義を要約し，対抗措置の有効性の検証に役立てることにする。

A 賃貸不動産タックス・シェルター

賃貸不動産タックス・シェルターは，後述の対抗措置「パッシブ・ロス・リミテーション・ルール」の適用により，パッシブ不動産投資によるタックス・ロスと投資家の他の所得との相殺を否定されるため，タックス・シェルター投資としての有利性を失った。貸付機関が不動産ローン・ポートフォリオで大きな損失を生じているため，新規の不動産ローンが減少し，不動産金融を得るのが困難な状況にある。不動産タックス・シェルターの利点としては，後述の対抗措置「アット・リスク・ルール」の適用を免除されることである。不動産タックス・シェルターが当期の所得を生ずる不動産に投資する場合，常にポジティブ・キャッシュ・フローを有するが，投資直後の年度においては減価償却費がそのキャッシュ・フローを超えるため，投資家は分配される所得について所得税を払う必要がない。資産の値上がりの可能性も不動産の価値は右上がりという神話があった当時には不動産タックス・シェルターの魅力とされたが，現在は価値の減少も認識されている。

(A) 減価償却費の控除

土地は減価償却できないが，建物その他の改良コストは減価償却できるので，一般に不動産タックス・シェルターは改良不動産への投資である。通常，これはパス・スルー事業形態を選択するので，投資家は減価償却費の控除を受けることができる。

(B) 修復税額控除

既存の建物の修復のための一定の支出について税額控除（公認歴史建造物については20％，非歴史建造物については10％）が認められるので，一定の老朽建物は魅力的なタックス・シェルター投資の対象になった。

(C) 低所得層住宅税額控除

新築または改築低所得層住宅の所有者は，建物の低所得層ユニットの適格取

得価額の4％または9％に等しい額を10年間にわたり税額控除される。減価償却費の控除と税額控除の二重のタックス・ベネフィットが認められる。

B 石油・ガス・タックス・シェルター

1970年代のエネルギー危機以後，エネルギー資源は投資対象として人気を呼んだ。生産中の油井・ガス井の持分は，後述の対抗措置「パッシブ・ロス・リミテーション・ルール」の適用を免除される。しかし，石油・ガス・タックス・シェルターの投資家は，後述の対抗措置「アット・リスク・ルール」を適用される。

(A) 無形ドリル経費の控除

事業の準備に要する経費は支出年度に控除できず，一定の期間に償却することができるというルールが米国内の井戸ごとに適用される。米国外の井戸や1986年後に支払または発生した経費につき無形ドリル・コストは資本化され，10年にわたり定額法で償却するかまたはコストの減耗控除のため資産の調整ベースに加算することとされる。生産中の油井・ガス井の持分は，後述の対抗措置「パッシブ・ロス・リミテーション・ルール」の適用を免除される。

(B) 減 耗 控 除

石油・ガス生産鉱床の投資家は，土地から採取する天然資源の減耗控除を認められる。パーセント減耗控除は，資源コストが全部減耗控除された後でさえ独立の生産者やロイヤルティ所有者について適用される。

C 設備リース・タックス・シェルター

1986年税制改革法が営業・事業に用いるために購入した資産の所有者に特定のアドバンテッジを与えていた「投資税額控除」が廃止され，タックス・シェルターとしての有利性を減殺されたが，設備取得ファイナンス・デバイスとして減価償却費の控除や後述の対抗措置「パッシブ・ロス・リミテーション・ルール」を克服するために未使用のパッシブ・ロスと相殺するパッシブ活動所得の創造という点でなお有効なタックス・シェルターとされる。普通の設

備リース契約の当事者は，①製造者・売主，②貸主・設備リースのために設備を購入する投資家，③貸主にローンを与える貸付者・その借入金で設備を購入する投資家，④借主・最終ユーザーである。所得を課税から逃避させる当事者は，資金を借り入れ，かつ，設備の所有者となる貸主・投資家であり，資金の借入者としてローンの支払利子を所得控除し，設備の所有者として修正加速度償却（MACRS）を利用する。特に「レバレッジド・リース」という設備リース契約がある。これには多くの当事者がおり，より複雑なスキームがデザインされるが，所有者が設備の購入に当てるローンの全部または一部がアット・リスクでないとされる。しかし，その原理は単純な設備リースと異ならない。設備リース投資は，貸主・投資家をリミテッド・パートナーシップとすることが多い。IRS は，次の要素のいずれかが存在する場合には，設備リースを「売買取引」とみなす(注5)（Rev. Rul. 55–540, 1955–2 CB 39）。

① 設備における持分（equity interest）に対する賃貸料の個別配分の部分
② リースによる明示の賃貸料の支払後における貸主による資産の所有権の取得
③ 借主に対する所有権移転のために要求される額のほとんどがかなりの短い使用期間のリース料として要求されること
④ 賃貸料が当期の公正な賃貸料を超えていること
⑤ オプションが行使されるときの資産の価値に対し評価されるときに名ばかりの価格で資産を購入する権利
⑥ 賃貸料の一部を利子として認識すること

(A) 減価償却費の控除

貸主・投資家のタックス・ベネフィットは，設備の減価償却費の所得控除である。特に MACRS は当該設備の現実の耐用年数よりも短い耐用年数に基づく加速度償却である。IRS が設備リースを「売買取引」とするポジションをとる場合には，減価償却費の控除は借主・最終ユーザーが行うべきものとなり，貸主・投資家のパッシブ活動所得としての性格は失われる。

(B) 支払利子の控除

　貸主・投資家のタックス・ベネフィットは，設備の購入のために用いられたローンの支払利子の所得控除である。

　(注5)　第1編第1章4(11)を参照。

(4) 濫用的タックス・シェルター（Abusive Tax Shelters）

　IRSによる新造語である「濫用的タックス・シェルター」は，投資家が取得するタックス・ベネフィットが議会の意図したタックス・ベネフィットを超える一定の投資または取引を意味する。IRSによれば，「濫用的タックス・シェルター」は，社会的にほとんどもしくは全くベネフィットを与えない投資から所得控除や税額控除を生じ，または投資からのタックス・ベネフィットが議会の意図したものを超えて過大になる場合に認められる（Rev. Proc. 83-78, 1983-2 CB 595, IRS Pvb. 550 Investment Income and Expenses for 2000 Returns）。濫用的タックス・シェルターでは，①非現実的な配分，②過大評価，③投資を超える損失，④所得と所得控除の不一致，⑤通常の事業慣行に従わないファイナンス技術，⑥所得分類の変更などが利用され，⑦投資を超える損失，所得控除や税額控除が生じるように最初からデザインされたパッケージ・ディールも，これに含まれる。投資額に占めるタックス・ベネフィットの割合をセールス・トークとして販売される投資は，「濫用的タックス・シェルター」の刻印を押される。IRSおよび租税裁判所は，濫用的タックス・シェルターの控除を否認する理由として，「問題のある取引」は「事業目的のため」または「利益を得るため」に行われていないということを挙げることが多い。

　IRSが「濫用的タックス・シェルター」と判定した場合，IRSはタックス・シェルター投資の結果として税務申告書において請求された損失や控除を否認して更正を行い，利子税に加えて不正確な申告（無申告，相当の過少申告，または資産の過少評価を含む）に対する20％のペナルティを科される。IRSは，濫用的タックス・シェルター投資に係る税の還付について請求された控除の有効性が最終的に決定されるまで当該投資に帰属する部分の還付をしない（Rev.Proc.

84-84, 1984-2 CB 782)。

　IRS は，すべてのタックス・シェルターが開示され，IRS の審理を受け，それが「濫用的タックス・シェルター」に該当するか否かの評価を受けるべきであると考えている。したがって，「開示されないタックス・シェルター」または「隠れたタックス・シェルター」は，「濫用的タックス・シェルター」と推定される。

　IRS は，タックス・シェルターを審理し，「濫用的タックス・シェルター」または「濫用的租税回避取引」と評価して，これを否認する場合には，ノーティスまたはアナウンスメントを発することとし，必要があれば，法令・規則の改正を行うこととしている。IRS は，濫用防止のため遡及効果をもつ規則を制定する権限を IRC 7805(b) により付与されている。

（5） バーンアウト・タックス・シェルター

　タックス・シェルターは，最短期間にできるだけのタックス・ベネフィットを投資家に与えるようにデザインされているので，投資家が当期の所得を課税から合法的に逃避させる控除の限界がくるときに，タックス・シェルターとしての寿命が尽きる。そのときを投資家のために生じる当期の所得との相殺ができなくなるときという意味で，そのタックス・シェルターの「クロスオーバー・ポイント」という。その時点でそのタックス・シェルターは，「バーンアウト・タックス・シェルター」となる。このバーンアウトのときは，投資の生じるキャッシュ・フロー，減価償却の率と期間，投資の運用に係る必要経費，投資額などの要素によって決まる。IRS は，一般的なタックス・シェルターのバーンアウトまでの期間を次のように公表している（Internal Revenue Manual, Tax Shelters Handbook)。

　① プリント・シェルター　　9-13 年
　② 不動産　　　　　　　　　10-15 年
　③ 低所得層住宅　　　　　　5 年
　④ 研究開発　　　　　　　　5 年

⑤　家畜飼育　　　　　　　　1年
⑥　商品スプレッド　　　　　　1年

　あるタックス・シェルターが生じる所得を超える所得控除や税額控除を生じる場合，他のパッシブ活動所得のない投資家にとってはかつてのような利用価値は少なくなった。たいていのタックス・シェルターは，投資の初期に所得控除や税額控除を生じるようにデザインされているが，他の「パッシブ活動所得」がない限り，節税の効果を減殺されることになる。

　現在では，「バーンアウト・タックス・シェルター」の再利用と，連鎖的なタックス・シェルター投資によって，「パッシブ活動所得」と「パッシブ活動損失およびパッシブ活動税額控除」の一致を図る租税回避戦略が採用されている。

2　タックス・シェルター発展の要因

　米国では，タックス・シェルターの諸問題について財務省が1999年7月に報告書（以下白書という）を公表した。この報告書は，納税者にとって法人タックス・シェルターのタックス・ベネフィットがコストを超える場合にこれに参加する価値があるが，コスト・ダウンのほかいくつかの理由で法人タックス・シェルターは増加しつづけていると考え，これにブレーキをかけるには，タックス・シェルター利用のコストを上げることが必要であると結論している。法人タックス・シェルターのコスト・ベネフィット計算方法の変化について，報告書は次のように分析し，利用価値が増大したと述べている(注6)。

　　(注6)　1999年財務省タックス・シェルター白書
　　　　租税回避防止規定の基本三法としては，有名な①移転価格税制，②過少資本税制，および③タックス・ヘイブン対策税制があるが，これら以外の租税回避取引にも米国の関心がシフトしている。上記のタックス・シェルター対抗措置の手続法が整備された1981年にはカリブ海を中心とするタックス・ヘイブンの利用状況について著名なR. Gordenのレポートが公表されているが，約18年後の1999年7月に財務省は「法人タックス・シェルターの問題」(The Problem of Corporate

Tax Shelters) と題するレポート (俗に「タックス・シェルター白書」という) を公表した。このレポートを通じて法人タックス・シェルターに対する米国の問題意識と現状認識、これまでタックス・シェルター対策として講じてきた対抗措置と今後の方策について概観する。

財務省のタックス・シェルター白書 (165ページ) は、6部 (Ⅰ 概要、Ⅱ 序論、Ⅲ 法人タックス・シェルターの発展の要因、Ⅳ 租税回避取引に関する現行法、Ⅴ 税務当局の予算案の分析、Ⅵ 選択的アプローチ) から構成されている。

(1) タックス・シェルターの主たるベネフィット

それは、節税 (tax savings) である。1986年税制改革法 (The Tax Reform Act of 1986) はマージナル・レートを46%から34%に引き下げた点でタックス・シェルターの魅力を減殺したが、同時に租税優遇措置、加速度償却および投資税額控除を廃止または縮小し、課税ベースを拡大した点で税率引下げ効果を相殺し、法人所得の平均税率を引き上げる結果を招いたため、タックス・シェルターの潜在的ベネフィットは改正前より大きくなった。この税制改革法は法人が清算時に資産の含み益に対する課税の回避を認めるゼネラル・ユーティリティ原則(注7)を廃止したので、資産の処分時における含み益に対する法人段階課税の回避に係るタックス・プランニングを多発するおそれがあった。加速度償却などの廃止により負債の過度の利用が懸念されたが、1980年代の法人レバレッジの重要なビークルであったレバレッジド・バイアウト (LBOs) がほとんど消滅したので、その懸念は薄れた。金融機関以外の法人が支払う利子の重要性は、1990年代には税率引下げと金利引下げによって、薄れた。このような変化を受けて、税額の減少のテクニックを別の点に見出す動きがある。

(注7) 第2編第2章3(18)参照。

(2) 法人タックス・シェルターのコストの引下げ

タックス・シェルター白書はタックス・シェルターのコスト・ダウンを認め、次のような理由を挙げている。

第1章 アメリカン・タックス・シェルターの概要 15

A 洗練されたファイナンスの増加

　タックス・アドバイザーやファイナンス・アドバイザーが租税回避取引のエンジニアリングについて洗練され，複雑な取引の実施が低コストの技術で可能になり，計算技術の発展と洗練されたソフトウェアによって低コストの新金融商品が金融市場の発展をもたらした。

B タックス・シェルター専門家の供給の増加

　1986年税制改革法は，税率の引下げ，投資税額控除の廃止，キャピタル・ゲイン優遇税制の廃止，パッシブ・ロス・リミテーション・ルールの実施により個人タックス・シェルターの防止に成功したが，知識と意欲のある租税研究家やプロモーターの供給を自由にしたので，コスト引下げ競争を促し，法人タックス・シェルターの陣容を拡大することになった。

C タックス・シェルターに対する態度の変化

　法人タックス・シェルターの発展は，積極的なタックス・プランニングに対するタックス・アドバイザーや法人幹部の態度や租税回避取引への参加コストの低下を反映している。法人はその租税部門を一般管理部門でなくプロフィット・センターとみなし，税引後利益でなく実効税率を業績評価基準とするので，そのことが財務担当者にとってタックス・シェルターを通じて節税を図るように仕向ける。タックス・シェルター市場の新規参加者にとってこれらのことが競争圧力となる。

D 積極的タックス・シェルターの税務調査割合の低下

　税務調査割合の低下のため納税者は積極的なタックス・ポジションをとる。1億ドルを超える資産を有する大法人の調査割合は，1980年77％，1990年まで59％，1997年35％と劇的に低下し，全法人の調査割合は1992年2.9％から1998年2.0％に低下している。

E その他の理由

税制の複雑化によってタックス・シェルターを生ずるループホールが多くなる。例えば1986年税制改革法が外国税額控除の適用制限につき複雑な規定を定めたが，この制限を回避することが一定のタックス・シェルターを生じる。特定のタックス・シェルターを制止する議会の努力が税法を複雑にするという悪循環を生じる。金融市場の洗練とグローバル化に伴い，多くのタックス・シェルターは，外国当事者に係る複雑な金融取引（例えばACM，ファスト・ペイ優先株，LILO，357条ベーシス・シフティングを含む）に関係する。金融商品開発における技術の進歩と資本市場の国際化は，クロスボーダー取引を通じて各国の税制の差異のアービトラージを可能にした。また，1980年代と1990年代のM&Aブームは，会社の売買が多額のキャピタル・ゲインを生じるため，これを相殺するキャピタル・ロスを生ずるタックス・プランニングを発展させることになった。

3 タックス・シェルターに利用される事業形態

タックス・シェルターの主目的は，そのタックス・ベネフィットとファイナンス・ベネフィットを投資家にパス・スルーすることである。タックス・シェルターとして利用される事業形態（forms of doing business）の選択に当たっては，タックス・ベネフィットの移転のフローを妨げる組織形態は一般に妥当でないとみられている。その意味では，通常の法人（サブチャプターC法人）についてはこれに帰属する減価償却費や借入金利子などの所得控除および税額控除などのタックス・ベネフィットをその株主にパス・スルーすることができないので，一般にタックス・シェルターのストラクチャーでは用いられない（ただし，高度なストラクチャーにおいては非課税法人，赤字法人などが利用される）。この主目的に照らして，代表的な事業形態の利用価値についてプロモーター，投資家および課税庁は，点検することが必要である。

(1) 自営業主（個人）（Sole proprietorships）

　個人は，資産を直接所有することによって，パートナーシップやS法人の持分を有することによるタックス・ベネフィットやファイナンス・ベネフィットと同様の基本的なベネフィット（所得認識の繰延，所得控除および税額控除）を得ることができる。個人が有能で租税法やファイナンスの知識を有する場合には，投資すべき資産の選択・管理やその清算について自らコントロールすることができるが，さもなければ，単独で投資する場合には租税・ファイナンス専門家が組成するタックス・シェルター投資における投資家が享受できるベネフィットを得ることは困難であろう。

(2) パートナーシップ（Partnership）

　パートナーシップ(注8)は，それ自体としては非課税エンティティであり，その所得または損失や税額控除などの項目をパートナーに直接移転する「導管」（conduit）である。米国では大別して次の3種のパートナーシップがある。

　（注8）　第2編第2章2(14)を参照。

A　ゼネラル・パートナーシップ（General Partnership）

　これは，ゼネラル・パートナーのみから成るパートナーシップであり，すべてのパートナーが事業のマネジメントに参加し，パートナーシップの負債について無限責任を負うエンティティである。「ゼネラル・パートナー」は，パートナーシップの債務について個人的に責任を負う。

B　リミテッド・パートナーシップ（Limited Partnership）

　これは，1人以上のゼネラル・パートナーと1人以上のリミテッド・パートナーから成るパートナーシップである。「リミテッド・パートナー」は，パートナーシップの負債についての潜在的個人責任がそのパートナーシップに拠出しまたは拠出すべき金銭その他の資産の額を限度とされるメンバーである。こ

のため，投資家がリミテッド・パートナーシップの持分を有することは，実質的に事業に参加しないので，「パッシブ・ロス・リミテーション・ルール」が適用される活動として取り扱われる。しかし，リミテッド・パートナーは，パートナーシップのファイナンス・リスクに対し有限責任を負うのみで，オリジナル投資より大きい短期のタックス・ベネフィットを取得することができるため，タックス・シェルター投資ビークルとしてリミテッド・パートナーシップは最もよく利用されるエンティティとなっている。

C 公開パートナーシップ（Publicly traded partnership）

これは，パートナーシップの持分が株式・債券と同様に売買取引されるパートナーシップであり，その粗利益の 90% 以上が「適格パッシブ所得」から成る場合を除き，法人として課税される。「適格パッシブ所得」は，利子，配当，不動産賃貸料，不動産処分益，一定の天然資源活動からの所得および利益，資本資産または所得の稼得のために保有する資産の処分収益，および商品の処分収益を含む。

（3） リミテッド・ライアビリティ・カンパニー （LLC：Limited Liability Company）

LLC は，州法の創造物であり，連邦税法の適用上，投資家が組織の負債その他の義務につき有限責任を負い，リミテッド・パートナーシップと異なりマネジメントに参加することができるが，チェック・ザ・ボックス規則の下で特に「法人として課税されること」を選択しない場合にはパートナーシップとして取り扱われる。この場合，LLC それ自体は課税されず，租税項目を投資家にパス・スルーすることができる。LLC の投資家は，LLC がパートナーシップとして取り扱われる場合，その事業に実質的に参加しないときは，リミテッド・パートナーシップとの類似性から「パッシブ・ロス・リミテーション・ルール」が適用されると解される。

(4) 規制投資会社
(RIC：Regulated Investment Company)(注9)

　RIC は，ミューチュアル・ファンドとして知られる投資機関であるが，その所得を株主にパスする場合にはエンティティ段階の課税を免除され，その所得については株主段階でのみ課税される。RIC が所定の所得分配割合を満たさない場合には，RIC は法人として課税される。

(注9)　RIC 要件
　　法人は次の要件を満たす場合に RIC とされる。
　① 内国法人であること，および
　② 1940 年投資会社法に基づきマネジメント会社もしくはユニット投資信託として登録されまたは事業開発会社として取り扱われることを選択すること，または，
　③ コモン・トラスト・ファンドもしくは類似のファンドであること，および
　④ その総所得の 90% 以上が配当，利子，証券ローンの支払，株式・証券・外貨の売却その他の処分からの利得，株式・証券・通貨に対する投資業から生ずる所得であること，および
　⑤ 課税年度の各四半期末に現金，政府証券，他の RIC その他の証券などがその資産の 50% 以上を占めること
　⑥ 一発行者の証券または類似の事業を営む法人が支配するすべての発行者の証券に対する投資がその総資産の価値の 25% 以下であること
　⑦ 当期のその通常の所得と免税利子所得の 90% 以上を株主に分配すること
　⑧ RIC になる選択を届けること

(5) 不動産投資信託
(REIT：Real Estate Investment Trust)(注10)

　REIT は，小規模の投資家がその資金をプールして独力ではできない不動産投資を可能にする投資機関である。REIT がその所得を株主に分配する場合にはエンティティ段階の課税を免除される。エンティティ段階の課税は，キャピタル・ゲインおよび未分配通常所得のみに限定される。REIT が所定の所得分配割合を満たさない場合には法人として課税される。

(注10) REIT 要件
　　法人，社団または信託は，次の要件を満たす場合には REIT とされる。
　① 内国法人として課税されること
　② 財産の法的所有権を有し，この信託のマネジメント，運用，信託財産の管理・処分について排他的支配権を有する1人以上の受託者により管理されること
　③ 金融機関，保険会社および閉鎖保有法人は REIT になることができないこと
　④ 12か月のうち335日に100人以上の受益者がいること
　⑤ オープン・エンド・トラストであること
　⑥ その課税所得の95%を分配すること
　⑦ 総所得の95%以上が配当，利子，不動産賃貸料，株式・証券・不動産および不動産モーゲージの権利の売却その他の処分からの純収益，不動産に対する税の還付金，および不動産の売却益から生ずること
　⑧ 総所得の75%以上が不動産から生ずること
　⑨ 証券譲渡の短期収益および保有期間が4年未満の不動産の譲渡益が総所得の30%未満であること

(6) 不動産モーゲージ投資導管
(REMIC：Real Estate Mortgage Investment Conduit)[注11]

　REMIC は，一定のモーゲージのプールを保有し，多種類の持分を投資家に販売するエンティティであり，その所得にはエンティティ段階では課税されず，持分の保有者の段階で課税される。

(注11) REMIC 要件
　① REMIC となる選択をすること
　② エンティティのすべての持分が正規の持分と他の持分であること
　③ 他の持分としては1種類しか認められず他の持分の保有者に対する分配はプロラタによること
　④ 資産の実質的に全部が適格モーゲージおよび認められる投資であること
　第1編第1章4(10)を参照。

(7) 金融資産証券化投資信託 (FASIT：Financial Asset Securitization Investment Trust)[注12]

　FASIT は，単一の課税 C 法人によって所有され，連邦税の課税上債務として取り扱われる担保資産付証券(ABS：Asset-Backed Securities) を発行するパススルー・エンティティである。そのローン・ポートフォリオから得た所得とその投資家に支払われる利子との差額に等しい FASIT の残りの所得は，FASIT の所有者にパス・スルーされてその所有者の段階で課税される。FASIT は，一般にエンティティ段階では課されない。FASIT の活動は，一般に適格ローン・ポートフォリオの保有に制限される。

　(注12)　FASIT 要件
　　　エンティティは，次の要件を満たす場合に FASIT とされる。
　　① FASIT になることを選択すること
　　② 実質的にすべての資産が「認められた資産」(金融等価物，固定金利または変動金利のローン，ヘッジおよび抵当流財産) であること
　　③ 「正規の持分」要件を満たす所有権なき証書のみを発行すること
　　④ 単一の内国法人または C 法人によって所有されること
　　⑤ 規制投資会社 (RIC) に該当しないこと

(8) Ｓ　法　人[注13] (Scorporation)

　Ｓ法人は，連邦所得税を課されないことを選択した法人であり，パススルー・エンティティとされる。すべての株主は，Ｓ法人の所得，所得控除，損失および税額控除の持分相当額を申告書において記載しなければならない。Ｓ法人それ自体は，すべての租税項目を投資家にパス・スルーする非課税の導管であるパートナーシップに類似した機能をもち，タックス・シェルター投資のビークルとして利用される。株主が事業活動に参加する場合，Ｓ法人の損失をその株主の他の活動からの所得またはポートフォリオ所得と相殺することが認められる。パートナーシップとＳ法人とは多くの類似性をもつが，その運用やいくつかの項目の取扱について重要な相違があるので，いずれの形態をタッ

クス・シェルター投資のために選択すべきか，慎重な検討が必要である。

(注13) 第2編第2章2(13)を参照。

(9) 人的役務法人[注14](Personal Service Corporation)

人的役務法人は，その主たる活動が一定の分野において「従業員―所有者」関係によって人的役務を提供する法人である。「従業員―所有者」とは，課税年度中のいかなる日においても法人の発行済株式を所有する従業員をいう（IRC 269 A, 469(j)(2)）。従業員―所有者が株式の価値の10％超を所有する場合でなければ，人的役務法人とならない（IRC 542(a)(2)）。後述のように，タックス・シェルター対抗措置である「パッシブ・ロス・リミテーション・ルール」が人的役務法人に適用される（IRC 469(a)(2)(C)）。

(注14) 第2編第2章7(11)および(20)を参照。

(10) 閉鎖的保有C法人（Closely held C Corporation）

閉鎖的保有C法人とは，課税年度の半分中のいかなるときも発行済株式の価値の50％超を5人以下の個人が直接・間接に所有するC法人をいう（IRC 469(j)(1)）。閉鎖的保有C法人には「パッシブ・ロス・リミテーション・ルール」が適用される（IRC 469(a)(2)(B)）。閉鎖的保有C法人は，修正パッシブ・ロス・リミテーション・ルールに基づいて，その積極的事業の持分から生じる所得と税を，パッシブ活動からの損失と税額控除で相殺することができる（IRC 469(e)(2)）が，パッシブ損失をポートフォリオ所得と相殺することはできない。

(11) 外国事業体（foreign entities）

各外国インフラストラクチャー・プロジェクトごとに別個の事業体を設立する場合，外国活動のストラクチャーの主要な米国税の問題は，「外国税額控除の利用」ができないことであり，この問題の解決として繰延戦略をとることができる。典型的な繰延戦略では，各プロジェクトごとにいくつかの異なる事業

体を作る。国内プロジェクト事業体（その所有権が米国企業と非関連の共同事業者との間に分けられる）のほか，一般にプロジェクト事業体の持分を保有するチャンネルである「外国持株会社」の多段階アレンジメントが用いられる。これらの多段階アレンジメントは，プロジェクト収益に対する米国税の課税繰延を行うことができる範囲で，主としてプロジェクト事業体における米国企業の持分の売却の可能性があるように設定される。

　これらのアレンジメントの性質は，米国税法の改正に応じて，変化する。特に，「チェック・ザ・ボックス」事業体分類規則によって，米国企業は複数の事業体を利用し，米国税の繰延を犠牲にせずにより大きい柔軟性をもつ持株会社ストラクチャーを実施することが可能になった。しかし，これらの規則の発効前後，各外国プロジェクトごとに多数の事業体を設立する慣行は，米国多国籍企業の所有ストラクチャーを著しく複雑なものにする。

　チェック・ザ・ボックス規則の発行前に設立された典型的なプロジェクト・ストラクチャーとして，プロジェクト管轄の国内法に基づいて設立されたプロジェクト事業体に加えて，三つの別個のケイマン諸島持株会社を通じてプロジェクトの持分を保有する事例（ケイマン・トライアングル）を考える。プロジェクトを分担する米国企業は，米国課税上，法人として取り扱われる第一ケイマン諸島持株会社（ケイマン親会社）の株式を所有する。ケイマン親会社は，米国課税上，法人として取り扱われる第二ケイマン諸島会社（ケイマン・サブ）の株式全部を所有する。ケイマン親会社とケイマン・サブは，米国企業が米国課税上，パートナーシップとして取り扱うケイマン諸島リミテッド・ライアビリティ・カンパニー（ケイマンLLC）の所有持分をそれぞれ99％，1％ずつ所有する。米国企業がプロジェクト・ヴェンチュアのパートナーを有していた場合，そのパートナーはこのプロジェクトの事業体の持分を所有する。ケイマン・サブ，ケイマンLLCおよびプロジェクト事業体は典型的な場合もっぱら特定のプロジェクトにささげられる。

　プロジェクト事業体は，常に，国内法に基づく規制要件，企業パートナーのニーズの双方によって，プロジェクト管轄の法人として取り扱われる事業体で

あった。しかし，米国税務上，米国企業のケイマン諸島持株会社が「サブパートF所得」を生じないでプロジェクト事業体から収益の分配を受けることができるように，このプロジェクト事業体をパートナーシップとして取り扱うことが望ましい。プロジェクト事業体をパートナーシップとして適格とすることにより，ケイマン諸島LLCが本質的にプロジェクト所得を稼得したものとして取り扱われることが可能になる。プロジェクト自体がサブパートFの対象とならない能動的所得を生じたと仮定すれば，プロジェクト所得に対する米国税の課税は，その収益が米国に本国償還されるまで，ケイマン持株会社ストラクチャーのなかで一般に繰延される。

チェック・ザ・ボックス規則の発行前，キントナー原則の下でパートナーシップとしてプロジェクト事業体を分類するために，この事業体は法人の四つの特性（有限責任，経営の集中，持分の譲渡性および存続性）のうち二以下のものしか有していないことが要求された（Reg. 301. 7701-2）。有限責任と経営の集中が実務的に重要であると考え，米国企業は持分の譲渡性の禁止と解散条項を付加することによって，法人の特性のうち持分の自由な譲渡性と存続性を排除することを一般に選択した。例えば，ケイマンLLCは，典型的な場合にパートナーの同意がなければプロジェクト事業体の持分の売却を許されず，プロジェクトの設立文書はケイマンLLCやパートナーの破産の場合における破産を定める。パートナーの同意を得ないでプロジェクトの持分を売却するためには米国企業がストラクチャーに一段階を加える必要があったので，譲渡性の禁止によりストラクチャーの複雑性が増加することになった。

「ケイマン・トライアングル」(Cayman Triangle)は，ストラクチャーの米国企業サイドの三つのケイマン諸島事業体から成る。ケイマン・サブとケイマンLLCのその名目程度の所有権の意図は，ケイマンLLCが米国の税務上パートナーシップとして取り扱われることを確実にすることであった。ケイマンLLCをパートナーシップとして取り扱うことは，ケイマン持株会社ストラクチャーを通じて外国プロジェクト事業体からの収益の分配を「サブパートF所得」とすることを回避するために，重要であった。ケイマンLLCが法人として扱

われる場合には，ケイマン LLC からケイマン親会社へのプロジェクト収益の分配は，一般にサブパート F 所得として扱われる配当になるであろう。米国税務上，ケイマン LLC をパートナーシップとして分類することにより，ケイマン親会社とケイマン・サブはサブパート F 所得を生じないでケイマン LLC から分配を受け取ることができることになる。

「チェック・ザ・ボックス」事業体分類規則の登場により，旧事業体分類規則であるキントナー原則の 4 要素基準と格闘せずに，納税者が単一所有者の事業体を「無視される事業体」(disregarded entity) として扱い，複数の所有者の事業体をパートナーシップとして扱うことを選択することができるので，「ケイマン・トライアングル」を利用せずに，米国企業が売却を計画し望ましい米国税の繰延を行うことができるようになった。1997 年，米国企業は，プロジェクト事業体における米国企業持分を保有するケイマン LLC の持分の唯一の所有者にケイマン親会社がなるという単純なストラクチャーを通じてプロジェクト収益に対する米国税の繰延を達成することができる。ケイマン・サブは排除され，プロジェクト事業体の管理文書に譲渡性禁止や解散条項をわざわざ含める必要はなくなった。

4　最近のタックス・シェルターに利用される主要税制

最近のタックス・シェルターを主要な戦略ごとに分類すると，①課税排除，②所得移転，③課税繰延，④所得分類の変更，⑤所得源泉の変更，⑥租税裁定取引などの類型に分けられるが，これらのタックス・シェルターまたは租税動機取引 (tax–motivated transactions) によく利用される税制がある。歴史的に米国は制度の濫用が発見されると，そのような濫用の可能性を排除するため，後述のように濫用防止規定 (anti–abuse rules) を制定し，タックス・プランナーはさらにこの濫用防止規定を利用したタックス・シェルターを開発し，これに対抗するため，議会や財務省および内国歳入庁 (IRS) はさらに税制改正を行うよう協力してきた。このため，米国税制は，暗号のように複雑化していると

財務長官が嘆く状況に至っている(注15)。

最近米国議会が公表したエンロン・レポート(注16)によれば,エンロンの利用した租税動機取引など最近のタックス・シェルターでは,税法の以下の主要条文がよく利用されている。

(注15) 租税回避の元凶は税法の複雑さにあるという財務省見解
　アメリカでは税法の複雑な規定についてループホールを探究し,9,500ページに及ぶ膨大な税法典を巧みに操って租税回避取引を仕組むために,優秀な頭脳が浪費されている状況は,社会的な損失であり,不公平を生ずるものとして,これ以上放置できないという政府見解が議会に適切な立法措置を強く迫っている。
　2002年3月に,米国財務長官および内国歳入庁(IRS)長官は,相次いでようやく次の方針を明らかにした。
　「税法の複雑さが税法濫用の機会を生じている。できることならば,税法を濫用する取引を排除するために現行法を投げ捨ててハンデなき出発点からスタートしたい心境である。濫用的タックス・シェルターを排除する王道は税法の簡素化しかない。現行税法は複雑でまるで暗号のようになっており,善意でも不可解な租税回避防止規定に抵触することがある反面,意欲的にループホールを探してこれを利用するよう人を駆り立てる。納税者が租税回避戦略のコンプライアンス・コストとして法律家や会計士に支払う毎年1,250億ドルは,あらゆる生産物の価格に転嫁されるであろうが,生産工場の効率を高めるわけでも,コンピュータの高速化や自動車の耐用年数の延長に役立つわけでもなく,「人の人のための人による法」の概念の基礎を危うくするだけであり,税法の遵守に全力を尽くしている多数の納税者には,特定の人しか手の出せない租税回避戦略は,不公平で,税法の精神に反するものである。」

(注16) 米国エンロン課税合同委員会報告書
　2003年2月エンロン社および関連事業体に係る課税に関する上院下院合同委員会の調査報告書 "Report of Investigation of Enron Corporation and Related Entities regarding Federal Tax and Compensation Issues and Policy Recommendation" が公表された(以下「エンロン報告書」という)。これは全3巻から成る膨大な報告書であり,附属資料を除く,報告書本体である第1巻のみで723ページに及ぶ。
　その第3部において,エンロンが利用した租税動機取引および事業アレンジメントについて検討されているが,エンロンの各種のスキームを,まず(1)ストラクチャード租税動機取引,(2)法人所有生命保険および信託所有生命保険,(3)ストラクチャード・ファイナンスに分類している。(1)については,①法人課税問題を生ずる取引として(i)プロジェクト・ターニャーとバラ,(ii)プロジェクト・

スティール, (iii)プロジェクト・コチーズ, (iv)プロジェクト・テレサ, ②パートナーシップ課税問題を生ずる取引として(i)プロジェクト・トーマス, (ii)プロジェクト・コンドル, (iii)プロジェクト・タミーⅠ, (iv)プロジェクト・タミーⅡ, ③その他のストラクチャード・ファイナンスとして(i)プロジェクト・アパッチ, (ii)プロジェクト・NOLy, ④エンロンをアコモデーション・パーティとする取引として(i)プロジェクト・レニゲード, (ii)プロジェクト・バルハラ, (2)について, エンロンのCOLI/TOLI取引, (3)については, ①負債の性質, ②みなし販売, ③非適格負債, ④ストラドル, ⑤前払取引, ⑥想定元本契約, ⑦多段階優先証券, ⑧投資ユニット証券, ⑨商品前払取引などについて現行税法を再検討している。また, (4)エンロンの利用した外国事業体については, ①外国税額控除, 課税繰延防止措置, 移転価格課税, エンティティの分類, および租税条約などの国際課税ルールに照らして, ②エンロンの持分配分ルールから生じる外国税額控除問題, ③エンロンの所有連鎖構造の外国事業体の増殖・拡散の理由, ④移転価格問題, ⑤無視される事業体に関する情報申告, ⑥オフバランス・シート取引として(i)チューコ, (ii)JEDI, (iii)LJMI, (iv)LJM2などのストラクチャーとその取引について検討し, 勧告をしている。

　この報告書および附属資料は, 租税回避取引の研究および租税回避防止規定の研究にとって重要な意味をもつものであり, 米国における, 今後の否認規定の立法化に寄与するものと期待される。

　エンロンに対するIRSの税務調査は別途進行中であり, エンロンの多様な取引が法的に登録義務を負う「タックス・シェルター」に該当するか, さらに税務上否認されるべき「濫用的タックス・シェルター」に該当するか, その点についての税務当局の判断を拘束しないよう, 本レポートではこれらの概念や「租税回避取引」「濫用的租税回避取引」などの概念の使用を避け, 「租税動機取引」という異なる概念を使用している。

(1) 被支配法人に対する非課税譲渡

　法人の株式と交換に当該法人に含み益または含み損のある資産を移転し, その移転直後に当該法人を支配する譲渡者は, 一般にその交換につき損益を認識しない (IRC 351(a))。

　ここで, IRC 368(c)は, 「支配」を議決権のあるすべての種類の株式の議決権の80％以上および法人の他のすべての種類の株式の全部の数の80％以上を占める株式の所有をいうと定義する。

　しかし, 譲渡者は, 交換の一部として金銭その他の資産を受け取る範囲で収

益を認識する (IRC 351(b)(1))。

　交換が非課税譲渡の要件を満たす場合，交換に受け取った株式における譲渡者のベーシスは，譲渡した資産における譲渡者のベーシスから，①譲渡者が受け取った金銭その他の資産および②納税者が交換につき認識したすべての損失を減算し，譲渡者が交換につき認識した収益または配当の額を加算した額と同一である。交換に受け取った資産における譲受法人のベーシスは，一般に，当該資産における譲渡者のベーシスに譲渡者が交換につき認識したすべての収益を加算した額に等しい (IRC 362(a))。

(2) 債務引受[注17]

　資産の移転に関して法人の債務引受は，取引が非課税取扱を受けることを妨げず，この引受が譲渡者による金銭の受取として扱われない (IRC 357(a))。債務引受は，交換に受け取った株式における譲渡者のベーシスを引き下げ (IRC 358(d)(1))，引き受けた債務が移転された資産の調整ベーシスの合計額を超える範囲で，譲渡者による収益の認識を生じる (IRC 357(c)(1))。さらに，債務引受の譲渡者の主たる目的が租税回避であるかまたは真正な事業目的でない場合，債務引受は譲渡者が交換につき受け取った金銭とみなされる (IRC 357(b)(1))。

　(注17)　第2編第2章7(9)を参照。

(3) 一定の不確定債務

　ベーシス引下げや収益認識要件の例外は，支払が控除を生じる（資産のベーシスの創造または増加を生じる）債務について適用される。この例外に該当する債務は，譲渡者が受け取った金銭として扱われず，交換に受け取った株式における譲渡者のベーシスを引き下げない (IRC 357(c)(3)(A)および IRC 358(d)(2))。この例外は，1978年に現金主義納税者が継続企業の設立につき支払勘定の移転について収益を認識する必要のないように保護するために定められた。このルールは主として現金主義納税者を念頭に定められたが，発生主義納税者は適当にこの例外に依存していた。しかし，ある場合には，納税者は，議会が予定しな

いタックス・ベネフィットを得るためこの例外を利用した。究極的に，議会は，引き受けた債務の税務上の取扱に再び帰り，2000年にIRC 358(h)を定めた[注18]。この規定は，非課税譲渡に関して譲渡者が受け取った株式のベースを，この債務が納税者が受け取った金銭として扱われない場合にこの交換で引き受けられるすべての債務の額だけ，引き下げる（IRC 358(h)(1)）。ここで，「債務」には義務が税務上さもなければ考慮に入れられるかどうかにかかわらず，すべての確定債務または不確定債務が含まれる。

> (注18) 議会は，「不確定債務の控除の加速化と二重控除の可能性」に対抗するため2000年に立法措置を講じた（Community Renewal Tax Relief Act of 2000, Pub. L. No. 106-554, Sec. 1(a)(7)（Dec. 21. 2000））。この規定は，譲渡者のベーシス・ルールの適用後損益を認識せずに受け取ることを認められる資産のベーシスが時価を超える場合に適用され，資産のベーシスは納税者が交換に受け取る金銭として扱われない場合にはその資産と交換に引き受けた債務の額だけ減額される（IRC 358(h)(1)）。
> 　行政レベルでは，IRSは「不確定債務取引」についていくつかの行政決定（administrative pronouncements）を公表したが，2001年2月26日に，特に「不確定債務タックス・シェルター」に関するノーティスを発したことに注目すべきである（Notice 2000-17, 2001-09 L. R. B. 730）。このノーティスは，「指定取引」（listed transaction）として不確定債務タックス・シェルターを識別し，「納税者がステップの組合せを実行する租税以外の目的をIRSに立証しない場合その取引の一定の側面について納税者の主張する事業目的が控除可能な損失を生ずる目的に比して取るに足りないとき，IRSは株式売却による損失を否認することができる」と述べ，さらに，「譲受法人が引き受けた債務に係る支払について主張する控除は，その支払が譲受法人の「通常かつ必要な事業経費」でない等の理由によってこれを否認することができる」と述べている。

（4）　譲受法人による債務の控除[注19]

　一般に，譲受法人は，その会計方法により妥当な引受債務の控除を受けることができる。この点で，IRSは，譲受法人が非課税取引で引き受けた一定の環境債務を控除することができることを認める。

> (注19)　債務引受に係る損失の控除を否認する法的根拠
> 　1999年10月18日後の取引については，IRC 358(h)により損失を否認すること

ができる。同日以前の取引については，①意図した IRC 351 の交換が十分な「事業目的」を欠如していること，②譲受法人に対する資産の移転が実質的には債務引受のための代理人アレンジメントであるかまたは譲受法人への支払であること，③意図した IRC 351 の交換が IRC 269(a) により否認されること，④譲受法人の債務引受の主目的が租税回避であるかまたは IRC 357(b)(1) による真正な事業目的でないので，債務引受は譲受人が受け取った金銭とみなされるべきこと，⑤譲受法人の株式の売却による意図した損失は Reg. 1. 1502-20 の損失否認ルールにより否認または制限されること，⑥譲受法人の株式の売却による意図した損失は IRC 165 による真正な損失でないこと，⑦取引が十分な経済実体を欠如していること，などいろいろな法理論に基づいて IRS は損失の否認を行うよう努める。

2002 年 10 月 4 日，米国政府は三つの濫用的租税回避取引（不確定債務取引を含む）に係る納税者とのセツルメント・アグリーメントを結ぶタックス・シェルター・レゾリューション・イニシアチブを発表した。不確定債務取引について，このセツルメント・イニシアチブは適格納税者が選択できる二つの方法を定める。このプログラムに参加する納税者は，2003 年 3 月 5 日前に申請書を IRS に提出しなければならない。

(5) 脱税または租税回避のために行われる取得

納税者がさもなければ利用できなかったであろう所得控除，税額控除その他の減免のベネフィットを得るため，脱税または租税回避を主目的とする一定の取引を行う場合，財務長官はその結果であるベネフィットを否認する権限を有する (IRC 269)。財務長官は，次の三つの取引についてこの特別な権限を行使することができる。

① 納税者が直接または間接に法人の支配（議決権または価値の 50% 以上）を取得する場合
② 資産のベーシスが譲渡法人の段階のベーシスを参考に決定される場合，法人が直接または間接的に他の法人（取得法人またはその株主によって直接または間接に支配されない法人）の資産を取得する場合
③ 法人が他の法人の 80% 以上の支配（議決権と価値の双方で計算するが，一定の議決権のない優先株式を除外する）を取得し，IRC 338 による選択が行われず，取得された法人が取得日後 2 年以内に採用された清算プランに従って清算される場合

(6) 関連法人間の償還

　一以上の者が二つの法人の各々を支配（議決権を行使できるすべての種類の株式の議決権の50％以上およびすべての種類の株式の価値の50％以上を占める株式の所有）し、一方の法人（取得法人）が資産と交換に他方の法人（発行法人）の株式を取得する場合、この取引は取得法人の株式の償還における分配として取り扱われる（IRC 304(a)(1)）。その取得した株式と交換に行われる全部または一部の支払を分配として取り扱われるべきかどうかを決めるに当たって、発行法人の株式が参考とされる（IRC 304(b)(1)）。

　この分配が配当の分配として取り扱われる場合、譲渡者と取得法人は、IRC 351(a)の適用される取引において取得法人の株式と交換に、譲渡者が取得した株式を取得法人に譲渡し、それから取得法人がこの取引で発行するものとして取り扱われた株式を償還したかのような方法で扱われる（IRC 304(a)(1)）。配当の金額の決定は、その資産が取得法人によってはその収益・利潤の範囲で、発行法人によってはその収益・利潤の範囲で分配されたかのように、行われる（IRC 304(b)(2)）。

(7) 受取配当控除[注20]（Dividends received deduction）

　一般に、法人は、内国歳入法典1章に基づき課税される米国法人からの配当として受け取る金額の一定割合を控除することができる（IRC 243(a)）。受取配当控除の金額は、一般に、分配法人の法人株主の所有割合によって決まる。株主が分配法人と同一の関連グループのメンバー（議決権および価値の80％）である場合、配当は「適格配当」となり、100％受取配当控除が適用される（IRC 243(a)(3)および(b)）。法人株主が分配法人の株式の議決権および価値の20％以上を所有する場合、80％受取配当控除が適用される（IRC 243(c)）。他の場合には、70％受取配当控除が適用される（IRC 243(a)）。法人が配当を受け取るパートナーシップのパートナーである場合、法人パートナーは、受取配当控除を受け取ることができる。パートナーシップを通じて配当を受け取る法人パート

ナーに受取配当控除における種々の所有基準を適用する場合のガイダンスがほとんどない。例えば、二つの非関連の米国法人がパートナーシップを組成する場合、各々が50%のパートナーであり、各々がパートナーシップのすべての資産の50%を所有するものとして取り扱われる。その結果として、そのパートナーシップが外国法人の株式の40%を所有している場合、みなし外国税額控除について各法人パートナーは20%ずつ所有するものとして取り扱われると判断した (Rev. Rul. 71-141, 1971-1 C. B. 211)。

（注20）　第2編第2章7(13)を参照。

（8） 異常配当 (Extraordinary dividends)

一般に、法人が株式につき異常配当を受け取り、当該法人が配当宣告日後2年超の間その株式を保有しない場合、この法人のこの株式におけるベーシスは配当の非課税部分だけ引き下げられる (IRC 1059(a)(1))。配当の非課税部分が法人のこの株式におけるベーシスを超える場合、その超過部分は異常配当を受け取る課税年度の収益として取り扱われる (IRC 1059(a)(2))。配当の非課税部分は、一般に、配当につき、受取配当控除の金額である (IRC 1059(b))。「異常配当」とは、この配当の金額がこの株式における納税者の調整ベーシスの10%（優先株式については5%）以上である場合の配当をいう (IRC 1059(c))。

1997年、議会は、関連法人間の償還に関して異常配当ルールを改正した（納税者救済法、Pub. L. No. 105-34, sec. 1013(b) (August 5, 1997))。配当として取り扱われなかったであろう株式償還については、関連法人償還ルールが適用されない場合には、この償還について配当として取り扱われる金額は保有期間を問わず異常配当とみなされる (IRC 1059(e)(1)(A)(iii)(II))。言い換えれば、このような配当はそれ自体異常配当である。さらに、関連法人償還取引において償還された株式のベーシスのみが一般的ベーシス引下げルールの対象となる (IRC 1059(e)(1)(A))。

（9） 連結グループの収益・利潤

　連結グループ・メンバーである法人は，その特定メンバーの子会社の収益・利潤を反映するようにその収益・利潤を計算しなければならない（IRC 1059(g)）。このルールは，下位のメンバーの収益・利潤を上位のメンバーの収益・利潤に反映し，連結グループの収益・利潤を共通の親会社に連結することによって，二つの事業体を単一の事業体として扱うように設計されている（Reg. 1. 1502–33 (a)(1)）。連結グループ内のメンバーの地位が変化する場合には，収益・利潤が除外されることを防止するためにメンバーに適切な調整がなされる（Reg. 1. 1502–33(f)(2)）。

（10） 不動産モーゲージ投資導管（REMIC）

　一般に，REMICは，一定のモーゲージ・プールを保有し，複数の種類の投資家持分を発行するセルフ・リキデーティング・ビークルである。REMICは，別個の課税事業体として取り扱われない。REMICの所得は，詳細なルールの下にREMICの持分の保有者に配分される（IRC 860 Aから860 G）。REMICとして適格であるには，REMICの持分のすべては，一以上の種類の通常の持分と単一の種類の残余持分から成ることを要する。通常の持分は，一定の条件で発行され通常の持分と名付けられ，保有者が一定率に基づくかまたは利子が未払の期間中に変わらない適格モーゲージの利子の一定部分から成るかの利子付の一定の元本を無条件で受け取ることができるREMICの持分である。通常の持分の保有者は，一般に，通常の持分と同一の条件をもつ債務証書の発生主義の保有者によって認識される課税所得に等しい額の所得を認識する。

　一般に，残余持分は，一種類のみの持分であり，この持分に係るすべての分配がプロラタであることを条件として，REMICの持分で通常の持分以外のもので，REMICによってそう名付けられるものをいう。残余持分の保有者は，REMICの所得のうち通常の持分の保有者に配分されない部分に課税される。特に，残余持分の保有者は，その持分を保有する課税年度中毎日のREMICの

課税所得や純損失の保有者の日ごとの部分を考慮に入れる。考慮に入れる金額は、通常の所得または損失として扱われる。日ごとの部分は、暦年の四半期の各日に、この四半期のREMICの課税所得または純損失の比例部分を配分し、そのように配分された金額を、この日におけるそれぞれの保有割合に応じて残余持分の保有者の間でこの日に配分することによって、決定される。

保有者の残余持分のベーシスは、その保有者によって考慮に入れられるREMICの課税所得の金額だけ引き上げられる。

REMIC残余持分に関する利子所得・控除ルールにより、このような持分は、純営業損失（NOL）によって相殺することができないかまたはREMIC残余持分の保有者の免税によって否定することができない現金以外の「ファントム」所得を発生させる。法定外の証券化ストラクチャーと異なり、REMICの残余持分の保有者は、REMICを高度の能率的な証券化ストラクチャーとするキャッシュ・リターン・エンタイトルメントのミニマム基準を通じてエクイティを示す必要がない。それゆえ、REMIC残余持分は、REMICから現金分配の名ばかりのエンタイトルメントを有するので、ほとんどまたは全く時価がない。実際には、REMIC残余持分は、現金以外の「ファントム」所得の発生が「ファントム」控除によってリバースされるが、この控除は所得算入の数年後に発生するので、しばしばマイナスの時価をもち、REMIC残余持分の価値はこのタイミングのミスマッチに関する金銭の時間価値を反映する。これらのタイミング差の程度は、REMICの通常の持分のtranchesのストラクチャー、特に、その金利や満期によって決まる。

(11) リースとファイナンス

IRSは、契約がリースかまたは条件付売買契約（ファイナンス）かという問題に対処するため、多数のレベニュー・ルーリングやレベニュー・プロセデュアを発した。

Rev. Rul. 55-540, 1955-2 C. B. 39 では、IRSは形式はリースである契約が実質は条件付売買であるかどうかは、契約条件とこの契約の実行のときにおける

事実と状況によって立証される当事者の意図によると述べた。その後，IRS はリースを条件付売買契約と区別する多数のルーリングを発した。

① リースでなく売買である（Rev. Rul. 55–541, 1955–2 C. B. 19）
② リースでなく売買である（Rev. Rul. 55–542, 1955–2 C. B. 59）
③ 二つの取引があり，一つはリース，他は売買である（Rev. Rul. 60–122, 1960–1 C. B. 86）
④ リースでなく売買である（Rev. Rul. 72–408, 1972–2 C. B. 86）

　Rev. Proc. 75–21, 1975–1 C. B. 715 では，IRS はリースであることを意図する一定の取引が事実上課税上リースであるかどうかを決める場合にルーリング上で使用するガイドラインを定めた。

　2001 年 5 月 7 日，IRS は Rev. Proc. 75–21 を修正する Rev. Proc. 2001–28, 2001–19 I. R. B. 1156 を発した。これは，レバレッジド・リース取引にも適用される。

　セール・リースバック取引におけるリース資産の税務上の所有権を決定する判例は，Frank Lyon Co. v. U. S.（435 U. S. 561 (1978)）であるが，Worthen Bank &Trust Company は銀行ビルを建て，これを約 764 万ドルで Frank Lyon Company に売却した。Lyon は，自己の資金 50 万ドルを投資し，残余の購入価格を 25 年払の NY 生命保険会社からのモーゲージで資金調達をした。それから，Lyon はこの銀行ビルを Worthen にモーゲージの期間と同じ 25 年間リースした。このリースによる賃貸料は，モーゲージの支払時期および金額と一致している。このリースにより，Worthen は，11 年後，15 年後，20 年後，25 年後に，①モーゲージの未払残高，および②50 万ドルプラスリース期間の 6％ 複利，に等しい価格でこのビルを買い戻すオプションを取得した。Worthen がこの買戻オプションを行使しない場合には，5 年間のリースの更新が可能になる。更新による賃貸料は，Lyon の投資プラス 6％ の複利を返済できるように計算された。Worthen は，このビルの維持に伴うすべての経費に責任がある（ネット・リース・アレンジメント）。

　最高裁は，この取引の形態を尊重し，納税者を支持した。

「事業または規制の真実によって強制されまたは奨励され、税務上の独立の考えを吹き込まれ、意味のないレッテルを貼られた租税回避の特徴のみによって形成されない場合には、政府は当事者によって実行された権利・義務の配分を尊重すべきである」

合成的なリース取引は、財務会計目的上はオペレーティングであるが、税務上はファイナンス・アレンジメントである取引である。主たるベネフィットが、賃借人は資産取得のために生じた債務または賃貸者に対する賃借料債務を貸借対照表上「債務」として記録しないことである。税務上、この取引は、賃貸者でなく賃借人が資産の所有者として取り扱われるように仕組まれている。結果として、税務上、賃借人は減価償却と利子控除を行うことができる。

IRS は、合成的リース・アレンジメントに対処する判定基準を発した。例えば、1998 年 FAS LEXIS 413（February 26,1998）において、IRS は合成リースとして仕組まれた取引は税務上リースであり、ファイナンス・アレンジメントでないと結論した。しかし、IRS は、FSA 19992003（January 12, 1999）において逆の結果に達した。

(12) 一般的に非課税とされるパートナーシップへの拠出[注21]

一般に、パートナーは、パートナーシップへの資産の拠出につき損益を認識しない。パートナーシップもまた資産が拠出されたとき損益を認識しない。

(注21) 第2編第2章2(14)を参照。

(13) パートナー持分の清算[注22]

A パートナーシップ資産の非課税分配

一般に、パートナーとパートナーシップは、パートナーシップ資産の分配につき損益を認識しない。これには、パートナー持分の清算における分配が含まれる。しかし、パートナーシップ資産の分配に係る不認識の一般ルールには多くの例外がある。

B 課税パートナーシップ分配

この例外の一は，分配された現金が分配直前のパートナーのパートナーシップ持分のベースを超える範囲で，パートナーは収益を認識しなければならないことである (IRC 731(a)(1))。

この例外の二は，1989年と1992年に制定された。パートナーがビルト・イン・ゲインまたはビルト・イン・ロスのある資産を拠出し，①この資産が拠出後7年以内に他のパートナーに分配されるかまたは②拠出したパートナーが拠出後7年以内に他の資産の分配を受け取る場合には，パートナーシップ資産の分配につき損益が認識されることである (俗に7年ルールという)(IRC 704(c)(1)(B)および737)。

一般に，この収益認識ルールは，分配を受けるパートナーがパートナーシップに拠出した資産の分配には適用されない (IRC 704(c)(1)(B)および737(d))。しかし，分配された資産がエンティティの持分である場合，収益認識の除外は，エンティティがパートナーシップに拠出された後，持分の価値がエンティティに拠出された資産に帰せられる範囲で適用されない。

C パートナーシップ持分の
   清算において受け取った分配資産の税務上のベーシス

パートナーの持分の清算において分配された資産の税務上のベーシスは，そのパートナーシップ持分におけるパートナーの調整ベーシス (同じ取引で分配された現金だけ減算される) に等しい (IRC 732(b))。

(注22) 第2編第2章2(14)を参照。

(14) パートナーシップ資産の調整ベーシスの選択[注23]

パートナーシップがパートナーシップ資産を分配するとき，パートナーシップ資産のベーシスは分配または譲渡の効果を反映するよう調整されない。しかし，パートナーシップは，パートナーシップ資産の分配についてパートナーシップ資産のベーシスを調整する選択(IRC 754選択)を行うことを認められる(IRC

754)。IRC 754 の選択は，パートナーシップが，分配取引から生ずる分配を受けるパートナーの段階で分配された資産のベーシスの変化を反映するため，残余資産のベーシスを調整することである。このような変化の例としては，収益認識によるベーシスの引上げまたは制限の適用によるベーシスの引下げがある。

IRC 754 の選択が行われるパートナーへのパートナーシップ資産の分配について，パートナーシップは，①分配されたパートナーが認識した収益，②分配直前のパートナーシップの分配資産の調整ベーシスのうち分配を受けたパートナーの資産のベーシスを超える超過分だけパートナーシップ資産のベーシスを引き上げ，①分配を受けたパートナーが認識した損失，②分配を受けたパートナーの資産のベーシスのうち分配直前の分配を受けた資産の調整ベーシスを超える超過分だけパートナーシップ資産のベーシスを引き下げる。パートナーシップ資産のベーシスの引上げまたは引下げの配分がパートナーシップ資産の時価と調整ベーシスとの差を減少する効果をもつ方法で行われる（IRC 755）。

（注23） 第2編第2章2(14)を参照。

(15) パートナーシップを通じた資産の偽装売却

1984年に，議会はパートナーがパートナーシップへ現金その他の資産を移転した場合，これに関連してパートナーシップがこのパートナーに現金その他の資産を移転するときは，これを合わせて二つの移転は資産の課税売却・交換として分類されることがある（IRC 707(a)(2)(B)）。

財務省規則は，パートナーのパートナーシップへの資産の移転（現金または金銭を拠出する債務を除く）およびパートナーシップのパートナーへの現金その他の対価の移転（債務の引受を含む）は，すべての事実および状況に基づき，①現金その他の対価が当該資産の移転がなければ行われなかったであろうという場合および②移転が同時に行われなかった場合にはその後の移転がパートナーシップ営業のリスクに依存していない場合にはその全部または一部，パートナーのパートナーシップへの資産の売却とみなしている（Reg. 1. 707-3(b)(1)）。財務省規則は，売却の存在を認定する10要素を定めている（Reg. 1. 707-3(b)(2)）。

この二つの移転が2年の期間内に行われる場合、事実と状況が明瞭に別のことを示す場合を除き、この移転は資産の売却とみなされる（俗に2年ルールという）(Reg. 1. 707-3(c)(1))。

(16) 法人パートナーによって支配される分配を受ける法人の資産のベーシスの調整

1999年12月、議会は一定の場合にパートナーシップが法人パートナーに分配した株式のベーシスの引下げを要するルールを定めた。この規定は、パートナーシップの分配の課税上の有利な取扱と一定の法人清算の非課税取扱との相互作用の濫用に対抗して制定された (IRC 732(f))。議会は、パートナーシップが低いベーシスのパートナーに分配した資産のベーシスへの下方調整が、その分配される資産が法人株式である場合には無効になると懸念した。法人パートナーは、株式ベーシスの引下げが効果をもたないように、分配された法人を清算し、株式を排斥し、資産を直接所有することができる。

この規定は、法人の株式がパートナーシップによって法人パートナーに分配され、その分配後法人パートナーが分配された法人を支配する場合における法人の資産のベーシスの引下げを定めている。分配された法人の資産のベーシスの引下げの額は、一般に①分配直前の分配された法人の株式におけるパートナーシップの調整ベーシスのうち、②分配直後の株式における法人パートナーのベーシスを超える超過額に等しい (IRC 732(f)(1))。

(17) 拠出された資産に係るパートナーシップの配分

A 拠出前の損益を反映するための拠出するパートナーと拠出しないパートナーへの配分

パートナーシップ・ルールは、パートナーシップの所得、収益、損失または所得控除のパートナーの分配持分がパートナーシップにおけるパートナーの持分に従ってパートナーに配分されることを定めている (IRC 704(b))。しかし、特別なルールは、拠出された資産に係る所得、収益、損失および所得控除は

パートナーシップの資産のベーシスとパートナーシップへの拠出時の時価との差を考慮に入れてパートナー間に分配されなければならないと定める (IRC 704(c))。

このルールの目的は，拠出前の損益について課税上の効果をパートナー間にシフトすることを防止することである。財務省規則によれば，このルールの実施に当たって，一般に三つの配分方法が合理的とされる (Reg. 1. 704-3)。しかし，資産の拠出とこれに対応するこの資産に係る租税項目の配分がパートナーの合計税額の現在価値を著しく減少する方法でビルト・イン・ゲインまたはビルト・イン・ロスの課税上の効果をパートナー間にシフトする観点で行われる場合，その配分方法は合理的でない (Reg. 1. 704-3(a)(10))。

B 拠出前損益のあるパートナーシップ持分の売却

拠出するパートナーがパートナーシップ持分を移転する場合，拠出前損益は譲渡者であるパートナーに配分されたであろうように譲受人であるパートナーに配分されなければならない (Reg. 1. 704-3(a)(7))。拠出するパートナーがパートナーシップ持分の一部を移転する場合，移転された持分に比例するビルト・イン・ゲインまたはビルト・イン・ロスのシェアが譲受人であるパートナーに配分されなければならない。

(18) パートナーシップにおけるパートナー持分のベーシス

一般に，パートナーシップ持分におけるパートナーのベーシスは，パートナーシップ所得のパートナーの分配持分だけ引き上げられ，パートナーシップ損失のパートナーの分配持分だけ引き下げられる (IRC 705(a))。この方法でパートナーのベーシスを引き上げることは，パートナーがパートナーシップ所得の分配持分に対して1度だけ課税されパートナーシップ損失の分配持分を1度だけ控除されることを確実にする。パートナーのベーシスは，パートナーがこの種の所得のベネフィットを失うように非課税所得のパートナーの分配持分だけ引き上げられる。

A　パートナーシップに拠出された株式の売却

　Rev. Rul. 99-57 において，IRS は法人パートナーが以前にパートナーシップに拠出した株式の売却による収益の税務上の取扱に対処した。このルーリングで，IRS はパートナーシップの株式の売却から生ずる法人パートナーのシェアは課税されないと結論した。実際に，IRS は法人パートナーがそれ自体の法人株式における非分割の持分を所有するものとし，それ自体の株式と交換に現金その他の資産を受け取るときには損益を認識しない。法人パートナーは，IRC 1032（法人がその自己株式の取引で損益を認識することを防止する）の趣旨に従って，取引の不認識の結果を防止するため，そのパートナーシップ持分のベーシスを引き上げた。同様の分析は，パートナーシップによって保有される法人パートナーの株式の処分に係る取引からの損失を法人パートナーに配分する取引に適用される。

　Notice 99-57 において，IRS は，非課税のパートナーシップ所得またはパートナーについて恒久的に否定されるパートナーシップ損失・所得控除に関するパートナーシップ持分のベーシスを調整することにより不当な損益が生じる状況に対処するため，IRC 705 による規則を制定する意図を述べた。

　財務省規則は，法人が当該法人の株式を保有するパートナーシップの持分を取得し，IRC 754 の選択が行われない状況に適用される。この状況では，法人パートナーは IRC 705 によるそのパートナーシップ持分のベーシスを，IRC 754 の選択が行われなかったならばパートナーが実現したであろう IRC 1032 の収益の一部の額だけ，引き上げることができる。IRS は，譲受人であるパートナーに配分されるとき，パートナーシップが IRC 754 の選択を行わなかった場合にパートナーシップ持分に対して支払われる価格が非課税のビルト・イン・ゲインまたは発生所得項目，または恒久的に否定されるビルト・イン・ロスまたは発生控除項目を反映する状況に適用されると述べた。IRS は，Reg. 1.701-2 の濫用防止規定に基づく Notice の範囲内で取引にチャレンジすると警告した。

B パートナーシップの法人株式の分配に関する規則案

May Company が行った有名な取引に対抗して発行された Notice 89-37 により、IRS はパートナーシップと法人パートナーの株式を利用して収益を回避する一定の状況に対処した。この Notice は、パートナーシップが 1989 年 3 月 9 日後、法人パートナーに、当該法人の株式または当該法人の関連会社の株式を分配する場合、この分配は「そのパートナーシップ持分から成る資産」をもつ法人パートナーの株式の償還として分類されると述べる。すなわち、収益認識は、資産の分配に関するゼネラル・パートナーシップ不認識規定の代わりに適用される。IRS は、パートナーシップが 1989 年 3 月 9 日後法人パートナーの株式を取得する場合、IRS は法人パートナーの株式の「みなし償還」を生じる取引として取り扱う意図があると述べている。この場合、みなし償還ルールは、取得が法人パートナーによる含み益のある資産におけるその持分とパートナーシップによって取得されまたは所有される株式の持分との交換の経済的効果を有するとき、その範囲内で、収益を認識するように、適用される。

1992 年 12 月に、財務省はこの Notice を解釈する規則案を発表した（PS 91-90, 1993-2 I. R. B. 29；57 Fed. Reg.59324）。最終案に至らなかった規則案は、みなし償還ルールの適用後のパートナーの株式の分配の税務上の結果を記述している。

IRS は、パートナーシップによる法人パートナーに対する株式の分配前には関係が存在しなかったが、この分配によって生じる場合についてさらに研究することが適切であると述べている（Notice 93-2, 1993-2 C. B. 292）。結果として、規則案はみなし償還または分配の直前に関連が存在する場合に適用を制限するように改正される。

(19) パートナーシップ濫用防止規定(注24)

1994 年に、財務省はサブチャプター K に関する二つの濫用防止規定を含む規則を定めた。第一ルールは、サブチャプター K の意図（納税者がエンティティ段階課税なしに柔軟な経済的なアレンジメントを通じて共同事業（投資を含む）活動を

行うことを認めること)に関する。サブチャプターKの意図には,次の要件が内在している。

① パートナーシップは真正なものでなければならず,各パートナーシップ取引または一連の関連取引は実質的な「事業目的」のために行われなければならない
② 各パートナーシップの形態は「実質主義」原則に基づいて尊重されなければならない
③ パートナーシップ営業の各パートナーおよびパートナーとパートナーシップとの間の取引の各パートナーのサブチャプターKに基づく税務上の結果は,正確にパートナーの経済的アレンジメントを反映し,明瞭にパートナーの所得を反映しなければならない

パートナーシップが,サブチャプターKの意図に合致しない方法でパートナーの合計税額の現在価値を著しく減少することを主目的とする取引に関して組成されまたは利用される場合には,IRSは適用される成文法や規則および関連事実と状況に照らして,サブチャプターKの意図に合致する税務上の結果に達するため,この取引を適切に更正することができる(Reg. 1. 701-2(b))。

第二ルールは,IRSがIRCと財務省規則の規定の目的を実行するため,パートナーシップをそのパートナーの集合体として取り扱うことができる(Reg. 1. 701-2(e))。しかし,第二ルールは,IRCの規定が全部または一部,パートナーシップをエンティティとして取り扱い,およびすべての事実と状況を考慮に入れて,その取扱と究極の税務上の結果がその規定によって明瞭に意図されている範囲で,適用されない。

(注24) 第2編第2章4(1)を参照。

(20) 債務の分類

ある金融商品が税務上債務,エクイティまたは他の種類のいずれとして取り扱われるかは,関係のある事実と状況に基づいて決められる。ある金融商品がエクイティに該当する場合には,発行者は一般に支払配当につき控除を受けら

れず，保有者はこの配当を所得に算入しない（法人保有者は配当額の70％以上の受取配当控除を受けることができる）。ある金融商品が債務に該当する場合には，発行者は一般に発生した利子の控除を行い，保有者は一般にこの利子を所得に算入する。

現行法では，財務省は法人の持分を債務またはエクイティとして分類する規則を制定する法的権限を付与されている（IRC 385）。1989年，財務省のこの権限は，持分の一部をエクイティとし一部を負債と分類することを含むよう拡大された(Revenue Reconciliation Act of 1989, Pub. L. No. 101-239, sec. 7208(a)(1))。1992年，議会は，一定の状況で発行者の持分の分類が発行者と保有者を拘束することを要する追加規則を制定した（IRC 385(c)）。財務省はこの権限に従って規則案および最終規則を公表したが，これらの規則は取り消され，現在適用すべき規則はない。

(21) みなし売却（constructive sales）

1997年6月8日後に行った取引については，納税者は，株式，パートナーシップ持分または一定の債務証書の含み益のあるポジションが取引日に時価で売却され，割り当てられまたは終了されたものとして，当該ポジションの「みなし売却」を行うときに収益を認識しなければならない（IRC 1259）。みなし売却の要件が満たされる場合，納税者は当該ポジションが取引日に時価で売却され直ちに買戻されたものとしてみなし売却の収益を認識する（IRC 1259(a)(1)）。

一般に，納税者または，一定の状況で納税者の関連者が次の一を行う場合には，含み益のあるポジションのみなし売却を行うものとして取り扱われる（IRC 1259(c)(1)）。

① 同一または実質的に同一の資産のショート・セールを行う
② 同一または実質的に同一の資産についてオフセット・想定元本契約を締結する
③ 同一または実質的に同一の資産を引き渡す先物契約または先渡契約を締結する

それ自体ショート・セール，想定元本契約または先物契約もしくは先渡契約である含み益のあるポジションについては，保有者はそのポジションの基礎にある資産と同一または実質的に同一の資産を取得するとき，みなし売却を行うものとして取り扱われる。

財務省規則に定める範囲で，納税者は規定された取引のいずれかと実質的に同一の効果をもつ一以上の他の取引を行いまたは一以上の他のポジションを取得するとき，みなし売却を行うものとして取り扱われる（IRC 1259(c)(1)(E)）。

先渡契約は，その先渡契約が実質的に一定額の資産および実質的に一定の価格の引渡または現金セツルメントを定めている場合のみ含み益のあるポジションのみなし売却を生じる（IRC 1256(d)(1)）。したがって，その額が契約条件により相当変動する株式のような資産の引渡を定める先渡契約は，みなし売却を生じない（H. R. Rep. No. 105-148, at 442（1997））。

(22) 不適格負債（disqualified indebtedness）

1997年6月8日後に発行された大部分の債務証書について，法人が発行した（または法人パートナーに限りパートナーシップが発行した）債務証書（重要部分が強制的にまたは発行者のオプションで発行者または関連者の株式に転換できる債務証書を含む）の利子または割引料（OID）で発行者または関連者（IRC 267(b)および707(b)の意味する）の株式で支払うべきものは，控除することができない（IRC 163(l)）。元本の重要な部分または利子が発行者または関連者の株式の価値を参考に決定されるかまたは発行者または関連者のオプションにより決定される場合，債務証書は株式で支払われるべきものとして取り扱われる（IRC 163(l)(3)(B)）。債務証書は，株式を参考に債務証書の支払を生じると合理的に期待されるアレンジメントの一部である場合には株式で支払われるべきものとして取り扱われる。例えば，債務証書は，債務の発行に伴い締結された株式を売却する先渡契約について，発行者または関連者の株式で支払われるべきものとして取り扱われる（IRC 163(l)(3)(C)）。

(23) ストラドル

　ストラドルとは，積極的に取引される動産に係るオフセット・ポジション（ストラドルのレッグスという）をいう。動産における一以上の他のポジションを保有することを理由に一つのポジションを保有することから生じる損失のリスクを著しく減少する場合，ポジションはオフセットとなる。ポジションとは，動産における持分（先物契約，先渡契約またはオプションを含む）である。納税者がストラドルにおけるポジションに係る損失を実現する場合，納税者は損失がストラドルにおけるオフセット・ポジションに係る認識されない収益を超える範囲で課税年度の損失を認識することができる（IRC 1092）。繰延損失は，翌課税年度に繰り越され，オフセット・ポジションにおける認識されない収益について同じ制限を受ける。

　損失の繰延のほか，ストラドル・ルールによって，動産がストラドルにおけるオフセット・ポジションの全部または一部として保有される場合，納税者はその動産につきさもなければ控除できる支出を資本化する必要がある（IRC 263(g)(1)）。この規定は，特定のキャリイング・チャージおよび動産を購入または運用するために生じまたは維持される負債の利子に適用される（IRC 263(g)(2)）。2001年1月18日，財務省はストラドル資本化ルールの適用を精密に定める規則案を公表した（66 Fed. Reg. 4746）。この規則案は，債務証書が動産の価値または動産に係るポジションにリンクする一以上の支払を定める場合，ストラドル・ルールが納税者の債務である債務証書に適用されることを明瞭にする。

　ストラドル・ルールは，一般に株式におけるポジションには適用されない。しかし，ポジションの一つが株式であり，少なくとも一つのオフセット・ポジションが①株式に係るオプション，②株式に係る証券先物契約（IRC 1234 B），③財務省規則に定める実質的に類似の資産または関連資産（株式を除く）に係るポジションである場合，ストラドル・ルールが適用される。さらに，ストラドル・ルールは，動産におけるポジションで株主がとるポジションをオフセッ

トするものをとるために組成されまたは利用される法人の株式に適用される。

(24) 前払取引

A 前払商品販売

　納税者は，一般に，その会計方法に基づきある項目が適正に別の期間に計上される場合を除き，その現実の受取またはみなし受取のときまでにその項目を益金の額に算入しなければならない (Reg. 1. 451-1(a))。一般に，納税者は，納税者に関連するエンティティの会計方法と異なる会計方法を採用することができる (IRC 446(d), reg. 1. 446-1(d))。

　発生主義により，所得を受け取る権利を確定するすべての出来事が発生し，かつ所得の額が合理的な正確さで決めることができるとき，納税者は一般にその項目を益金の額に算入しなければならない。一般に，IRS は所得を受け取る権利は，①必要なパフォーマンスが行われたとき，②このパフォーマンスに対する支払の期日がきたとき，③この支払が行われるとき，のいずれか早いときに確定するという立場をとっている (Rev. Rul. 74-607, 1974-2 C. B. 149)。

　財務省規則は，納税者が後年度に引き渡される商品の販売に係る前渡金を受け取る場合，一定の状況で課税所得の認識を繰り延べることを認めている (Reg. 1. 451-5)。

　一般に，このような前渡金は，①受取年度，②納税者の会計方法によりさもなければその支払が課税所得に算入される課税年度，または財務報告のためにその支払が所得に算入される課税年度のいずれか早い課税年度，のいずれかに納税者がこれを認識することができる (Reg. 1. 451-5(b)(1))。

　棚卸商品の販売に関する前渡金の繰延について，財務省規則は，納税者が契約を履行する十分な量の棚卸商品を手元に有する場合，相当の前渡金を受け取り，納税者の発生主義に従いこれまで益金の額に算入されない年度の翌年度の末日までにこの資産につき受け取ったすべての前渡金を当該翌課税年度に課税所得に算入しなければならない (Reg. 1. 451-5(c)(1)(i))。

B 前払先渡契約

先渡契約の損益は，典型的には，契約のセツルメント日（このとき現金支払または基礎となる資産の物理的な引渡の価値はその基礎となる資産のスポット価格に基づいて決められる）まで決められない。それゆえ，先渡契約の基本的な税務上の結果にアドレスする権限が不足するが，取引の損益の認識が，その取引が手仕舞してこの損益が定量化できるまでオープンとされることを定める「オープン取引」原則が先渡契約のコモンローの税務上の取扱を支配すると一般に理解されている。「みなし販売ルール」の適用がないので，納税者は一般に前払が行われる場合でさえオープン取引原則は先渡契約に適用されるという見解をとる。

(25) 想定元本契約(注25)(notional principal contracts)

明瞭に所得を反映する会計方法を定める法律の委任により，財務省規則は想定元本契約に従って行われる支払または受け取る支払に係る所得および控除の認識を定める（IRC 446(b), Reg.1. 446-3)。「想定元本契約」とは，想定元本金額を参考に計算される支払を交換する二当事者間の合意をいう（Reg. 1. 446-3(c)(1))。想定元本契約は，金利スワップ契約，商品スワップ契約，金利キャップおよびフロア契約，通貨スワップ契約その他の類似の契約を含む。

典型的な金利スワップ契約で，一方の当事者が固定金利に基づいて定期的支払を行うことに合意し，他方の当事者が変動金利に基づいて定期的支払を行うことに合意する。支払は基礎となる仮定的・想定元本金額に基づいて計算され，支払の期日が共通の日にくるとき，支払額は相殺される。商品スワップは，金利指数の代わりに商品価格指数が用いられることを除くと，金利スワップに類似し，想定元本金額は，ドルでなく，特定の商品ユニットで算定される。

想定元本金額は，現実に当事者によって交換されない。それゆえ，典型的な想定元本契約による支払は，金銭の使用または支払猶予の対価とならず，「利子」として分類されない。しかし，これらの契約の一つに基づく一括払は経済的にはローンと同一であり，一括払をする当事者は，その一部が金銭の使用または支払猶予の対価を表わすので，税務上適正に利子として分類されるリター

ンを受け取る。

　財務省規則は，想定元本契約を，一方の当事者が他方の当事者に特定の間隔で行う支払で特定の対価と交換に想定元本金額につき特定の指数を参考に計算されるものと定める金融商品または類似の金額を支払う約束と定義する（Reg. 1.446–3(c)(1)(i)）。「特定の指数」とは，ほとんどすべての固定率または変動率，価格，インデックス，または客観的に決められる金融・経済情報に基づく金額と広く定義されている（Reg. 1.446–3(c)(2)）。したがって，規則に定める想定元本契約は，金利スワップ，ベーシス・スワップ，金利キャップおよび金利フロア，商品スワップ，エクイティ・スワップ，エクイティ・インデックス・スワップおよび類似の合意を含む。しかし，規則は，一定の契約が想定元本契約（先物契約，先渡契約およびオプションを含む）を構成しないと定める（Reg. 1.446–3(c)(1)(ii)）。

　規則は，課税年度の想定元本契約からの純所得または控除が課税年度の総所得に算入されまたは控除されると規定する。課税年度の想定元本契約からの純所得または控除は，課税年度の契約から認識される定期的支払の全部および課税年度の契約から認識される不定期的支払の全部の合計額に等しい（Reg. 1.446–3(d)）。

　定期的支払は，想定元本契約の全期間中の1年以下の一定の定期的間隔で支払われる支払として定義される。定期的支払の一日当たりの部分は，この部分が関係する課税年度に益金または損金の額に算入される（Reg. 1.446–3(e)）。

　不定期的支払は，想定元本契約に従って支払いまたは受け取る支払で，定期的支払および終了支払以外のものをいう。不定期的支払は，スワップのすべてまたは一レッグに対する前払を含む。不定期的支払の一日当たりの部分は，支払の経済実体を反映する方法で不定期的支払が想定元本契約の期間にわたり認識されるように，この部分が関係する課税年度に益金または損金の額に算入されなければならない。したがって，スワップの不定期的支払は，特定の指数および想定元本金額を反映する一連の現金決済の先渡契約の先渡レート（商品については先渡価格）に従って配分することによって契約期間にわたり認識されな

ければならない (Reg. 1. 446-3(f))。

終了支払は，想定元本契約に基づき当事者の残余の権利義務の全部または比例部分を消滅しまたは割り当てるために支払いまたは受け取る支払と定義される。一般に，想定元本契約の一方の当事者は，契約が消滅され，割り当てられ，または交換される課税年度に終了支払を認識しなければならない。当事者は，契約により支払いまたは受け取るすべての他の支払でまだ認識されていないものを認識しなければならない (Reg. 1. 446-3(h))。

規則は，相当の不定期的支払を定めるスワップに係る特別ルールを含む。このルールに基づき，相当の不定期的支払を伴うスワップは，①レベル・ペイメントのアト・ザ・マーケット・スワップ（不定期的支払はない）と②ローンから成る二つの別個の取引として取り扱われる。契約当事者は，スワップとは別のみなしローンを計算しなければならない。このローンのインピューテッド利子の要素は，税法上，利子とみなされる (Reg. 1. 446-3(g)(4))。規則は，不定期的支払の金額がどの位で「相当の不定期的支払」となるかを定義していないが，規則の事例がスワップ契約に基づく支払総額の10%未満である不定期的支払は相当ではないが，40%以上は相当であることを示している (Reg. 1. 446-3(g)(6))。

（注25）　第2編第1章2(4)を参照。

第2章

タックス・シェルターの類型

1 タックス・シェルターの類型化

　単体企業または企業グループの特定課税管轄または全世界ベースについて行われる国際租税計画（International Tax Planning）あるいは単体企業または企業グループの一課税管轄内の租税計画（Domestic Tax Planning）において利用されるタックス・シェルターは，次のように類型化することができる。

1 目的別類型─原理上の分類
(1) 演繹法（deductive method）
  ① 課税標準の減少
  ② 税率の引下げ
  ③ 税額控除の増加
(2) 帰納法（inductive method）
  ① 所得分割・所得移転・所得帰属主体変更
  ② 所得繰延・所得帰属年度変更・課税繰延
  ③ 課税排除・恒久的課税繰延
  ④ 所得分類変更
  ⑤ 所得源泉変更

2 手法別類型

(1) コーポレイト的手法

① 非課税法人の利用 {事例}

- (i) BOSS (Bond and Sales Strategy)　　IRC 301(b)
- (ii) Basis Shift　　RC 357(c)
  　　IRC 302
- (iii) Fast-Pay Stock/Step-Down Preferred　　Reg. 1.7701(1)-3
  　　{エンロン・プロジェクト・アパッチ}

② 課税法人の利用 {事例}

- (i) Stock Compensation　　IRC 83
  　　IRC 1032
  　　IRC 331
- (ii) Liquidating REIT　　IRC 332, 562(b)(1)(B)
- (iii) Intermediary Transaction　　IRC 336, 337, 338

③ 非法人の利用 {事例}

- (i) Inflated Partnership Basis　　IRC 752
- (ii) Pass-through Entity Straddle　　IRC 1092, 1256
- (iii) Partnership Straddle　　IRC 754
  　　{エンロン・プロジェクト・コンドル}
- (iv) Installment Sales/Contingent Installment Note
  　　IRC 453
- (v) Partnership Basis Shifting　　IRC 737
  　　{エンロン・プロジェクト・トーマス}
- (vi) {エンロン・プロジェクト・タミーIおよびII}
  　　IRC 704(c), 705, 732(b), 1032

④ 組織再編成の利用 {事例}

- (i) Contingent Liability　　IRC 351, 357, 358
  　　{エンロン・プロジェクト・ターニャーおよびプロジェクト・バラ}

(ⅱ)　High-basis Low-value　　　　　　　　IRC 351
　　　　　{エンロン・プロジェクト・スティール}
　　　(ⅲ)　Killer B　　　　　　　　　　　　　　IRC 956
　⑤　持株会社の利用 {事例}
　　　(ⅰ)　Corporate Owned Life Insurance (COLI)　IRC 264 (d)
　　　　　{エンロン・COLI/TOLI}
　　　(ⅱ)　Foreign Factoring　　　　　　　　　IRC 954
　　　(ⅲ)　Reinsurance Arrangement
(2)　コーポレイト・ファイナンス的手法
　①　投資と融資との選択
　　　(ⅰ)　投資
　　　(ⅱ)　融資
　　　(ⅲ)　多段階優先証券
　　　　　{エンロン・ストラクチャード・ファイナンス}
　　　(ⅳ)　投資ユニット証券
　　　　　{エンロン・ストラクチャード・ファイナンス}
　②　循環金融の利用 {事例}
　　　(ⅰ)　商品前払取引
　　　　　{エンロン・ストラクチャード・ファイナンス}
　　　(ⅱ)　{エンロン・プロジェクト・レニゲード}
　　　(ⅲ)　{エンロン・プロジェクト・バルハラ}
　③　ノン・リコース・ファイナンス {事例}
　　　(ⅰ)　インフレーテッド・ベーシス　　　　　IRC 357, 1012
　④　ファイナンス・リース {事例}
　　　(ⅰ)　Lease Strips　　　　　　　　　　　IRC 351, 358
　　　(ⅱ)　Lease-in/Lease-out (LILO)　　　　　IRC 162 (a)(3)
　　　(ⅲ)　Synthetic Lease　　　　　　　　　　IRC 316, 702, 754, 1059
　　　　　{エンロン・プロジェクト・テレサ}

54 第1編 アメリカン・タックス・シェルター

 ⑤ ストラクチャード・ファイナンスの利用 {事例}
  （i）Phantom Income   IRC 860 A-860 G
   {エンロン・プロジェクト・コチーズ}
  （ii）Charitable Remainder Trust   IRC 664
 ⑥ 迂回融資の利用 {事例}
  （i）Foreign Tax Credit   IRC 904
 ⑦ デリバティブ取引の利用 {事例}
  （i）Notional Principal Contract
  （ii）Debt Straddles   IRC 165 (a)
  （iii）NOL の活用   IRC 1259
   {エンロン・プロジェクト・NOLy}
(3) 租税条約の利用 {事例}
  トリーティ・ショッピング

2　JCT のエンロン・レポートによる類型化

　2003 年 2 月, 米国議会課税合同委員会 (the Joint Committee on Taxation : JCT) は, エンロン社と関連事業体の課税問題に関する調査報告および対抗措置の勧告 Report of Investigation of Enron Corporation and Related Entities regarding Federal Tax and Compensation Issues and Policy Recommendations を公表した。2002 年 2 月上院財政委員会の命により JCT はエンロン社および関連事業体 (以下「エンロン」という) の①エンロンの利用したタックス・シェルター・アレンジメントおよび特別目的事業体 (Special Purpose Entity : SPE), ②エンロンの従業員報酬に焦点を置いたレビューを開始し, エンロン社は, 上院財政委員会および JCT との「情報開示の合意」に基づき税務申告書および関連情報の開示に合意し, JCT の調査に協力した (納税者の申告書等の秘密情報の保護と開示については, 公益と①納税者のプライバシー保護, ②納税者の申告書情報の第三者利用の必要性, ③納税義務の存否の開示による税法遵守度の向

上,④1986年内国歳入法典の納税者秘密保護規定と情報自由法(米国法典タイトル5の552条等の他の連邦法令との関係),⑤州税法・地方税法のために連邦税法の申告書情報を利用することによる納税者プライバシーへの影響,⑥非課税団体情報の開示に関する米国財務省の米国議会に対する研究報告書 *Scope and Use of Taxpayer Confidentiality and Disclosure Provisions, 2000* を参照されたい)。

この報告書において,JCT は,エンロンの仕組まれた租税動機取引(structured tax-motivated transactions)を分析し,これらに対抗するために必要な立法措置を勧告している。

エンロンは,当期の税負担の減少を「タックス・ベネフィット」とし,税負担を生じさせずに所得を発生することを「財務会計上のベネフィット」とし,これを両立させるために租税動機取引を行った。エンロンは,その税務部門の役割を単なる税務管理から財務諸表上の収益を稼得するプロフィット・センターに切り替え,短期収益性とキャッシュ・フローを重視して財務諸表上の純所得を生じるために多様なテクニックを用いた。JCT は,エンロンが1995年から破産までの期間に用いたテクニックを「長期タックス・ベネフィット」を「当期または短期の財務諸表上のベネフィット」に転換するように設計されたストラクチャード取引であるとみている。JCT は,エンロンのストラクチャード取引を①法人税問題を生ずるストラクチャード取引,②パートナーシップ問題を生ずるストラクチャード取引,③国際的・金融商品に係るストラクチャード取引,④法人所有の生命保険契約と信託所有の生命保険契約,⑤ストラクチャード・ファイナンス(多段階優先証券,投資ユニット証券,商品前払取引を含む)に分類した。これらのストラクチャード取引の戦略については,JCT は主要な12の取引を①単一の経済的損失の二重控除(プロジェクト・ターニャー,プロジェクト・バラ,プロジェクト・スティール,プロジェクト・コチーズ),②非減価償却資産から減価償却資産への税務上のベーシスの移転(プロジェクト・トーマス,プロジェクト・コンドル,プロジェクト・テレサ,プロジェクト・タミーⅠおよびⅡ),③資本償還の損金算入(プロジェクト・アパッチ),④他の納税者にタックス・ベネフィットを与えるアコモデーション・パーティ(プロジェクト・レニ

ゲード，プロジェクト・バルハラ）に分類した。

本書においては，典型的なタックス・シェルターの分類に，最新の公表スキームとしてエンロンの利用した租税動機取引を加味して，代表的なタックス・シェルターの類型化を以下に掲げるように試みる。

3 損失の創造または損失の二重控除

（1） 基本理論

タックス・シェルターの中には，単に課税排除や課税繰延を狙うだけでなく，損失の創造または損失の二重控除を狙うものがある。

損失の二重控除を問題にする場合，どのような場合を二重控除とするかという基礎概念について，国内課税または国際課税において十分に議論されているとはいえない。現在，いろいろな租税回避スキームにおいて試みられている損失の二重控除を大別して類型化すると，次のように分類される。

① 同一国内において同一の納税者が同一の損失を重複控除する場合
② 同一国内において同一連結グループに属する異なる納税者（または関連者）が同一の損失を重複控除する場合
③ 同一国内において異なる納税者（アコモデーション・パーティを含む）が同一の損失を重複控除する場合
④ 異なる国において同一の納税者が同一の損失を重複控除する場合
⑤ 異なる国において同一グループに属する異なる納税者（または関連者）が同一の損失を重複控除する場合
⑥ 異なる国において異なる納税者（アコモデーション・パーティを含む）が同一の損失を控除する場合

損失の二重控除を禁止または制限する場合，以上の6類型のうちどこまでをその対象とするかを法定すべきである。そのような禁止または制限が明文化されていない場合にどのような法理でこれを否認できるかということはさほど容

易な問題ではない。租税政策の観点から，このような禁止または制限を法定化する場合も，①同一国内の二重控除のみを否認すべきか，②複数国における二重控除も否認すべきか，③同一者の二重控除のみを否認すべきか，④異なる者であっても一定の条件に該当する関連者またはアコモデーション・パーティについても否認すべきか，⑤非関連者との二重控除も否認すべきか，について明確にしなければ，いたずらに紛争を生じることになろう。また，二重控除のうち一方を否認する場合どちらを否認すべきか，双方とも否認すべきか，についてもルール化する必要がある。

(2) 不確定債務（Contingent liability）に係る損失[注26]

エンロンは，その子会社が引き受けた「不確定債務」について損失の二重控除と控除の加速化を狙い，当期の経済的支出を伴わない長期約束手形と交換に不確定債務を引き受けさせた子会社の優先株式を取得し，次にこれをベーシスから不確定債務の額を控除した額で売却したときに生ずるキャピタル・ロスの形で「不確定債務に係る損失」を控除し，その後にこの引き受けた債務が支払われたときに「第二の控除」を行う取引を仕組んだ。

（注26） 第1編第1章4(3)および(4)を参照。

A　プロジェクト・ターニャー（Project Tanya）

　1995年12月にエンロン社は，その子会社Aに2枚の約束手形（1億2,084万ドルのベーシスをもつ20年の約束手形と6,770万ドルのベーシスをもつ10年の約束手形）を移転した。Aはエンロン社の不確定債務（エンロン社の延払報酬債務6,770万ドル，退職後医療・生命保険・死亡給付債務1億2,080万ドル）を引き受け，他の報酬やベネフィット・プランの管理責任を引き受けた。2枚の約束手形および不確定債務の引受と交換に，エンロン社はAの新種の議決権のある優先株式20株（税務上のベーシスは1億8,855万5,000ドル）を受け取った。この優先株式は，9％の年間配当を支払い，Aの現在

純資産4万ドルを表わしていた。さらに，この種類の優先株式は，Aの純資産の増加分の3%（最高償還価値34万ドルまで）を受けることができるものであった。1995年12月28日にエンロン社はAの優先株式20株を自社の社員MとNの2人に4万ドルで売却し，短期キャピタル・ロス1億8,851万5,000ドル（実現した額4万ドルからベーシスの額1億8,855万5,000ドルを差し引いた残額）を計上した。A優先株式の条件として株主の5年後のプット・オプション，6年後のコール・オプションが定められていた。2002年にエンロン社はAを清算し，1995年にAが引き受けた延払報酬および退職後ベネフィット債務をエンロン社が引き受けるということが予定されていた。エンロンが税務申告した1億8,851万5,000ドルの損失は，これに対応する財務諸表上の損失を生じなかった。むしろこの税務上の損失の計上に伴う節税によって財務諸表上の収益は6,580万ドル増加した。

この取引の後で，Aは引き受けたエンロン社の従業員ベネフィット債務に関して，1996年に1,697万7,000ドル，1997年に1,621万7,000ドル，1998年に1,368万2,000ドル，1999年に1,470万ドル，2000年に1,510万3,000ドルの損金控除を計上した。

また，エンロン社の社員Mは1998年に退職し，A株式10株を他の社員Nに8万5,000ドルで売却した。2001年に契約どおりエンロン社はNに対しコール・オプションを行使し，A株式20株を購入する意思を通知した。その購入価格は1株2万2,000ドル，合計44万ドルであった。

B　プロジェクト・バラ（Project Valor）

プロジェクト・バラは，異なる種類の不確定債務に対するスキームで，子会社B株式の売却によりエンロンが実現するキャピタル・ゲインを消去するために利用できるキャピタル・ロスを造り出すように設計された。Bは，天然ガスおよび電力の売買を行い，この事業活動を支えるため非関

連者と多様なスワップ・オプション，先渡契約を締結している。Bは，1996年12月20日にエンロン子会社Cに2枚の約束手形（2億1,700万ドルのベースをもつ10年の約束手形と5,032万ドルの10年の約束手形）を移転した。この移転の一部としてCはBの一定の不確定債務（Bのクレジット・リザーブ債務501万ドルの引受，Bの固定価格リスク管理（FPRM）契約債務2億6,227万ドルのみなし引受）を引き受けた。約束手形および不確定債務の引受と交換に，BはCの新種の議決権のある優先株式（ベーシスは2億3,536万7,000ドル）40株を受け取った。この優先株式は，9％の年間配当を支払い，Cの純資産4万ドルを表わしていた。この種類の優先株式は，Cの純資産の増加分の4％（最高償還価額200万ドルまで）を受けることができるものであった。1996年12月27日にBは商品取引活動のモニターに関係する自社の社員O，PおよびQの3人にC優先株式40株を4万ドルで売却した（その内訳をみると，Oは30株を3万ドルで，Pは5株を5,000ドルで，Qは5株を5,000ドルで購入した）。エンロンは，この株式の売却によるキャピタル・ロス2億3,532万7,000ドル（実現した額4万ドルからベーシスの2億3,536万7,000ドルを差し引いた残額）を計上した。C優先株式の条件として，5年後に株主が行使できるプット・オプション（Cに対し株式の償還を請求する権利）および6年後にCが行使できるコール・オプション（株主に対し株式をCに売却することを請求する権利）が含まれていた。Cは，引き受けたクレジット・リスク管理債務に関して，1997年に1億8,172万9,000ドル，1998年に4,909万9,000ドル，1999年に2,606万4,000ドル，2000年に1,031万7,000ドル，2001年に308万5,000ドルの損金を計上した。

　1999年3月30日，Oは退職したが，その直前にCはO所有のC優先株式30株を3万ドルで償還し，これをPとQにそれぞれ1万5,000ドルで売却した。

C JCT によるスキームの検討

エンロンがその狙いどおり「子会社の優先株式の売却によるキャピタル・ロス」と「不確定債務のその後の確定による損失」を利用できるか否かの判定には，租税動機取引のタックス・ベネフィットの評価に適用される租税法規ルールの文理上の要件や「事業目的」（business purpose）原則や「経済実体」（economic substance）原則などの判例原則に合致するか否かの分析が必要である。

単一の納税者が同じ債務につき何度も控除を受けることは，正当化できない。プロジェクト・ターニャーとプロジェクト・バラにおいて，エンロンにはこの取引前後の債務につき責任があり，社員にはこの取引の前後の債務をモニターしまたは管理する責任があった。タックス・ベネフィットを得ること以外にこれらの者がこの取引に参加する正当な理由はほとんど認められない。エンロンが主張する「努力の成果を分ち合うために債務管理担当者にインセンティブを与える」という理由を見せかけのものとして疑っている。エンロンはこれほど複雑で費用のかかる債務のリストラを行わなくても単純な「雇用契約」を通じて意図したインセンティブを社員に与えることができたはずである。このように租税以外の事業目的が明白でない場合や納税者とその税務顧問が特定の取引に関与する正当化理由を開発または考案する必要がある場合，そのような取引は十中八九は租税以外の事業目的を欠くものであり，IRS の更正の対象とされるべきである。JCT は，このような見地から，エンロンの税務顧問がプロモーターとしてスキームの実施を幇助し，現実にスキームの「事業目的」の開発の責任を分担したという事実は，この取引が租税以外の事業目的を欠いていた証拠となると判断している。IRC 269（脱税または租税回避のために設立または利用される人的役務法人）は，租税以外の事業目的概念に関する規定であるが，納税者が法人の「支配」（議決権または価値の 50％ 以上）を取得しかつその主目的が脱税または租税回避である場合にタックス・ベネフィットを否認する権限を IRS に付与している。このスキームが IRC 269 に抵触するか否かという問題について，プロモーターはタックス・オピニオンを作成し，プロジェクト・ターニャーの A やプロジェクト・バラの C は「既存の事業体」であり，

税法の「取得」とはこれらの事業体の「優先株式」でなく「普通株式」の取得を意味するといい，これらのスキームはIRC 269には関係がないと結論した。また，オピニオン・レターは，優先株式の取得のときに「支配」があったとしても，その主目的は脱税または租税回避でないとするエンロンの「事業目的」の申立てに依存している。JCTは，エンロンが「事業目的」の考案を分担したプロモーターの書いたタックス・オピニオンに依存して取引の正当化を主張することは無理であると判断する。

取引の「経済実体」については，JCTはタックス・ベネフィットである追加的控除（A優先株式とC優先株式の売却によるキャピタル・ロス）4億2,384万ドルに比較して追加節約はきわめて小さいと判断している。また，エンロンがアコモデーション・パーティとして社員を利用したことも，問題視している。

(3) ビルト・イン・ロス

A プロジェクト・スティール（Project Steele）
(A) スキームの狙い

エンロンは，REMIC残余持分の「ビルト・イン・ロス」に伴うタックス・ベネフィットをそのタックス・ベネフィットの額より著しく低いコストで入手することを狙い，エンロンが相当の損失控除を行い，税引前の財務諸表上の収益約1億3,000万ドルが生じる仕組み取引を行った。このスキームは，エンロンについては①エンロンによる現金とリース資産およびプロモーターXによる現金と「ベーシスが著しく時価を超える資産」の新設法人への非課税譲渡を行い，②エンロンがその新設法人の議決権および価格の80％超を受け取り，その新設法人をエンロンの連結納税グループに加入させ，③プロモーターXの拠出した資産（REMIC残余持分）のビルト・イン・ロスによる損失をエンロン課税所得と相殺するために利用することを狙っている。また，プロモーターXについては，Xの受け取る株式の税務上のベーシスは拠出した資産のビルト・イン・ロスを参照して決められるので，Xの当該株式の税務上のベーシスは時価を著しく超えるゆえに，実質的に当該拠出資産のビルト・イン・ロスを

二重計上し、課税所得を隠すことができる。この取引に経済実体があるというためには、Xは受け取った株式を2002年まで保有する必要があるので、Xとしては税務上の損失の実現を遅らせる補償を支払うようエンロンに要求していた。

(B) スキームの概要

　1997年10月27日には、エンロン社はその100％子会社を通じ、リミテッド・パートナーシップ (LP) Dを組成した。Dは「チェック・ザ・ボックス規則」により連邦課税上「法人」(a corporation) として取り扱われることを選択した。1997年10月29日に、Dはエンロン社の子会社Eから5,120万ドルを短期ベースで借り入れた。その翌日、Dはその借入金全額を用いてプロモーターXからエネルギー会社の高い格付の社債を購入した。1997年10月30日と10月31日に、エンロンの3株主が①約4,800万ドルの現金、②約9,350万ドルのエンロン社の子会社Fの優先株式、③一定のリースされた航空機の受益権（時価4,260万ドル、税務上のベーシスが0）を4,260万ドルの債務負担付でDに拠出した。エンロンは、この資産と交換にDの約95％の持分を取得した。1997年10月31日に、DはEに借入金のほぼ全部（70万ドルを除く）の弁済として5,050万ドルを払い戻した。1997年10月31日に、Xは二つの事業体を通じ、440万ドルの現金、不動産モーゲージ投資導管 (Real Estate Mortgage Investment Conduit：REMIC) の残余持分 (residual interests)（時価760万ドル、税務上のベーシス2億3,380万ドル）をDに拠出し、その代わりにXの事業体はDの優先持分の5％とDの450万ドルの債務証書を受け取った。Xは、エンロン社から1,000ドルで二つのプット（Xが特定のときにDの持分をエンロンにプットすること）を購入した。これらのステップの結果として、エンロン子会社は、D持分の議決権および価値の合計の約95％を表わすDの普通持分および優先持分を受け取った。Xは、Dの議決権および価値の合計の約5％を表わす優先持分とDの450万ドルの債務証書を受け取った。資産の拠

出後，DはREMIC残余持分（時価約750万ドル，税務上のベーシス2億3,400万ドル），5,120万ドルの社債，200万ドルの現金，リースされた航空機の受益権（時価4,260万ドル，税務上のベーシス0，4,260万ドルの債務負担付）およびエンロン子会社G（2億350万ドルの関連会社の約束手形を所有している）の優先株式全部を所有することになった。

B プロジェクト・コチーズ（Project Cochise）
(A) スキームの狙い

このスキームを要約すると，エンロンの100％子会社Hにプロモーター Xのロンドン支店が税務上のベーシスが時価を著しく超える資産（REMICの残余持分）を非課税譲渡するとともにエンロンが着実な所得の流れをもつ資産（REMIC通常持分）を非課税譲渡し，その後Hはパススルー・エンティティの特徴をもつ「不動産投資信託」（Real Estate Investment Trust：REIT）として扱われることを選択する。Hに移転されてREMIC残余持分の「財務会計上の取扱と税務上の取扱との差異」を利用してエンロンは繰り延べされるが割り引かれないタックス・アセットの即時の創造を通じ「相当額の財務会計上の所得」を生じる。HはREITの地位を選択したことによりエンロンの連結納税グループの一部でなくなり，その譲渡後，XがHの普通株式全部を所有することになるので，Xが保有するHの普通株式に係るコンセント配当の宣言を通じて，REMICの残余持分から残余のいわゆるファントム所得全部の分配を受ける。Hは，資本再構成後，2004年に再度エンロンの連結納税グループに加入し，エンロンは，元のREMICの非現金ファントム所得のリバーサルの結果として生じる税務上の控除を認識する予定であった。このスキームは，エンロン子会社Hの①REITとしての連結離脱の取扱と②連結納税グループへの再加入の予定に基づいて，エンロンが過年度の関連所得を認識せずに2003年度の税務申告で控除できるように，REMICの非現金ファントム所得とその後これを相殺する控除項目を対応させるものである。このスキームでは，XがHに移転したREMIC

残余持分のビルト・イン・ロスの二重控除を狙っている。すなわち、XがREMIC残余持分と交換に受け取ったH株式の税務上のベーシスは、その拠出したビルト・イン・ロスのある資産（REMIC残余持分）を参考に決定されるので、時価を著しく超えることになり、エンロンは直接的にREMIC残余持分が生じる将来の控除を通じ、プロモーターXは間接的に拠出したREMIC残余持分のビルト・イン・ロスを反映するH株式の処分を通じ、他の課税所得を隠すことを狙ったものである。

(B) **スキームの概要**

プロジェクト・コチーズの実施前、エンロンは1985年4月16日に設立されたH社の発行株式（普通株式1,000株）全部を所有していた。1999年1月28日、あらかじめアレンジされたプランの一部として次のことが同時に行われた。

① プロモーターXの連結納税グループの構成員であるNY法人Yは、REMIC通常持分の非分割持分をXに約270万ドルで売却した。

② Yは当該REMIC通常持分の残余非分割持分をエンロンに約2,480万ドルで売却した。

③ エンロンは、このYから購入したREMIC通常持分をHシリーズA優先株式3万9,000株およびHシリーズB優先株式572株と交換にHに拠出した。

④ エンロンは、そのH普通株式全部をXに100ドルで売却した。

⑤ Xは、Yから購入したREMIC通常持分およびREMIC残余持分をH普通株式1,000株（約125万ドルの価値がある）およびH発行の20年物ゼロクーポン債（明示の元本約540万ドル、契約上の時価約160万ドル）と交換にHに拠出した。

⑥ エンロンとXは、株主合意を履行した。

　(i) エンロンまたはXは、2004年1月28日以後にシリーズB優先株式の全部を償還し、XとHの発行した普通株式および債務証書

を同額の10年物利付手形と交換し,エンロンとHの発行したシリーズA優先株式をHの普通株式と交換するHの資本再構成を強制することができる。

(ii) エンロンは,Hが1999年1月1日から2004年1月1日までの間随意にREITの地位を選択し,REITとして適格であることを確実にする。

(iii) Xは,HがXにコンセント配当(IRC 565)を支払ったものとして扱い,Xが税務上当該コンセント配当に等しい額の現金配当をHから現実に受け取ったものとして扱われることに合意する。

⑦ Xは,エンロンから二つのプット・オプション(Xがエンロンに対しXからこの再資本構成の2年以後または78か月以後いつでもHの資本再構成においてXが受け取った10年物手形を購入することを要求するプット・オプション)を1,000ドルで購入した。

⑧ エンロンとXは,HがREITとして適格であること,REMIC残余持分を保有すること,またはコンセント配当を宣言することを妨げる法律改正があるときにエンロンが保有するH優先株式を契約上の時価で,プット・オプション(エンロンがXに対し購入することを要求すること)とコール・オプション(Xが購入すること)を契約した。

⑨ Xの連結納税グループの構成員であるNY法人Zは,2機の航空機とこれを対象とするリースをエンロン子会社であるデラウエア法人Iに4,404万6,885ドル85セントで売却した。

1999年2月15日以前に,Hの6人の取締役はシリーズB優先株式1株と交換にHに1,000ドルずつを拠出し,他の投資家98人はシリーズB優先株式1株と交換にHに1,000ドルずつを拠出した。

Hへの拠出後,エンロンはHのすべての種類の株式の議決権の95%を所有し,XはHのすべての種類の株式の5%を所有していた。

REMIC残余持分に係る非現金ファントム所得の創造により,XがHに拠出したREMIC残余持分の税務上の調整ベーシスは,1億2,000万ドルで,その時価(16万5,000ドル)を著しく超える。REMIC残余持分の調整

ベーシスはこのような取扱によって持分の存続期間にわたり約2億6,800万ドルだけ増加することが見込まれていた。

2000年6月に、IはZから取得した航空機およびこれを対象とするリースを約3,600万ドルで売却した。

このスキームの実施後、HはシリーズAおよびB優先株式につき現金配当を支払い、現金およびコンセント配当を通じて残余課税所得をH普通株式の所有者であるXに分配することが予定されていた。

エンロンとXとの間の株主合意の条件に従い、エンロンまたはXのいずれかが5年後に（2004年1月28日以後に）シリーズB優先株式の全部を償還し、HがXに発行した普通株式および債務証書を等価の10年物手形と交換し、Hがエンロンに発行したシリーズA優先株式をH普通株式と交換するHの資本再構成をプロモートすることが予定されていた。そのときまでまたはその直後に、REMIC残余持分は、もっぱらH普通株式の保有者であるXに主としてコンセント配当を通じて配分された元REMICの非現金ファントム所得をリバースするため、税務上の控除項目を生じ始めることになる。したがって、HはそのREIT選択の取消を通じまたはREITの適格性の欠如により意図的にREITの地位を失い、エンロンの連結納税グループに再度加入させて、Hが保有するREMICの残余持分の生ずる税務上の控除項目を利用することが予定されていた。

C JCTによるスキームの検討
(A) プロジェクト・スティール

エンロンがその狙いどおり「REMIC残余持分のビルト・イン・ロス」を損金算入することができるか否かの判定には、租税法規の法定要件や租税動機取引のタックス・ベネフィットの評価に適用される租税法規ルールや判例原則（「事業目的」原則および「経済実体」原則など）に合致するか否かの分析が必要である。IRCや財務省規則はタックス・シェルターのうち濫用的活動を認識する

つど，それが法規の文理上の要件を満たす場合であっても成文法の基本目的を歪め，これを濫用し，実質的に無効にするために用いるアレンジメントを規制することを意図した条文を定めている(注27)。JCT は，特に次の条文の適合性について検討している。

a　IRC 269（脱税または租税回避のために行われる取得）(注28)

納税者が脱税または租税回避を主目的として法人の支配（議決権・価値の 50% 以上）を取得した場合，所得控除その他のタックス・ベネフィットは否認される（IRC 269）。エンロン子会社とプロモーター X によるリミテッド・パートナーシップ D の組成はこの条文上の「支配の取得」に該当するので，タックス・ベネフィットの否認リスクを回避するには，「脱税または租税回避以外の主目的」を有することが必要となる。この点につき，エンロンは「財務会計上のベネフィットを生じること」が主目的であると申立て，タックス・オピニオン・ライターはこれを信頼し，このスキームのタックス・ベネフィットは IRC 269 によって否認されないと結論したが，JCT は次の点を問題視している。

① 「財務会計上のベネフィット」を理由に「租税以外の事業目的」が存在すると結論することは，その財務会計上のベネフィットの源泉（税額の減少のみである）についての考慮を欠いているので，実質的にみると，租税以外の事業目的があるという結論は弱い。

② 「純節税額のうちこの取引コストを超える部分が純キャッシュ・ベネフィットを生じることが見込まれないとしてもこの取引を行ったであろう」というエンロンの申立てを信頼したことは，このスキームによる「著しい現在価値のタックス・ベネフィット」があることについての認識を欠いている。

b　IRC 351（譲渡者による被支配法人への譲渡）

IRC および財務省規則には純営業損失（net operating loss：NOL），ビルト・イン・ロスおよび税額控除などの租税属性の移転能力を制限することを目的とする規定が定められている(注29)(注30)。これらの規定の共通の目的は，タッ

クス・ベネフィットを生じた「経済的損失」を蒙らない納税者のタックス・ベネフィットの享受を制限することである。かねて，①IRC 351 による損失の移転と②単一の経済的損失の二重控除の可能性は，租税政策の執行における問題である。このスキームは，この可能性を追求して①非課税法人の設立と②ベーシス引継ルールを利用したものである。IRC 351 の適用が有効な租税以外の事業目的に基づいて断定されることや X による移転がその前提となる事業目的を有しないことについては，議論の余地がある。

(B) **プロジェクト・コチーズ**

エンロンが狙いどおり REMIC 残余持分に備わっている将来の税務上の控除項目を認められるか否かの判定には，この取引に適用される租税法規の要件や租税動機取引の意図したタックス・ベネフィットの評価のために適用される租税回避防止規定や判例原則に合致するか否かの分析が必要である。IRC は，「真正な事業取引」(bona fide business transaction) を行う場合できる限り「租税の障害」(tax barrier or impediments) を除去することを基本とし，「真正な事業が通常の過程で行われること」を予定しているので，その規定が議会の予定しない「異常な取引」によってタックス・ベネフィットを得ることだけを目的として利用される可能性がある。議会や財務省は，このような濫用的活動を認識し，租税法規の条文の文理要件を満たしているが，その趣旨・基本方針を歪め，これを無効にするように租税法規を利用するアレンジメントを規制する対抗措置を立法化している。したがって，このような対抗措置の規定の適用の可否が，検討される。

a **H に移転された REMIC 残余持分のベーシスの引継**

IRC および財務省規則には，タックス・ベネフィットを生じる経済的損失を負担しない納税者がそのタックス・ベネフィットを享受することを制限するため，租税属性を移転する可能性を制限する規定がある。このスキームの狙いは，損失を移転して単一の経済的損失の二重控除を行うために①非課税法人の設立や②ベーシス引継ルールを利用することであった。この狙いを達成するには，H に対する X による REMIC 残余持分の譲渡が，REMIC 残余

持分の X の税務上のベーシスを H が引き継がれるように非課税の方法で行われる必要がある。JCT は，IRC 351(a) の適用が有効な「租税以外の事業目的」に基づくことが必要であると断定することや H に対する X の譲渡にはその前提となる「事業目的」がないということについては議論の余地がある。IRC 351(a) の適用には有効な事業目的を要するのかどうかということは，現行法では不明瞭であるが，タックス・オピニオンはプロジェクト・コチーズに対する IRC 351 の適用の可否についてこの論点の検討をしていない。JCT の審理によれば，このスキームには①財務諸表上のベネフィットとタックス・ベネフィットの発生と② X が H に譲渡した REMIC 残余持分のビルト・イン・ロスの二重控除をすること以外の目的がない。

「財務会計上のベネフィットの発生」を「租税以外の事業目的」とするタックス・オピニオンの結論は，その「財務会計上のベネフィット」の発生源が節税・租税回避であるという点の検討を怠るものである。

b　IRC 269（脱税または租税回避のために行われる取得）の適用

タックス・オピニオンは，IRC 269 について，H 段階で REMIC の残余持分に係る元の非現金ファントム所得のリバーサルによって生じた税務上の控除項目を否認するために適用すべきでないと結論した。JCT は，タックス・オピニオンの主張の根拠について次のように検討している。

(a)　「支配」の取得

タックス・オピニオンは，IRC 269 は「支配の取得によってのみ確保されるタックス・ベネフィット」のみに適用されると結論している。その根拠として "Commodores Point Terminal Corp. v. Commissioner" を援用している。この事件では，租税裁判所は，IRC 269 に基づくタックス・ベネフィットの否認は「支配の取得によってのみ得られるベネフィット」に制限されると解釈している。また，タックス・オピニオンは，その後の "Coastal Oil Storage Co. v. Commissioner" および "Cromwell Corp. v. Commissioner" も援用している。これらの事件でも，租税裁判所は Commodores Point 事件における IRC 269 の解釈に従っているとみられる。しかし，重要なことは，Coastal Oil

Strage事件では第四巡回控訴裁判所が「IRC 269を適用して，支配の取得によってのみ得られるタックス・ベネフィットであるかどうかにかかわらずそのタックス・ベネフィットを否認することができる」との解釈に基づいて租税裁判所の判決を覆しているにもかかわらず，この第四巡回控訴裁判所判決を十分考慮に入れていないことである。

(b) 脱税または租税回避目的の排除

タックス・オピニオンは，「Hが高いベーシスの持分を受け取ったかどうかにかかわらずREMIC残余持分からの将来のファントム控除項目を取得したであろう」という理由で，この取引がIRC 269によって排除されるべき「脱税または租税回避の目的」で汚染されていないと結論している。タックス・オピニオンの主張の要点は，次のとおりである。

① 持分から生ずる残余の将来の所得の算入はその持分の当初引継ベーシスより大きい金額だけその持分のHのベーシスを増加する。ベーシス引継取引においてREMIC残余持分をHに譲渡する租税動機は，持分の譲渡が持分ベーシスを引き継ぐ方法で行われたかどうかにかかわらず起こるファントム所得の算入による引上げに比べれば量的には取るに足りない。

② 関連する当初のファントム所得の算入を認識した納税者によってREMIC残余持分に埋め込まれた将来のファントム控除項目の譲渡は，持分の存続期間にわたりREMIC残余持分に関連した税務上の債務を歪めない。

③ ベーシス引継取引による持分の譲渡が，XがREMIC残余持分と交換にHから受け取る普通株式の低い価値を高いベーシスとの差異を通じて将来の控除項目の二重計上を生ずることを認めるが，IRC 269は持分の現実の取得者としてのHの租税動機のみを考慮に入れるべきであり，IRC 269の適用の前提となる脱税または租税回避が存在するか否かを決めるに当たってこの控除項目の二重計上は考慮に入れるべきでない。すなわち，将来のファントム控除項目を二重計上するXの潜在的なベネ

フィットは，IRC 269 のスキームへの適用についてこのスキームの租税動機の評価には関係がない。

④ ＸのＨに対する REMIC 通常持分と残余持分の譲渡に対する IRC 351 (a) 支配要件の適用について，譲渡のときにＸはＨの資本再構成に従うほか普通株式を譲渡し，処分し，または交換するプランや意図を有していなかったが，資本再構成は 2004 年 1 月 1 日前には起こらない。したがって，エンロンとＸは，REMIC 通常持分と残余持分の譲渡直後にＨの発行済株式 100％ を所有し，2004 年 1 月 1 日までこの株式を処分するプランや意図はないので，エンロンとＸはこの譲渡について支配要件を満たすものとして扱われるべきである。

JCT は，タックスオピニオンが株主合意の資本再構成条項によりＸが受け取る手形をエンロンに売却するオプションを行使するというＸの意図を内輪に述べているといい，その審理により，「取引の当事者がＨの資本再構成をできるだけ早く行い，Ｘがそのプット・オプションを行使し，「二重損失」を認識する意図でこの取引を仕組んだ」ものと認定した。さらに，JCT は，この「二重損失」と 2004 年におけるその認識が不可避であることは，このスキームがＨに譲渡された REMIC 残余持分のビルト・イン・ロスの二重控除を通じて，IRC 269 の脱税または租税回避を主目的とする租税動機取引に該当するという重大な疑いを生じると述べている[注31]。

(注27) 濫用的タックス・シェルターに対抗する成文法の例
① IRC 269—脱税または租税回避のために行う取得
② IRC 362(d)—債務引受に帰すべきベーシス引上げの制限
③ IRC 358(h)—損金控除を生ずる債務の移転に伴う資産のベーシスの引下げ
④ Reg. 1. 701-2—税負担の減少を目的とする取引に関して組成されまたは利用されるパートナーシップ
⑤ IRC 732(f)—法人パートナーシップによって支配される分配された法人の資産のベーシスの調整
(注28) 第 1 編第 1 章 4 (5) を参照。
(注29) 単一の経済的損失の二重控除を排除するため一定の債務の移転に伴う資産のベーシス引下げを定めるルール

72　第1編　アメリカン・タックス・シェルター

　① the Community Renewal Tax Relief Act of 2000, Pub. L. No. 106-554, sec. 1 (a)(7) (Dec. 21. 2000)
　② Staff of the Joint Committee on Taxation, General Explanation of Tax Enacted in the 106th Congress (JCS-2-01), April 19, 2001, at 154.
(注30)　納税者のビルト・イン・ロスの移転能力の制限を定めるルール
　　クリントン大統領2001年予算教書には資産に時価を付すことにより納税者のビルト・イン・ロスを移転する能力を制限する提案が次のように含まれていた。
　① Office of Management and Budget, Budget of the United States Government, Fiscal 2001：Analytical Perspectives (H. Doc. 106-162,vol. III)
　② Joint Committee on Taxation, Description of Revenue Provisions, Contained in the President's Fiscal Year 2001 Budget Proposal (JCS-2-00), March 6,2000
(注31)　租税動機取引に適用される租税法規および判例原則に関する文献
　① Joint Committee on Taxation, Background and Present Law Relating to Tax Shelters (JCX-19-02), March 19, 2002
　② Joint Committee on Taxation, Study of Present-Law Penalty and Interest Provisions as Required by Section 3801 of the Internal Revenue Service Restructuring and Reform Act of 1998 (including provisions relating to Corporate Tax Shelters) (JCS-3-99), July 22, 1999
　③ Joint Committee on Taxation, Description of the "CARE Act of 2003"(JCX-04-03), February 3, 2003

4　課税排除

(1)　基本理論

　タックス・プランニングにおいて，一国の課税のみを念頭に置く場合には当該国の課税権を遮断するため，ある取引から生じる所得を外国事業体に帰属させるために①移転価格の操作，②所得源泉地の変更などの方法が採用される。当該国の課税権を遮断する最も簡明な方法は，個人であれば外国に移住すること，法人であれば外国に子会社等を設立してこれに所得を帰属させること，所得を発生する資産を外国に移転すること，すなわち課税管轄の変更である。初歩的なスキームでは，この変更先の管轄としていわゆるタックス・ヘイブンが

第2章　タックス・シェルターの類型　73

選択されたが，各国がタックス・ヘイブン対策税制を導入し，CFCルール（Controlled Foreign Corporation Rule）を整備し，タックス・ヘイブン所在の子会社等の所得に対する株主段階の合算課税が普及するに伴い，現在ではさほど一課税管轄からの離脱も容易でなくなった。インターナショナル・タックス・プランニングでは，一課税管轄からの離脱のみを達成したとしても，多国籍企業の全世界規模の「課税排除」とはならず，当該国の「課税繰延」にすぎないことになる。多国籍企業の課税排除が完成するには，次の3条件を満たすスキームであることが必要である。

① 所得の源泉地国で法人所得税を課されないこと
② 所得の移転に当たって源泉地国で源泉徴収税を課されないこと
③ 所得を受け取る居住地国で法人所得税を課されないこと

課税排除スキームの代表例としては，「バーミューダ保険会社スキーム」（Barmuda Insurance Company Loophole）や「グアム居住者信託スキーム」（Guam Resident Trust）を挙げることができる。前者は，米国保険会社がバーミューダ保険会社の子会社となり，米国保険会社がバーミューダ保険会社に再保険をかけることにより，米国で再保険料は損金控除が認められ，そのバーミューダへの支払について源泉徴収税は課されず，バーミューダでは受取再保険料は課税されないスキームである。このスキームは，米国において①CFCルールの弱点（米国に親会社がある場合にはタックス・ヘイブン所在のCFCの所得を合算課税できるが，逆にタックス・ヘイブンに米国法人の親会社がある場合には適用の余地がないこと）および②経費の損金控除の寛容さ（再保険料を無条件に損金算入できること）を利用している。また，後者は，1986年税制改正により米国属領が独自の税法制定権を認められたが(注32)，急に独自の税制体系を構築できないため，IRC 935（グアム居住者は米国とグアムの双方で申告する必要がない）の規定を信託に適用し，一定条件の下で「居住者信託」につき所得税還付を認めることになったことを利用して，米国とグアムの双方の課税排除を行う。

(注32) 一定の米国属領法人の源泉徴収の免除
　　　アメリカ・サモア，北マリアナ諸島，グアム，ヴァージン諸島においてまたは

それらの法律に基づいて設立された法人は，次の条件を満たす場合，30％の源泉徴収税を課されない（IRC 881(b)(1), 1442(c)）。
① 外国人は直接または間接にその法人株式の25％以上を所有しないこと
② 前課税年度末に終了する3課税年度に総所得の65％以上が米国または属領の源泉から生ずること
③ 法人の所得の相当の部分が米国または属領の非居住者の債務を返済するために使用されないこと

（2） 清算REITスキーム(注33)

米国法人がREITを組成し，これに金融商品等の資産を移転し，REITの所得をその米国法人株主に分配するとき，その分配がREITの清算分配に該当すると，IRC 332により80％以上を保有する株主は課税所得を認識する必要がない。REITも支払配当を損金算入することができるため，REITの所得については，REITおよび米国法人株主の双方ともに課税されない。この清算REITスキームは，①REITの支払配当損金算入制度と②REIT残余財産分配の非課税制度を利用している。通常の税法理論では，支払配当を支払法人の損金算入とする場合には受取株主はこれを益金算入すべきであろうが，REITについては受取株主はこの配当を「残余財産の分配」としてIRC 332による非課税の取扱を享受する。不動産ローンを有する金融機関は，REITにこの不動産ローンを拠出してその利益を分配するとき，このREITを清算することにより，実質的には不動産ローンに係る所得に対する課税を恒久的に排除するスキームとしてこのスキームを利用した（1998年税制改正によりRICやREITについてIRC 332を適用しないこととした（IRC 332(c)））。

（注33） 第1編第2章1を参照。

（3） ファースト・ペイ株式(注34)
　　　（Fast—Pay Stock/Step—Down Preferred）

このスキームは，REITなどの実質的に導管機能をもつ事業体の「支払配当の損金算入制度」と「非課税法人」を利用し，投資元本とそのリターンを非課

税で受け取ることを狙うものである。課税法人と非課税法人が REIT を組成し，課税法人に普通株式を発行し，非課税法人に優先株式を発行する。REIT は，この拠出資金を金融商品に投資して最初は収益全部を非課税法人に優先配当として分配する。REIT の支払配当は損金算入されるため課税関係は生じない。非課税法人は，一定期間市場レートより有利な収益を受け取るが，受取合計額が元本と市場レートの収益との合計額に等しい時点で，優先配当がステップ・ダウンし，ゼロまで減少し，その後，優先株式は無償に近い額で償還される。一方，課税法人は，100％株主になった時点で REIT を清算し，残余財産の分配を受けるが，100％子会社の残余財産の分配は非課税とされるので，当初の拠出額と投資収益を加えた REIT 残余財産を非課税で受け取ることができる。経済的に市場レートに等しい収益を受け取るにもかかわらず，非課税法人には，課税所得としての性格をもつ金額を配分し，課税法人には，元本償還としての性格をもつものを配分することによって，これらの収益のすべてが米国で非課税となる。このような取引について対抗するため，Reg. 17701(1)-3 に経済的実質を反映する取引に更正する権限を課税庁に付与している。

　(注34)　第1編第2章1を参照。

5　恒久的収益繰延

(1)　基 本 理 論

　収益繰延は，課税繰延の一態様であるが，①実現主義に基づく損益を認識するルールの下でビルト・イン・ゲインのある資産を非課税譲渡する方法，②譲渡前に資産のベーシスを引き上げて譲渡収益を圧縮する方法，③資産の譲渡をパートナーシップへの資産の拠出とそのパートナーシップの清算分配の組合せによる収益の不認識で行う方法などを利用して収益繰延を行うことが試みられている。これらのスキームによって，恒久的に収益が繰り延べられると，課税繰延というよりは課税排除にちかい結果を生じる。エンロンの利用した租税動

機取引のうちプロモーターが「恒久的収益繰延」として売り込んだスキームについて検討する。

(2) プロジェクト・トーマス (Project Tomas)(注35)

このスキームの税務上の狙いは，課税が生じないように，バーンアウトしたリース資産の税務上のベーシスを引き上げ，その後の減価償却資産の売却による収益の除外または減少，あるいは損失の増加を可能にすることであり，財務会計上の狙いは，収益の増加であり，税務上の取扱の逆である。

スキームの具体的な手法を要約すると，エンロンが清算したリース資産のポートフォリオの税務上のベーシスを引き上げ，この引き上げられたベーシスはその資産の処分時におけるエンロンの課税収益を除外した。経済的支出なしに資産のベーシスを引き上げるために債務引受または債務返済が行われた。エンロンは，この節税によって財務会計上の収益を生じるポジションをとる。このスキームのキーポイントは，時価は高いが税務上のベーシスが低いリース資産を有する既存のエンロンの子会社とプロモーターXの子会社とがパートナーシップを組成し，エンロン子会社はこのパートナーシップへこの減価償却資産とほとんど資産を有しない自社子会社の株式を拠出して95％のパートナーシップ持分（離脱権を含む）を取得し，これを税法上無視されるLLCに移転し，その後このLLCをパートナーシップから離脱させ，LLCのパートナーシップ持分を清算させ，パートナーシップから自社子会社の株式（パートナーシップの債務（株式の時価のうちパートナーシップにおけるLLCの資本勘定を超える部分に相当する金額）を引き受ける）をLLCに分配させる。この結果，当該株式のベーシスはLLC段階で引き下げられる。パートナーシップは，IRC 754の選択を行い，その残余財産であるリース資産のベーシスの引上げを行った。このパートナーシップは，残りのパートナー（Xの子会社）のみによって所有されることになり，エンロンはこのパートナーシップの保有するリース資産にもはや持分を有しなくなる。その後，パートナーシップを通じてXの子会社はそのリース資産を売却するが，税務ベーシスが引き上げられているので，この税

務ベーシスに等しい売価で行われる売却からは全く課税収益は生じないことになる。

(注35) 第1編第2章1を参照。

A　スキームの概要

1997年にエンロンが取得した100％子会社Aは，子会社を通じてリース資産（時価約2億8,000万ドル，税務上のベーシス約800万ドル，約1億7,000万ドルのノンリコース債務付）のポートフォリオを所有した。1998年7月17日，Aは非関連銀行Pから約2億5,000万ドルをリコース・ベースで借り入れた（エンロンが債務保証した）。Aは，その100％子会社Bに現金2億5,000万ドルを拠出した。Bは，エンロンの要求払約束手形と交換にエンロンに対し現金2億5,000万ドルを貸し付けた。このように現金2億5,000万ドルは，AからBを通じてエンロンに戻るように循環する（循環金融）。

1998年9月9日，AはプロモーターXの関連会社であるYおよびZとともにリミテッド・パートナーシップRを組成した。

1998年9月15日，AはRにリース資産を移転し，B株式全部をRに移転し，その見返りにRのリミテッド・パートナーシップ持分の95％を受け取った。Aのリミテッド・パートナーシップ持分は，Rの資本約6,800万ドルに係るフローティング優先リターンを提供するものであり，Aが2年後にこのパートナーシップから離れる離脱権（a retirement right）を含む。

1998年9月16日，Aは，2日前に組成したデラウエアLLC（連邦税法上は無視されAの一部分として取り扱われる）CにこのRにおけるリミテッド・パートナーシップ持分を移転した。プロモーターサイドでは，YがRに現金約900万ドルを拠出し，4％のゼネラル・パートナーシップ持分を受け取り，Zが現金約200万ドルを拠出し，1％のゼネラル・パートナーシップ持分を受け取った。1998年9月15日，RはAからPに対する2億5,000万ドルのリコース債務を引き受けた。その結果，YおよびZは，Rのゼネ

ラル・パートナーとして，主としてその債務の返済責任を負うことになった。1998年9月15日，7月にAがPから借り入れたこの2億5,000万ドルは数回人手に渡った。当日，RへのB株式の拠出前に，エンロンはB宛のエンロンの7月17日の要求払約束手形の返済としてBに現金約2億5,000万ドルを移転した。BはXの要求払約束手形と交換にXに対し約2億5,000万ドルを移転した。BはXの要求払約束手形と交換にXに対し約2億5,000万ドルをリコース・ベースで貸し付けた。次に，XはRの手形と交換にRに対し約2億5,000万ドルをリコース・ベースで貸し付けた。1998年9月17日，RはPに2億5,000万ドルを返済した。エンロン，A，B，RおよびXの間の9月15日と17日における借入と返済の最終結果として，BがXからの約2億5,000万ドルの受取手形を有することとなった。2年以内である2000年6月に，AがRにおけるパートナーシップ持分を移転したAの100％LLCであるCは，Rから離脱する意図を表明した。この表明によって離脱価格（retirement price）を決定するため，パブリック・ビッド評価プロセスが始まった。2000年10月2日，Cのパートナーシップ持分は清算された。Rは，そのパートナーシップ持分の清算においてCにB株式を分配した。B株式の価値はパートナーシップにおけるCの資本勘定よりも大きいので，CはRの債務を引き受けた。この引き受けた債務の額は，B株式の価値のうちCの資本勘定を超える部分の額にほぼ等しいものであった。課税ルールに基づき，分配されたB株式におけるCのベーシスは，清算において引き受けた債務につき調整されたそのパートナーシップ持分におけるCのベーシスに等しかった。その結果として，B株式のベーシスは，C段階で引き下げられることになる。Rは，IRC 754の選択を行い，その残余資産，リース資産のベーシスを引き上げた。B内の資産のベーシスはB株式のベーシスの引下げに対応して引き下げる必要はないので，そのときに適用されるパートナーシップ課税ルールに基づいて，B株式におけるAの低いベーシスは，BのAへの清算では無関係になる。

B　JCT によるスキームの検討

このスキームの一連の取引の結果として，①エンロンは2億7,000万ドルのビルト・イン・ゲインをもつリース資産のポートフォリオを非課税で処分できたこと，②プロモーターXは2億7,000万ドルのビルト・イン・ゲインをもつリース資産のポートフォリオを非課税で売却できたこと，にJCTは注目する。

大会計事務所がエンロンに教えた「恒久的節税」(permanent tax saving)のアイデアは，エンロンに相当の財務会計上のベネフィットを与えた（エンロンは，このときすでにNOL繰越をもつロス・ポジションにあったためタックス・ベネフィット（所得控除や損失の増加などの種類）を直ちに利用できなかった）。エンロン・サイドの「財務会計上のベネフィット」は，取引のはじめにいした資産を有しなかったが，税務上のベーシスを有するに至ったBの資産を，経済的コスト（リース資産の処分による収益の認識・課税）を全く生じないで，取得することを意味する。

JCTは，このスキームについて，主に①リース資産の売却，②エンロン関連会社がパートナーシップに拠出した資産の受領，③「偽装売却」の取扱，④パートナーシップ濫用防止ルール，⑤債務の利用，⑥「事業目的」の有無，⑦資産の税務上のベーシスの二重計上，などについて以下のように分析検討している。

(A)　リース資産の売却[注36]

このスキームの中心は，エンロンとXとの間でエンロンがリース資産を処分する手段としてパートナーシップを利用することである。非課税のパートナーシップの拠出と分配について，通常の取引では課税販売となるべき資産売却がパートナーシップの利用により非課税販売とされることを防止する現行租税法規がある。このスキームがこの防止規定に抵触する疑義がある。

(B)　エンロン関連会社がパートナーシップに拠出した資産の受領

RのB株式の清算分配は，現行法の7年ルールによる収益認識の可能性[注37]について問題がある。「7年ルール」とは，パートナーがビルト・イン・ゲイ

ンまたはビルト・イン・ロスをもつ資産（リース資産）を拠出し，そのパートナーが拠出の7年以内に他の資産の分配を受け取る場合にはパートナーシップ資産の処分について損益が認識される（IRC 737）。このスキームでは，この収益認識ルールが適用されると，RがB株式を分配したとき，Cはリース資産に係る拠出前のビルト・イン・ゲイン（約2億7,000万ドル）を収益計上しなければならない。このスキームの法理論は，分配を受けるパートナーがパートナーシップに拠出した資産の分配にこの収益認識が適用されない例外規定（IRC 737(d)）に依拠している。タックス・オピニオンは，パートナーシップによる株式の分配がその株式の拠出後法人に加算された価値の範囲で課税された事例に言及したが，RのB株式の分配には例外規定の適用はないと考える。タックス・オピニオンは，①B株式のRへの拠出の日にエンロンが手形履行と称して2億5,000万ドルを支払った事実，②B株式の拠出前2か月以内にBの親会社AがBに2億5,000万ドルを拠出した事実，③これらの事実がこのスキームの取引全体の一部としてどのような関係があるかという点について全く言及していない。

(C) 「偽装売却」の取扱[注38]

JCTは，タックス・オピニオンがリース資産の拠出とB株式の分配がともに「偽装売却」とみなされるかどうかについて言及していないことを問題視する。JCTは，このスキームが，拠出後2年と2日が経過するまでRのB株式が起こらないようにすることによって，「偽装売却ルール」（Reg. 1, 707-3(d)）を故意に回避するものと推論した。

(D) パートナーシップ濫用防止ルール[注39]

タックス・オピニオンは，Cが分配時に低いベーシスのB株式を有していたので，B株式がパートナーシップに拠出されなかったとする更正はできないと結論したが，CがBの清算という手法を通じてBの保有する高い時価，高いベーシスをもつ資産に容易にアクセスできたという事実は，このスキームの節税スキームとしての中核であるパートナーシップ課税ルール（rules of partnership taxation）に無関係なものとして片付けられない。JCTは，ビルト・イン・

ゲイン資産の非課税処分を行うためにパートナーシップを利用することは，サブチャプターKの意図に合致しないと考える。エンロン関連会社のリース資産をプロモーターXの関連会社に非課税処分するためにパートナーシップ課税ルールを利用することは，サブチャプターKの意図に違反している。

(E) 債務の利用

このスキームでは，リース資産のベーシスの引上げは，エンロン関連会社が負担しエンロンが保証する債務を利用して行われた。この「債務」が「真の経済実体」（real economic substance）を有するかという問題がある。この債務は，次のように循環金融によって生じたものである。1998年7月17日，Aは，非関連銀行Pから約2億5,000万ドルをリコース・ベースで借り入れた（エンロンが債務保証）。同日，Aは，Bにこの2億5,000万ドルを拠出し，Bはエンロンにその要求払手形と交換に2億5,000万ドルを貸し付けた（この循環金融の結果，AはなおPに2億5,000万ドルの債務を負う）。1998年9月15日，RはAからPに対する2億5,000万ドルの債務を引き受けた。同日，エンロンはB宛の要求払約束手形の返済としてBに現金約2億5,000万ドルを移転した。Bは，Xの要求払約束手形と交換にRに約2億5,000万ドルをリコース・ベースで貸し付けた。Xは，Rの手形と交換にRに約2億5,000万ドルをリコース・ベースで貸し付けた。1998年9月17日，RはPに2億5,000万ドルを返済した。この結果，BはXの2億5,000万ドルの受取手形を有している。このように，「債務」はBを通じて循環し，パートナーシップRにより引き受けられ，債務が生じたときから2か月以内にパートナーシップRから返済された。「債務」は取引の一方の当事者から他方の当事者にパスされたので，XのBに対する債務は，リース資産の売却においてXのエンロンに対する支払として役立つ可能性がある。

(F) 事業目的の有無

複雑な一連の取引の各ステップではなくこれらを全体としてこのスキームを吟味すると，このスキームは別の絵のようにみえる。タックス・オピニオンは，「Xのリース・マネジメントの専門性の利用」「財務会計上のベネフィットの期

待」を事業目的として妥当であると結論している。租税法規の文理要件を満たす取引のタックス・ベネフィットを尊重すべきかどうかは，租税動機取引の意図したタックス・ベネフィットを評価するために適用される成文法のルールや判例原則に反するかどうかの分析によって決められるべきである。

(G) 資産の税務上のベーシスの二重計上

タックス・オピニオンは，「Bの資産のベーシスは，B株式がそのパートナーシップ持分の低いベーシスをもつパートナーに分配されるときに，B株式のベーシス引下げに平行して，引き下げられるべきか」という問題に対応していない。1999年まで，納税者が，パートナーシップがそのパートナーシップにおける低いベーシスをもつ法人パートナーに分配した資産のベーシスの引下げを無にすることを防止する対抗措置の規定が定められた (IRC 732(f))。法人パートナーに分配された資産がその法人株式であった場合，分配を受けた法人の資産のベーシスが引き下げられないときは，その分配を受けた法人をその後清算することによって株式ベーシスの必要な調整は無になる。このスキームでは，分配を受けた法人Bの資産は主としてXの手形である。この手形のベーシスが引き下げられたならば，エンロン関連会社はこの手形の取立またはBの清算のときにその収益に課税されることになる。1999年に「ベーシス下方修正ルール」(downward basis adjustment rule) IRC 732(f) の制定に当たって，議会はプロジェクト・トーマスと同種の「ベーシス二重計上」の問題に対処した。このスキームにこの「ベーシス下方修正ルール」を適用するならば，Rのパートナーとして残ったXの関連会社YおよびZへのリース資産のポートフォリオの移転についてエンロンやその関連会社が課税されないというポジションはとれないはずである。Bの清算またはBの保有する資産の売却その他の処分からの収益が認識されることになったはずである。

(注36) リース資産の処分

パートナーシップRにおけるC (LLC) の持分は2000年10月2日に清算されたが，これに先立つ2000年7月にBは二つのリース資産（航空機）を取得した。AはB株式全部とリース資産をRに拠出し見返りにRの持分の95%を取得したが，この95%の持分をCに拠出した。このスキームでは，Aは，Rのリース資

産の実質的なポートフォリオを実質的にBが取得することを予定していた。Cの持分の清算においてB株式（税務上のベーシスは引き下げられている）が分配された後、Bはリース資産（航空機）を売却した。

(注37) 第1編第1章4(13)を参照。
(注38) 偽装売却ルール（disguised sale rules）
　　第1編第1章4(15)を参照。財務省規則は、資産の移転とその資産のパートナーシップへの関連拠出が2年超離れて行われる場合には偽装売却でないとする推定規定を定めている（Reg. 1. 707-3(d)）。この規定は、2年ルールといわれ、一般に、次のように解される。
① 2年内に拠出と分配が行われる場合、事実および状況が売却でないことを明瞭に示さない限り資産の移転は「売却」と推定されること
② 2年超離れて拠出と分配が行われる場合、事実と状況が資産の移転が売却であることを明瞭に示さない限り資産の移転は「売却でない」と推定されること
(注39) パートナーシップ課税ルールを利用する租税回避防止規定
　　非課税取引として資産売却を偽装する媒体としてパートナーシップを利用することを防止するため、対抗措置として立法が行われてきた。
① 1984年にパートナーによるパートナーシップへの現金その他の資産の移転があり、パートナーシップによるパートナーへの現金その他の移転がある場合、合わせて、二つの移転は資産の売却・交換として分類される旨のルールが定められた。
② 1989年および1992年に拠出後7年以内に分配が行われる場合、パートナーシップに拠出された含み益（ビルト・イン・ゲイン）のある資産について収益が認識されるルールが定められた（IRC 704(c)(1)(B)およびIRC 737)。これを7年ルールという。

（3） プロジェクト・コンドル（Project Condor）

A　スキームの狙い

　このスキームの狙いは、経済的支出をせずに税務上のベネフィット（約9億3,000万ドルの所得控除）を生ずることであった。これに対応する財務諸表上の経費がないので、この所得控除による節税は、財務諸表上の所得を生じると見込まれた。エンロンは、このストラクチャーの存続期間（16年）にわたり約3億3,000万ドルの財務諸表上の所得を生じることを考えていた。その手法として、パートナーシップの配分ルールおよびベーシス・ルールとIRC 1032（法人

の株式と交換に現金その他の資産の受領時に当該法人の損益の不認識を定める)との相互作用を利用した。エンロンは約9億3,000万ドルの税務上のベーシスをエンロン自体の株式からエンロンの100％所有のDが所有するバメル資産にシフトすること、税務上のベーシス引上げのベネフィットが16年間にわたって生じ、エンロンの連結納税申告では利用できないが、このベネフィットを財務会計上直ちに利用することができることが、エンロンにとって重要視された。

B スキームの具体的な手法

プロジェクト・コンドルのドラフトにおいて、エンロンは①取引のストラクチャー、②財務会計上のベネフィット、③タックス・ベネフィット、④取引のリスク(事業目的の必要性、法人タックス・シェルターおよびベーシス・シフト取引に適用される租税法規における対抗措置の強化、税制改正の予定)などを検討し、特に取引リスクを回避するため、①この取引が既存のパートナーシップの全体的再編成の一部として行う必要があること、②タックス・シェルター対抗措置の強化案が議会で通らないであろうという予想、③取引はいつでも解消できるようにすることなどの対策を検討した。この①を受けて、既存のリミテッド・パートナーシップFの再編成(新種のエンロン優先株式と交換にFの既存のエンロン優先株式を償還し、Fに商業資産を拠出すること)を行うという名目で、エンロンの約10億ドルの強制的転換優先株式のリファイナンスを行うこととした。エンロンは、バメル資産をFに拠出する「事業目的」は、Fの外部投資家Mの投資の見返り保証を強化し、これによってエンロンの総合ファイナンス・コストを減少させることであると主張することにした。

(A) スキームの概要

1999年11月9日、エンロンとエンロンの100％所有のパートナーシップDは、デラウエア・リミテッド・パートナーシップEを組成し、翌日、Dはバメル資産(天然ガス・パイプラインおよび関連貯蔵施設)をEに拠出し交換に99.89％のリミテッド・パートナー持分と0.01％のゼネラル・

パートナー持分を取得し，エンロン社は100万ドルをEに拠出し交換に0.10％のリミテッド・パートナー持分を取得した。Dの拠出したバメル資産（時価9億3,000万ドル，税務上のベーシス約3,000万ドル）は，直ちにDに18年間リースバックされた。エンロン社とエンロン社の優先株式を有する外部投資家Mとの間の既存のリミテッド・パートナーシップFが所有するLLCであるGの持分と交換に，DはEのゼネラル・パートナー持分をGに割り当てた。その直後に，DはFの優先パートナーシップ持分と交換に，GとEのリミテッド・パートナー持分をFに割り当てた。その直後に，DはFのリミテッド・パートナーシップ持分を，Dが所有するデラウエアLLCであるHに拠出した。

このステップの結果，FはEの99.89％のリミテッド・パートナー持分と0.01％のゼネラル・パートナー持分を所有し，エンロン社はEの0.10％のリミテッド・パートナー持分を所有することになった。MとDは，エンロン社ならびにエンロン社とMとのパートナーシップとともに，Fの優先パートナーシップ持分を所有することになった。

Dが拠出したバメル資産は，拠出時に帰属時価9億3,000万ドルに対し税務上のベーシスが約3,000万ドルと少額であるため，この資産はIRC 704(c)の租税配分ルールの対象となる。Eは，バメル資産についてIRC 704(c)に基づき修正配分法（remedial allocation method）を用いる選択をした。Eは，15年にわたり150％の定率法を用いてバメル資産の回収を選択した。Fの修正LP契約には，バメル資産の減価償却費の100％をエンロンに，バメル資産に係る所得，収益，所得控除および損失の100％をエンロンとDに，配分する特別配分条項が含まれていた。IRC 704(c)が要求する配分とバメル資産に係る所得または損失は，エンロンとDのみに影響を与える。IRC 704(c)の配分ルールに関するパートナーシップ規定は，Fにおけるエンロン社の税務上のベーシスを9億3,000万ドル減少させ，バメル資産の回収期間にわたり，Dの税務上のベーシスを9億3,000万ドルだけ引き上げる。

このスキームでは、Dのパートナーシップ持分の償還により、16年後にバメル資産をDに戻す分配を行う。パートナーシップ課税ルールにより、Dはパートナーシップ配分を通じて引き上げられたパートナーシップの税務上のベーシスを分配されたパイプラインに配分する。そこで、バメル資産の税務上のベーシスは、ゼロから9億3,000万ドルにステップ・アップされる予定であった。IRC 754の選択が行われると、Fはパートナーシップ残余資産のベーシスを相殺額だけ引き下げる必要がある。このスキームでは、Fの唯一の資産はエンロン株式であると予定されている。このエンロン株式は、9億3,000万ドルだけ引き下げられる。しかし、エンロン社は、IRC 1032を通じまたは他の戦略によって、エンロン株式の収益の認識を回避することができる。したがって、このスキームにより、経済的支出をせずに、9億3,000万ドルの所得控除を追加的に利用可能となる。

2001年6月、エンロン社は、D持分を非関連者Qに売却した。この売却に関して、Dはバメル資産のリースの持分とFの持分をエンロンの100％子会社であるSに移転した。Sは、20年延長のオプション付でバメル資産をQにサブリースした。

C　JCTによるスキームの検討

JCTは、このスキームについて、分析検討し、①「事業目的」、②パートナーシップ配分、③清算分配に関するパートナーシップ・ベーシス・ルールとIRC 754との調整、④メイ・カンパニー規則の適用、⑤パートナーシップ配分濫用防止規定の適用、⑥パートナーシップ濫用防止規定の適用、などについて問題点を以下のように指摘している（エンロンがこのスキームの狙いどおりタックス・ベネフィットを享受できるかどうかの判定は、課税ルールの文理要件や租税動機取引におけるタックス・ベネフィットを評価するために適用される租税法規のルールおよび判例原則に合致するか否かの分析による）。

(A) パートナーシップ配分

このスキームでは，IRC 704(c) の修正配分法（remedial allocation method）を利用してエンロンに所得控除を配分し，相殺所得を D に配分する。IRC 704(c) ルールは，拠出前の損益に係る税務上の結果がパートナー間でシフトされることを防止するために制定されたものである。このルールの下で，パートナー間の所得や所得控除の配分は各パートナーにとって重要な税務上のインプリケーションをもつが，関連者が関係するときはパートナー間における所得や所得控除のシフトは関連者グループに有利なように行われる。

F パートナーシップ契約ではバメル資産の減価償却費の 100% をエンロンに配分する特別配分（a special allocation）は拠出するパートナー D の課税所得の増加を生ずるので通常の場合には当該パートナーに不利益になるのであるが，エンロンと D は双方とも，エンロン連結納税グループの一部であるため，このような特別配分はこの関連者グループの課税所得に影響しない。このような場合，租税回避防止規定であったはずの修正配分法と減価償却費の特別配分が，このスキームのタックス・ベネフィットの最大化に利用され，バメル資産の価値（9 億 3,000 万ドル）全額のベーシス・シフトとが経済的支出なしに達成されることになる。

(B) 清算分配に関する
 パートナーシップ・ベーシス・ルールと IRC 754 調整

このスキームでは，16 年後に F 優先パートナーシップ持分の償還によりバメル資産を D に戻す分配を予定している。パートナーシップ・ルールに基づき，D はそのパートナーシップの税務上のベーシスをバメル資産に帰せしめ，税務上のベーシスをゼロから 9 億 3,000 万ドルにステップ・アップし，D はバメル資産の減価償却をし始めることができる。F の唯一の残余資産はエンロン株式であり，その株式はその対応する額だけステップ・ダウンすると予定している。エンロン社は，IRC 1032 に基づきその株式について課税収益の認識を回避するためいくつかの戦略を利用することが可能である。F がエンロン株式以外の資産を保有する場合にはこのスキームがもたらすメリットは収益の繰延

だけで財務諸表上の所得ではないが，エンロン株式の保有によって「収益の恒久的除外」(permanent exclusion of gain) という狙いが達成され，エンロンはこの取引によって財務会計上のベネフィットを手に入れることが可能となる。

(C) メイ・カンパニー規則の適用

このスキームは，パートナー自体の株式に関する一定のパートナーシップ取引に関する規則案（Pro. Reg. 1.337(d)-3(d)）の対象となる可能性がある。この規則案の下では，エンロン優先株式を保有していたFにバメル資産を拠出することがDによる収益認識を要する償還とみなされることになる（みなし償還）。Fがエンロンにエンロン株式またはエンロン関連会社株式を分配することは，分配された株式に等しい価値をもつパートナーのパートナーシップ持分の一部に関して償還またはパートナーの株式の交換として分類される。その結果，この分配の当該部分について収益が認識されることになる（Prop. Reg. 1.337(d)-3(e)）。

(D) パートナーシップ配分濫用防止規定のルール[注40]

エンロンのベーシス・シフト取引が依存したIRC 704(c)は，拠出前収益の配分法として修正配分法が合理的な方法であるという（Reg. 1.704-3(a)(1)）が，濫用防止規定は資産の拠出とその資産に係る租税項目の対応的配分がパートナーの合計税額の現在価値を著しく減少する方法でビルト・イン・ゲインまたはビルト・イン・ロスの税務上の結果をパートナー間でシフトするために行われる場合にはその配分法は合理的でないという（Reg. 1.704-3(a)(10)）。JCTは，エンロンがその税負担を著しく減少するために各ステップのすべてをあらかじめアレンジしていたことを考慮し，このスキームのような場合には，濫用防止規定を適用して修正配分法の使用を防止すべきであると主張している。

(E) パートナーシップ濫用防止規定の適用[注41]

サブチャプターKは，パートナーシップ濫用防止規定（partnership anti-abuse rules）を定めている。このスキームにおいて，濫用となる要素は，次の二つがある。

① 第一要素は，実質的にすべてのパートナーが関連者であるかどうかであ

る。Fの利用については，表面的には非関連者M（外部投資家）を用意しているが，Mはバメル資産の経済的な所得または損失を全くシェアしていない（バメル資産に係るすべての所得，収益，所得控除または損失はもっぱらエンロンまたはDのみに配分された）。これは，取引が実質的にエンロンとその100％所有のパートナーシップDとの間で行われたことを示す。
② 第二要素は，「事業目的」の欠如である。
　エンロンは，外部投資家Mとのファイナンス・コストを減らすためFストラクチャーの見返り担保を強化することが「事業目的」であると主張しているが，Fパートナーシップ契約はFに対する追加的資本拠出を認めてはいるが，要求はしていない。実際には，エンロンがFとその財務リストラクチャーをこれと事業関係のない取引を行うために利用したとJCTは認定した。

(注40) Reg. 1. 704-3(a)(1)
　別の配分法によれば高い税負担を生じるという理由だけで，ある配分法が不合理な方法とされるとは限らないが，協同行動をとる関連者の配分については濫用防止規定の適用の可能性がある。このスキームで，伝統的な配分を用いるならば，エンロンが意図した税務上のベネフィットは得られない。
(注41) 濫用防止規定
　サブチャプターKの意図に合致しない方法でパートナーの合計税額の現在価値を著しく減少することを主目的とする取引に関してパートナーシップが組成されまたは利用される場合，IRSは租税法規や関連事実および状況に照らしてサブチャプターKの意図に合致した租税上の結果になるように適切にその取引を更正することができる（Reg. 1. 701-2(b)）。

6　所得移転(注42)または所得分割

(1) 基本理論

　税制において定める「免税点」，「課税最低限」，「累進税率」の低い刻み（ブラケット）などを利用するため，「所得分割」（assignment of income）を目的とす

る最も素朴な租税回避行為が行われる。

　租税論では租税構造を構築する上で「課税単位」「納税主体」の問題が議論されるが，ここで「所得分割」とは，これらを与件として，利益または損失を他者に割り当てることにより，税負担の減少を図ることをいう。アメリカでこの種の租税回避行為は，例えば①家族の一人が低税率ブラケットに属する他のメンバーに自己が受け取る権利を有する所得を受領させるように取り決める場合，②個人が所得を受け取る際他人を代理人として選任する場合，③遺産財団や信託が所得を受け取るが最終的には受益者にその所得が支払われる場合，④パートナーシップが所得を稼得し留保またはパートナーに支払う場合，⑤法人が所得を稼得し留保または株主に報酬または配当として支払う場合などに見出されるので，このような場合には「潜在的納税主体」のうち誰が法的に納税義務を負うかを決定しなければならない。成文法において「誰が法的に納税義務を負うか」を定めている場合には，解釈の余地は少なくなるが，さもなければ，原則として①対価の支払を受けるサービスを提供する者，②対価が支払われる資産を所有する者，または③所得を生ずるものを提供する者が「法的に所得を受け取る資格がある者」であり，「適正な納税主体」とされる。したがって，アメリカでは「法的に所得を受け取る権利を有する者」が「所得移転」(shifting of income or assingment of income) を行う場合，なおその所得について所得税の納税義務を負い，または贈与税の納税義務を負うとする「所得移転の原則」(assignment-of-income principle) を採用している。この原則により適正な納税主体に課税する場合，常に「所得を移転したとされる者が法的にその所得を受け取る権利を有していたか」という問題が生じる。

　税負担の少ない納税主体に所得移転を行い，そこに所得を留保することを狙った租税回避取引は，家族構成員間の所得分割という原始的なスキームから次第に発展していく。

　(注42)　第2編第2章2(7)を参照。

（2） 個人等の所得移転

A 贈　　　与

　所得を分散し贈与者と家族全体の税負担の減少を目的とする家族構成員に対する資産の贈与が行われる。これは，禁じられていないが，IRS の吟味を受ける（IRC 102, Reg. 1. 102-1）。納税者が所得を生ずる資産を分割しない限り，単なる所得割当は課税上無視される。収益・損失が認識される取引となるかまたは控除できる寄付とされる場合を除き，贈与によって受贈者は課税所得を得たことにはならず，また贈与者はこれを所得控除することはできない。贈与者は贈与税を課されることがある。夫婦は税率の適用上一単位として扱われるため，配偶者に所得を生ずる資産を贈与しても，税負担を減少することにならない（IRS Technical Advice Memoran-dum 9229002）。

B 純　贈　与

　贈与者が贈与税を払わずに贈与することを望み受贈者が贈与税を負担することに合意することがある。これを純贈与取引（a net-gift transaction）という（Reg. 1. 1001-1(e)）。純贈与は，贈与者が贈与税を支払うことができず，その義務履行のために資産（不動産または閉鎖保有法人の株式など）の一部を売却することが不可能か望ましくない場合に利用される。巨額の贈与や長期的贈与計画を有する贈与者の贈与についてこの技術は統一遺産・贈与税額控除によりきわめて有利になる。しかし，純贈与のタックス・プランニングにおいては贈与税額が贈与者の贈与ベーシスより大きい場合や移転資産がそのベーシスより大きい債務を負担する場合に生ずる所得税の問題について検討する必要がある。

C 子女に対する贈与

　所得を生ずる資産を未成年者に贈与することにより所得に対する税負担を家族構成員に分散することは，受贈者が未成年である間に株式を保管人に提供することによって贈与の合法性を保証する統一法を採用している多数の州によっ

て促進される。両親が保管人になることは認められるが、連邦遺産税の課税上親の総遺産に含まれる資産の価値が考慮される (IRC 2503(b), (c))。贈与者が贈与税を支払う場合には所得税の節税は減少されるが、贈与者は連邦贈与税の 10,000 ドル（夫婦では 20,000 ドル）控除を適用され、未成年者への贈与をこの金額未満にすることによって、資産移転に対する贈与税を全部排除することができる。

D 事業用資産または投資資産の贈与

事業用資産または投資資産の贈与を行う前に当該資産の売却とその収益の贈与について比較する必要がある。資産価値が下落している場合、売却を選択すると、納税者は損失控除のベネフィットを享受できる。この場合、資産の贈与を選択すると、損失控除の可能性は失われる。贈与は売却・交換ではないので、贈与者は損失控除を利用できない。受贈者が後で売却する場合、贈与者がその資産を保有していた間に生じた損失は、損失の算定上の受贈者のベースは贈与のときの資産の公正な市場価額（時価）に限定されるので、実現されることはない (IRC 1015)。含み益のある資産の贈与については、贈与者は収益を認識されない。受贈者が後に売却するとき、収益の全部または一部はキャピタル・ゲインでなく通常の所得として課税される (Reg. 1. 1015-1)。

E 資産売却からの収益および税の分割

資産の売却前にその資産の持分を贈与することにより資産の売却からの収益を分割することができる。移転される資産の一部から生じる所得は、贈与者でなく、受贈者に課税される。その贈与の主たる理由が所得分割であること、または贈与が行われる前に資産売却の仮交渉が行われていたことは、重要ではない。

F 子女の雇用

親は子女を雇用することにより相当の節税を行うことができる。高い税率ブ

ラケットの親から低い税率ブラケットの子女への所得移転が可能になるからである。親は子女への給与等を事業経費として控除することができる。ただし、控除することができる子女への支払は現実に提供されたサービスに対する合理的な支払であることを要する。提供されたサービスは、「通常かつ必要な事業経費」となるべき種類のものでなければならない。

G 家族パートナーシップの利用

所得分割の目的のために夫婦のパートナーシップにより事業を行うことはさほど有効でないが、事業を単独で行う場合よりも多額の退職プラン拠出金を控除できる点で有利になる。家族パートナーシップの利用により家族構成員間、特に親子間で効果的に事業所得を分割できる (IRC 704(e), Reg. 1. 704-1(e))。ただし、14歳未満の子女の非勤労所得は親の高い税率で課税される。パートナーシップ所得が持分贈与者のみの努力で稼得される場合にはこの所得の一部を他の家族構成員に帰属させることは認められない。アパート経営のように資本が所得を生ずる重要な要素となっているパートナーシップでは、持分受贈者は贈与者のサービスの合理的価値を贈与者に配分した後のパートナーシップ所得の分配持分に対して課税される。

H ジョイント・テナンシーによる節税

夫婦が生存者取得権のあるジョイント・テナンシーにより資産を保有する場合、夫婦が生存中は資産を共有するが、一方の配偶者が死亡すると他方の配偶者が自動的に単独の所有者になる。夫婦双方が生存中は州法により各ジョイント・テナントが賃貸料や利益につき2分の1の権利を有する場合には当該資産からの配当その他の所得は各人に均等に配分される。

I 家族内私的年金 (Intra-Family Private Annuities)

家族構成員が、他の構成員から彼に年金を支払うという約束との交換に含み益のある資産を当該他の構成員に移転する合意は、私的年金・非商業的年金契

約として知られている。この合意により資産の譲渡者はその含み益に対する課税を繰り延べることができる。ただし，この場合の課税上の取扱は，譲受人が年金を支払うという約束の確実さの程度により，次のように大別される。

① 譲受人の年金支払の約束が薄弱で支払見込が不確実である場合，その資産譲渡は贈与とみなされる。

② 年金受領者が支払は実行可能であるが確実ではないとの見込みをもっている場合，その資産譲渡は一般的な私的年金ルールにより課税される。

③ 支払の約束が確実である場合，商業的購入年金の課税ルールと類似した取扱で課税される。

上記②および③の譲渡については，この取引で実現した収益はその資産の譲渡者のベーシスと年金の現在価値とを比較して算定される。上記①の譲渡については，移転資産の時価のうち取得した年金の現在価値を超える場合は，連邦贈与税の課税上の贈与となる。③ではこの契約における投資は期待収益の現在価値であり，この現在価値と移転資産のベーシスとの差額が移転時の収益として認識される（Reg. 1. 101-2(e)(1)(iii)(b)(3)）。

J 家族信託の利用による節税

所得を生ずる資産を家族構成員に直接移転するよりも，家族信託を組成し当該資産をこの家族信託に移転することにより家族所得分割を行う方が有利である。特にこの方法は，①受贈者が未成年者であり贈与者が，子女が成年に達するまで所得を累積することを望む場合や②受贈者が財務問題を適正に処理する能力を有しない場合に選好される。14歳未満の子女は，家族信託による所得分割によって親の税率で課税されることはない。当該家族信託は当期の所得に対し課税される。

K グランター・トラストの問題

納税者は，信託元本の占有を任意に取り戻す権限を留保する場合には自己の所得を当該信託に分割することを禁じられる。委託者がこの権限を留保する場

合には信託所得のすべてに対して課税される。委託者が元本の一部のみを請求できる場合には当該部分に帰すべき所得のみに対して課税される (IRC 676)。委託者は，累積され，委託者に分配されまたは委託者の生命保険料の支払に充てられる信託所得に対して課税される (IRC 677)。また，委託者は法的扶助義務のある者または法的義務はないが現実に扶助している者の生計に充てられた信託所得のすべてに対して課税される。納税者は，グランター・トラストに係る所有権帰属ルールを出し抜く目的で相互信託 (reciprocal trusts) を利用する。家族構成員である二人の委託者が相互に受益者およびまたは受託者となる実質的に同一の信託を組成し，各信託はグランター・トラストではないと主張する。しかし，たいていの場合，このスキームは不成功に終わった。租税裁判所の判決 (B. Madorin, 84 TC 667) をみると，委託者が回避しようとした罠がわかる。この事案では，委託者が受託者に受益者の指名権を与えたが，受託者がこの権限を放棄するとき，受託者は通常の所得を受領したものとみなされ，所得をキャピタル・ゲインに転換したり，所得を受領したとみなされないようにみせかけた納税者のスキームは認められなかった。

L 複数の信託

　信託の委託者のみならず信託自体も所得分割のベネフィットを受ける方法として，単一の証書で複数の信託を組成する方法がある。複数の信託を組成する意図が信託証書に明瞭に記載されているならば，各信託の元本が物理的に分割されていなくても，各信託は別個の納税主体として各信託所得に課税される。しかし，①委託者が同一でありかつ主たる受益者が実質的に同一であることおよび②信託の主たる目的が租税回避であることが認定されると，複数の信託は単一の信託とみなされる (IRC 643(e))。複数の信託について別個の存在であることが認められる場合には，各信託は人的控除を適用され，受益者の選択により信託による分配は免税となるかまたは本来委託者に課される税率より低い税率で課税される。

M スプリンクリング・トラスト（任意信託）

信託の存続中，受託者に所得および元本の処分を決める権限を与えるという信託契約により節税を図ることがある。この信託は，スプリンクリング・トラスト，スプレー・トラストまたは任意信託（discretionariy trusts）という。ある家族構成員が富裕者である場合，この構成員に分配される金額は多額の課税を受け残額もすでに十分な遺産を増加させるだけであり，他方の構成員が財政的に困窮している場合，この構成員に分配される金額は低税率で課税され残額も差し迫った生計費に充てられる。このような状況でスプリンクリング権限の行使如何で低税率ブラケットの受益者は有効に信託所得を享受することができる。

N 家族内贈与リースバック取引

一般に，贈与リースバックは，数年間にわたる節税の機会を作る。贈与者が家族構成員に所得を生ずる賃貸用資産を贈与する場合，①高い税率ブラケットの所得を低い税率ブラケットの未成年者に移転すること，②その資産を引続き管理し受贈者の子女が未成年者である間保管人として賃貸料を徴収すること，③贈与者が贈与した資産である事務所の使用につき保管人としての自己に支払った賃借料を経費として控除すること，④多様な項目について支払う賃借料から子女のための資金源を創造すること，⑤生前譲渡により贈与資産に対する遺産税を免れること，などが可能になる。IRS は，賃借料の控除を否認や家族構成員のための贈与の実体の否認を試みることが予想される。

O 家族内売却リースバック取引

家族内売却リースバック取引は，家族内贈与リースバックと類似したスキームである。このスキームも，家族内贈与リースバックと同様に，IRS および裁判所の吟味と評価の対象となる。

P C法人の利用による所得分割

贈与リースバック契約と家族パートナーシップ契約に伴う課税上のメリット

との組合せを考慮して，家族構成員間の所得分割のための代替方法として法人を利用する方法も考えることができる。事業の法人化により，事業主は自己の個人資産を事業債権者から保護できるのみならず，その子女に法人の株式を与えることによって事業所得をその子女に分割することができる。ただし，事業の法人化により事業所得に対して法人段階と株主段階との二段階課税が行われる。親はこの二段階課税を出し抜くためにＳ法人形態を選択することができる。

Q　家族内ローン

高い税率ブラケットから低い税率ブラケットへの所得移転の有効な方法の一つとして無利息ローンまたは低金利ローンがある。資金を受け取った借主は，その資金を所得を生ずる資産に投資することができる。借主はその資産が生じる所得に対する税を支払わなければならないが，その所得が高い税率ブラケットの納税者から移転されて低税率で課税されるので，家族内の税負担の合計はこのローンによって減少する。

（3）　法人の所得移転

所得分割による租税回避は，個人間のみならず個人・法人間，または法人間においても行われる。個人・法人間の所得分割は，同族会社とその株主との間の取引にその典型例をみることができ，法人間の所得分割は，関連企業間取引にその典型例をみることができる。それぞれについて次のような個別的否認規定を通じてどのような所得移転または所得分割があるかを示すことにする。

A　同族持株会社[注43]（Personal Holding Companies：PHC）

「同族持株会社」は，その「未分配同族持株会社所得」（Undistributed Personal Holding Companies Income：UPHCI）に対し通常の法人所得税のほかに，個人所得税の最高限界税率（2002年および2003年38.6％，2004年および2005年37.6％，2006年以後35％）で課税される（IRC 541～547）。この同族持株会社税の目的は，

同族会社（Close Family Corporations）を投資所得の貯蔵所として利用することを防止することである。この税を回避するため，法人の利益を株主に分配するか，または法人の所得を減らすために株主の勤労所得として分配することが必要になり，この事業のオペレーターとしてはパートナーシップ形態でなく法人形態を選択する課税上のメリットを減殺されることになる。

(注43) 第2編第2章2(12)を参照。

B 人的役務法人(注44) (Personal Service Corporation：PSC)

主たる活動がサービスの提供でありそのサービスの提供が実質的に「従業員―所有者」(Employee-owner) によって行われる法人は，「人的役務法人」と定義され，医療保健，法律，技術，建築，会計，芸能，コンサルタントなどのサービスの提供に係る活動については，累進法人税率の有利さを選ぶことはできず，その課税所得に対し35％の比例税率で課税される（IRC 269 A）。これらのサービス提供者は，個人の最高限界税率で課税されるよりも低い35％ブラケット相当の課税で済むのであれば，特定目的会社（PSC）の方が有利と考えるかもしれない。内国歳入庁（Internal Revenue Service：IRS）は，PSCの形態でなければ利用できないタックス・ベネフィットを享受するためにこのPSCを利用して租税回避または租税のほ脱を主たる目的としていると認める場合には従業員―所有者と法人間で所得，所得控除，税額控除その他の減免などの租税項目を再配分する権限を付与されている。この対抗措置の目的は，関連企業間取引に関する移転価格税制と類似している。

(注44) 第1編第1章3(9)を参照。

C 留保収益(注45) (Accumulated Earnings：AE)

すべての法人（同族持株会社，非課税法人およびパッシブ外国投資会社を除く）は，その利益を配当等の形で分配せず留保することによって自社の株主または他社の株主の税負担を減少させるために設立されまたは利用される場合には，通常の法人所得税のほかにペナルティの性格をもつ留保収益税をその「留保課税所

得」(Accumulated Taxable Income：ATI) に対し個人所得税の最高限界税率(39.6%) で課税される (IRC 531〜537)。

　(注45)　第2編第2章2(11)および7(14)を参照。

D　連結納税(注46)　(Consolidated Returns)

　アメリカの連結納税制度 (IRC 1501〜1505) は，導入当初，第一次世界大戦の戦費調達のために設けられた超過利潤税 (Excess Profits Tax) による累進税率課税を回避するため子会社の設立による「所得分割」が流行する風潮に対抗することを目的としていた。1917年の導入時には，その根拠は法律ではなく歳入法規則41号であり，その規定は税務当局に一定の関連法人に対しその純所得および投下資本の連結申告を要求する権限を付与し，連結納税を強制適用した。このため違憲訴訟などが生じたことから1918年に法人所得税全体について歳入法 (Revenue Act) 240条により「すべての株式または実質的にすべての株式を所有されまたは支配される法人」を適用対象として一般的に強制適用すべき制度とされた。第一次世界大戦の終結により1921年に超過利潤税が廃止され，当初の「所得分割」による租税回避を抑止するという連結納税の目的はなくなったが，その代わりに，単体企業ごとに課税すると企業グループとしては未実現利益であるにもかかわらず課税されることになるため企業グループとしては不合理な課税を受けることになるのを回避するため納税者の利益のために連結納税が望ましいという考えが表面化し，納税者の選択制となった。一般法人所得税について，すでに子会社との間の恣意的な所得分割が重視され，この点については所得，所得控除その他の正確な配分を行うため関連事業の会計を連結する権限を税務当局に付与する強制適用規定を温存しつつ，この段階では，連結納税制度は，グループの未実現利益の課税の回避と恣意的な所得移転の防止という二重の目的をもつ制度になった。1928年に関連企業間の所得移転に対抗する所得等再配分制度がIRC 45 (現行の482条) として導入されたため，会計連結制度を規定していた強制適用規定は廃止された。

　(注46)　第2編第2章4(3)を参照。

E　移転価格(注47)　(Transfer Pricing)

　財務長官は，同一の持分（same interests）が直接または間接に所有しまたは支配する複数の組織，営業または事業（法人格の有無，設立地の米国内外，関連性の有無を問わない）について，脱税を防止しまたは当該組織，営業または事業の所得を反映するために，総所得，所得控除，税額控除または租税の減免を当該組織，営業または事業の間に分配し，配分または割り当てることが必要であると認める場合には，このような分配，配分または割当を行うことができる（IRC 482）。移転価格税制を定める IRC 482 は，関連者間の取引における価格操作を通じて行われる①所得移転，②架空売上・架空仕入，③利益の抜取りなどによる租税のほ脱を防止し，真正な所得を明瞭に反映するために，私法上の契約，行為・計算を課税上否認し，これを無視して「独立企業間価格」により課税する権限を財務長官に付与している。アメリカでは，日本と異なり，国際取引のみならず，国内取引についても移転価格税制が適用される。

　(注47)　第2編第2章2(8)および5(3)を参照。

F　タックス・ヘイブン（サブパートF所得）

　国際取引を通じて海外子会社，特にタックス・ヘイブンといわれる軽課税国・地域の関連会社を利用した所得分割または所得移転が行われる。通常，高税率国・地域から低税率国・地域への所得移転とそこでの所得の留保を目的とする国際的租税回避スキームが流行している。アメリカでは，被支配外国法人（Controlled Foreign Corporations：CFC）の米国株主は，「サブパートF所得」のプロラタ部分をその総所得に算入して課税されるものと定めている（IRC 951）(注48)。俗に CFC ルールといわれる。

　(注48)　サブパートF所得の定義
　　　サブパートF所得は，被支配外国法人について，①保険所得，②外国基地会社所得，③当該法人の所得に国際ボイコット要素を乗じた金額，④当該法人がまたは当該法人のために政府の職員または代理人に直接または間接に支払う違法な賄賂，キックバックその他の支払の額および⑤当該法人が IRC 901(j)（一定の外国についての外国税額控除等の適用の否認）が適用される外国から生じた所得の

合計額をいい（IRC 952），アメリカでは「汚れた所得」(tainted income) といわれる。

（4） 介在者取引[注49]（Intermediary Transaction）

　このスキームは，通常4者が関係するもので，Pの株式の売却を行うX，Pの営業を譲り受けるY，これに介在者Qが登場する。XはQにP株式を譲渡し，その後，PはYに資産を譲渡すると，Yはその購入価額に等しい価額を取得資産のベーシスとする。Qが損失を有する場合には，Pを連結グループに加入することによってPの資産譲渡益と自己の損失を相殺し，Qが米国で課税されない場合には，Pを清算し，その資産を譲渡すると，その譲渡益を非課税とする。

　清算による残余財産の分配は，原則として，株主に譲渡したものとして扱われる（IRC 336）が，例外として，80％以上を保有する株主への残余財産の分配は，譲渡でなく，課税を繰り延べられる（IRC 337(a)）。しかし，株主が，非課税法人である場合には，この例外は適用されない。また，ある法人の株式の80％以上を取得する場合，その法人の有する資産の購入として扱うことを選択することができる（IRC 338(g)）。この場合，当該譲渡法人が保有する資産および負債が譲受法人に時価で譲渡されたものとされ，この結果として，譲渡法人の段階で譲渡益が生じ，譲受法人はこの資産を時価で受け入れたものとして，資産のベーシスは時価まで引き上げられる。

　一般に，企業の売買については，譲渡者は，譲渡益課税を小さくするため，株式の時価と営業資産の時価が同じ場合にはベーシスの大きい方を譲渡することを選択する。譲受人は，取得する資産のベーシスが大きい方を選好する。したがって，両当事者の利害関係は必ずしも一致しない。そこで，その中間に介在者を挿入することが役立つ。このスキームは，ベーシスの付替えにより当事者間で課税所得を移転することを狙うものであり，一定の条件の下で「株式の取得」を「資産の取得」とすることを選択する場合，譲渡者が「株式の譲渡」を行い，取得者は「資産の取得」を選択すると，譲渡対象となる法人について

資産および負債の譲渡があったとみなされ，その譲渡益に対して課税されるが，税負担は譲渡価格の設定を通じて譲渡者と譲受人に分けられる。このスキームでは，介在者が株式取得後に保有する資産を譲渡することによって，課税所得を負担する。

(注49) 第1編第2章1を参照。

7 課税繰延

(1) 基本理論

損益の計上時期について，一般に現金主義と実現主義という二つの考えがあるが，一般に企業の「期間損益」については発生主義によるべきものとされる。会計方法の問題については第2編第1章2で後述するが，租税回避取引の多くは，損益の年度帰属を操作するものであり，多くの人は，租税回避といえば「課税繰延」(deferral of tax) と誤解するほどである。一般に課税繰延は極端な例としては，外国支店を外国子会社に切り替えた場合も含む概念である。なぜならば，米国本店はその外国支店の稼得した所得に対しても全世界所得課税原則 ("taxation on world-wide income" principle) を採用する米国で課税されるが，米国親会社はその外国子会社の稼得した所得に対しては，CFCルールの適用により合算課税を受けない限り，これを配当として受け取るまで課税されず，また，その外国子会社を処分するまで課税されないからである。課税繰延の手法としては，「収益の繰延」(deferral of revenue, deferral of earnings, or deferral of gains) が一般的であるが，これは収益の「認識の繰延」(deferral of recognition) または「収益の不認識」(non-recognition) であるともいえる。例えば，資産の譲渡について，通常は，時価により譲渡されたものとして取得価額または帳簿価額と時価との差額を損益と認識されるが，適格組織再編税制は「帳簿価額の引継」すなわち，譲渡益の不認識または譲渡益の認識の繰延を認める。また，課税繰延は，損金控除の繰上げによって当期の課税所得を減少させることも意

味する。さらに，最近，企業会計において時価主義（mark to market）[注50]の考えが強くなり，評価損益の税務上の取扱が問題になっている（ストラドル，想定元本契約（Notional Principal Contract：NPC），デリバティブ取引などが利用されている）。

これまでに周知のタックス・シェルターを以下に例示する。

(注50) 第1編第1章4(23)を参照。

(2) 債権ストラドル（Debt Straddles）

このスキームは，異なる二つの金融資産の価値がある出来事の発生によって反対に変動することを利用して，損失を生じた金融資産を処分して当期に譲渡損を発生させ，含み益のある金融資産の元利を受け取るまで譲渡収益の課税を繰り延べる狙いをもつ。このスキームは，経済的には損益の生じない取引を①損失を生じる取引と②利益を生じる取引に分解して，異なる年度に損益の認識をする。

この応用例は，債権のほか，オプション等のデリバティブについてもみられる。Reg.1.1275-6は，ある債権とそのヘッジ手段としての他の金融商品のキャッシュ・フローの組合せにより通常の利付債券などの金融商品と認められる場合には，税務上，これらの別個の金融商品を「統合債権」として一金融商品として取り扱う。統合債権については，一方の金融商品を満期前に処分すると，統合債権を処分したものとして扱い，その評価損益を認識すべきものとされる。これに対し，債権とヘッジ手段の満期，額面，NPCに差異をつけて統合債権ルールを回避する行為が生じた。そこで，さらに，Reg.1.1275-2(g)は，債権の償還差損益や発行差金の損金算入について，「債権の組成目的が経済的合理性を欠く租税回避目的である」と認められる場合には，課税庁がこれを否認することができるという否認規定を定めた。

(3) パススルー・エンティティ・ストラドル
  (Pass—through Entity Straddle)

このスキームは，パススルー・エンティティを利用して当期に損失を先取り

する取引である。複数の納税者が法人を設立し、IRCサブチャプターSに規定するS法人の地位を選択する。最初，納税者は少数持分を保有する。S法人は，為替予約等のストラドルをもち，利益を生じている方のポジションを処分し，その利益を株主に配分する。各株主は，この分配を益金算入し，この分配の額だけ株式のベーシスを引き上げる。その後，納税者以外の株主に対し株式償還がなされ，株主は拠出額を受け取るが，株式のベーシスの引上げ部分だけ，償還損が生じるため，これを組み合わせると，所得はゼロになる。S法人は，株式償還後，損失を生じているポジションを処分し，その損失のすべてを唯一の株主となった納税者に分配する。納税者は，この損失の額を株式のベーシスから減額するが，損失の額が当初のベーシスより大きい場合には，あらかじめ出資や貸付金によりベーシスを引き上げておく必要がある。納税者がこの株式を処分したときに所得を認識し，これを組み合わせると，所得はゼロになる。

　通常のC法人の場合，法人の所得の計上のときにその株主は課税されず，配当を受け取っても株式のベーシスは修正されない。しかし，S法人などのパススルー・エンティティの場合にはその持分を保有する者はそのエンティティの所得を自己の所得に合算し，その持分のベーシスを引き上げ，分配を受けるときにその持分のベーシスを減額する。このスキームは，パススルー・エンティティの性質を利用し，このパススルー・エンティティにまずストラドルの損失を計上させて持分保有者がその損失を先取りし，その後，分配を受け取るまで課税繰延を図るものである。

（4）　パートナーシップ・ストラドル（Partnership Straddle）

　このスキームは，パートナーシップにストラドルを行わせ，そのパートナーシップに生じた含み損を利用して課税繰延を図るものである。法人Xがパートナーシップを組成し，Aがパートナーシップを組成し，このBがストラドルのポジションをとり，利益を生じるポジションを処分する。Bの利益はパートナーに分配され，パートナーの持分のベーシスはその分配の額だけ引き上げられる。Xが他の法人YにAの持分を譲渡する場合，Aの経済的価値に増減は

ないので，分配利益と同額の譲渡損を認識する。その後，YはAの保有するBの持分を購入し，Aは譲渡損を認識しない。パートナーシップの持分50％超を保有するパートナーと当該パートナーシップとの間における資産の譲渡，または同一者が50％超の持分を保有するパートナーシップ間における資産の譲渡によって損失が生じた場合にはその損失の額は資産の譲渡のときには損金に計上されず，資産の譲受人が第三者に当該資産を譲渡したときに損金算入されるが，この場合，YがAの持分の50％超を所有していた。Bが損失を生じるポジションを処分したとき，この損失はYに配分される。その後，YがBの持分を譲渡する場合，Bのベースは分配された譲渡損の額だけ引き下げられているので，譲渡益が生じる。しかし，この譲渡益はAの損失と相殺され，Yは損失だけを認識することになる。

このスキームは，含み損のある資産を創造し，この含み損が二層のパートナーシップに保有され，このパートナーシップ段階で損失を認識する。この含み損のある資産は，ストラドルの利用によって生じる。このスキームによって，納税者は経済的に損失がないにもかかわらず，二層のパートナーシップの利用により損失を課税繰延のために利用することができる。

（5） 想定元本契約[注51]（Notional Principal Contract：NPC）

このスキームは，想定元本取引（金利スワップ，通貨スワップ，ベーシス・スワップ，金利キャップ，金利フロア，商品スワップ，株式スワップ，株式指数スワップ等一定の想定元本に基づいて相互に受払を行う金融商品をいい，IRC 1256において時価評価の対象となる先物契約，先渡契約またはオプション契約を除く）において，支払レグについて定期的支払を行い，支払のときに支払額を損金の額に算入し，受取レグについて受取時期を将来に繰り延べて受取額の益金の額に算入する課税繰延のスキームである。Reg.1.446-3(1)は，想定元本契約を利用した租税回避取引に対する否認規定を定めている。

（注51） 第1編第1章4(25)および第2編第1章2(4)を参照。

(6) ベーシス引上げ[注52]（Inflated Basis）

　このスキームは，債務の額面と時価の差額を利用して取得する資産のベーシスを時価より高く引き上げ，その後に当該資産を譲渡することによって損失を認識し，課税繰延を図るものである。外国法人Ｙが長期借入により調達した資金で金融資産を購入し，これをその借入の担保とする。外国法人は，米国法人Ｘがその長期借入債務の一部を引き受け，当該債務の連帯債務者になることと交換に，その金融資産の一部を移転する。その金融資産の譲渡価額は，長期借入債務の額面の現在割引価値とする。ＸとＹは，Ｙがその長期借入債務の金利を支払い，Ｘが満期日に元本を支払う旨の契約を締結する。Ｘが譲り受ける金融資産のベーシスは，Ｘが連帯債務者となるので，元本の金額となり，これを譲渡する場合，ベーシスと時価の差額が損金の額に算入される。このスキームでは，債務引受の見返りとして資産を取得する場合，その取得者が将来支払うべき債務の額面金額がそのベーシスとなり，その債務の経済的価値は将来のキャッシュ・フローの現在割引価値であり，この場合，元本のみを返済するという債務引受であるので，債務の額は元本の現在割引価値となる。

　債務の元本の現在割引価値に等しい価額の資産と債務の元本を譲渡した場合，債務のベーシスがその譲渡する資産のベーシスを超えるとき，その超過額はこの資産の譲渡益とされる（IRC 357(c)）。資産の譲渡者が認識した譲渡益の額だけ，譲受人はこの資産のベーシスを引き上げることができる。しかし，このスキームのように，資産の譲渡者が外国法人または非課税法人である場合には，譲渡者が認識すべき譲渡益は米国で課税されないため，その後，譲受人が譲渡損を認識するだけという結果になる。

　(注52)　第1編第2章1を参照。

(7) COLIとTOLI

　法人所有生命保険（company-owned life insurance：COLI）と信託所有生命保険（trust-owned life insurance：TOLI）プログラムは，その税務上および財務会計上

のベネフィットにより相当普及している。議会は，1940年代から立法においてタックス・アービトラージ・メカニズムとしてその利用を制限しようとしてきた(注53)。

(注53) COLI立法の類型
　税法の規定は，1940年代，生命保険契約に係る借入金の利子の控除のタックス・アービトラージを制限することを意図している。生命保険契約に関する借入金の利子の損金控除は，1986年，1996年および1997年の税制改正によって制限された。
　1986年，生命保険契約による借入金の利子の控除は，「無制限タックス・シェルター」としての生命保険契約ローンに対抗するため，契約につき5万ドルの債務というシーリングを設定した。この規定は，1986年6月20日以後に購入した契約に適用された。同日前に購入した生命保険契約は，グランドファーザーとされ，この契約により借り入れた債務の利子には5万ドルのキャップは適用されない。
　その後，契約による借入金につき控除する利子額を増加するため数千人の使用人の生命を保険する事業が開発された。1996年，5万ドルのキャップに代えて，生命保険契約による債務の利子の広範な制限が定められた。このルールは，納税者が所有する一以上の生命保険，保険年金または基金契約で，納税者が現在または以前に行う事業の①役員もしくは使用人または②財務上持分を有する個人の生命にかけられたものに係る負債につき支払いまたは発生する利子については，いかなる控除も認めないと定めている。キーパーソン保険の例外が定められていた。1996年法は，一般にフェーズ・イン・ルールで1995年10月13日後に支払いまたは発生した利子に適用された。しかし，1986年6月20日前の契約に関するグランドファーザー・ルールは，ムーディ・レートに基づく新しい金利キャップで，温存された（IRC 264(e)(2)）。
　議会が顧客や債務者の生命に保険をかける事業慣行（金融機関が生命保険により借り入れる一方でモーゲージ借主の生命に保険をかけ，他の債務を維持し，その利子を控除する）に注目し，1997年に利子控除制限の範囲を拡大した。1997年法は，すべての個人の生命にかける生命保険，保険年金または基金契約に係るすべての債務につき支払いまたは発生した利子については，いかなる控除も認めないと定めた。これは，自然人以外の納税者については，納税者の支払利子のうち生命保険，保険年金または基金契約の借入のない証券の現金価値に配分される部分についていかなる控除も認めないと定めている。納税者の20％所有者，役員，または使用人である個人にかける契約に関する比例按分ルールの下で例外が定められた。このプロラタ利子控除制限は，一般に1997年6月8日後に発行された契約に適用された。したがって，1996年法によるフェーズ・イン・ルール，

1986年法および1996年法によるグランドファーザー・ルールは，影響されない。

A COLIとTOLIのアレンジメント・ストラクチャー

COLIとは，事業（事業が現実に法人形態をもつかどうかを問わない）が所有する生命保険契約をいう。COLIアレンジメントは，一般に，事業が現金価値を有する種類の生命保険を買い，現金価値が十分にビルト・アップした後，この現金価値の一部を借り入れる。事業は証券（policy）を発行した保険会社が管理するローンによりその証券から直接借り入れることができる。この場合，この契約に係る借入金は，この契約の被保険者が死亡するとき，死亡保険金（death benefits）の減額の方法で返済される。選択肢として，事業は，公式または非公式に，ローンの担保として生命保険契約を用い，第三者たる貸主から借り入れることができる。COLIアレンジメントの生命保険契約は，事業が州法により保険をかける利害関係のある使用人，顧客その他の個人の生命をカバーしている。COLIのために用いられた生命保険の種類は，現金価値をもち，一般的に生命保険といわれる種類の契約である。この種類の生命保険は，通常現金価値のない定期生命保険と区別される。

TOLIアレンジメントは，生命保険が一般にこの事業に支配される信託（適格または非適格使用人ベネフィットにファンドするための資産を維持する信託など）によって保有される点を除き，COLIアレンジメントに類似している。

(A) ファンド・ビークルとしての利用

COLI証券は，使用人ベネフィット（または事業の他の現金需要）のために間接的なファンド・ビークルとして用いられた。証券は特定支出に資金供給するために個別に配分されないので，それらは将来の債務の直接的ファンディングが必ずしも必要でないかまたは望ましくないとき，流動性を生ずる方法として用いられる。例えば，COLI証券による借入金は，退職者保健プランによる雇用主債務を支払い，またはファンドのない繰延報酬アレンジメントによる支払を行うために用いられた。

(B) 財務諸表上のベネフィット

　COLI証券は，現金引渡価値（この契約による収益）や証券により受け取る死亡保険金の増額が財務報告上の所得として取り扱われるという財務諸表上のベネフィットを与える。逆に，課税上は死亡保険金は一般に所得に算入されない。そこで，恒久的な差が生じる。

(C) COLIに関する借入金

　事業が有する生命保険契約に係る事業借入金の類型は，過去数十年にわたり変化した。これらの変化は，使用人，顧客その他の個人にかけた生命保険の事業への販売を伸ばすこと，税法改正その他の要素から生じた。

　証券による収益が免税を増やすので，生命保険契約に係る事業による借入金は魅力的である。ローンは，借主が課税されない所得を当期に利用することを許す。借主の支払利子は，それが所有する証券にクレジットされ，その結果，自己に利子を支払うに等しいことになる。ローンの金額は，返済されなかった場合，被保険者が死亡するとき，死亡保険金を減少する。しかし，他人（例えば使用人の配偶者）が死亡保険金の受取人である場合には，借主に不利益にはならない。生命保険証券に係る借入金の別の利点が，この証券ローンの利子が控除できる範囲で生じる。

B　一般に非課税の生命保険契約による　　インサイド・ビルドアップと死亡保険金

　一般に，生命保険契約による収益に係る証券保有者には課税されない（インサイド・ビルドアップ）。被保険者の死亡を理由として支払われる生命保険契約により受け取る金額は，非課税と定められている（IRC 101(a)）。

C　生命保険契約に係る保険料および利子の控除制限

(A) 保　険　料

　現行法では，納税者が直接または間接的にこの契約による受益者である場合，すべての生命保険，保険年金または基金契約につき支払った保険料につきいか

なる控除も認められない (IRC 264(a)(1))。

(B) 契約に係る支払利子または発生利子

キーパーソン保険の例外はあるが、個人の生命にかけた生命保険、保険年金または基金契約に係る債務につき支払いまたは発生した利子についてはいかなる控除も認められない (IRC 264(a)(4))。

(C) プロラタ利子制限

プロラタ利子控除否認ルールが、適用される。このルールにより、自然人以外の納税者の場合、納税者の支払利子のうち借入のない証券の現金引渡価値に配分される部分について、いかなる控除も認められない (IRC 264(f))。支払利子は、①納税者の生命保険、保険年金および基金契約の平均借入のない証券の現金価値の②納税者の全資産の平均借入のない現金価値の合計額に占める割合に基づいて、借入のない証券の現金価値に配分される。

プロラタ利子否認ルールにより、事業体の20％所有者、事業の役員または使用人である個人のみにかける契約については、事業に従事する事業体が所有する契約について例外が定められている。この例外は、20％所有者およびその配偶者にかける共同保険にも適用される。

(D) 単一保険料と4対7制限

生命保険、保険年金および基金契約について他の利子控除制限ルールが適用される。現行法は、単一保険料生命保険、保険年金または基金契約を購入しまたは運用するために発生しまたは引き継いだ債務につき支払いまたは発生した金額については、いかなる控除も認められないと定めている (IRC 264(a)(2))。さらに、現行法は、契約の現金価値の増加の全部または一部のシステマティックな直接または間接的な借入を意図する購入計画に従って、生命保険、保険年金または基金契約を購入しまたは運用するために生じまたは引き継いだ債務につき支払いまたは発生した金額についてはいかなる控除も認められないと定めている (IRC 264(a)(3))。このルールにより、最初の7年の期間中、支払うべき4年間保険料のいかなる部分もこのような債務によって支払われない場合の例外を含め、いくつかの例外が定められている。

(E) COLI に関する判例

COLI アレンジメントによる利子控除は，税法の一般原則（仮装取引原則を含む）を適用する最近の判例法によって制限されてきた。これらの事件は，一般に，1996年および1997年法が適用される前の課税年度のものである。これらの税法原則は，特定の利子控除制限ルールの制定後も引続き適用される。

Winn-Dixie Stores, Inc. v. Commissioner（113 T. C. 254（1999），aff'd 254 F.3 d 1313（11 th Cir. 2001），cert. denied, April 15, 2002）は，仮装取引原則の適用に関係する。

1993年，Winn-Dixie はその3万6,000人の使用人の生命に係る COLI プログラムを締結した。Winn-Dixie は，全部の生命保険証券を購入し，唯一の受益者となった。Winn-Dixie は，証券勘定価値に対し平均11%の金利で定期的に借り入れた。この11%の平均金利は，管理費と合わせると，純現金引渡価値とこの証券につき支払うベネフィットをしのぐ。Winn-Dixie は毎年このプログラムで金銭を失うが，利子と手数料の税務上の控除で60年間にわたり数十億ドルのベネフィットを生じた。

1997年，Winn-Dixie は，COLI 証券ローンの利子の控除を制限する1996年税制改正の実施後，COLI プログラムに参加することを止めた。調査で，IRS は，COLI プログラムおよび COLI 証券ローンに係る1993年税務申告で請求した利子および管理費の控除を否認した。

租税裁判所において，Winn-Dixie は，①COLI プログラムが「仮装取引原則」の支流である「事業目的」と「経済実体」を満たすこと，②議会が明白に COLI プログラムに関する控除を認めたので仮装取引原則が適用されないこと，を理由として，COLI に関する控除は適正であると主張した。しかし，租税裁判所は，COLI プログラムが仮装であると結論し，Winn-Dixie の COLI 関連控除の否認を支持した。

COLI プログラムが事業目的と経済実体を有すると主張して，Winn-Dixie は，常勤の使用人に提供する柔軟なベネフィット・プログラムに資金供給するために COLI プログラムの収益を用いたと主張した。しかし，租税裁判所は，COLI

プログラムが税引前ベースで金銭を失い、利子および管理費の控除を考慮に入れて税引後ベースでプラスの収益とキャッシュ・フローを生じると判断し、COLIプログラムが仮装であると結論した。

議会がCOLIプログラムに関する利子とコストの控除を是認したかどうかについて、Winn-Dixieは議会が繰り返し数年にわたりCOLIプランの取扱に対応し、明白な法定要件を満たすかまたはこのような控除を禁止する立法の実施を前の日付にする一定のCOLIプランに帰すべき控除を認めたので、COLIプログラムに関係がないと主張した。しかし、租税裁判所は、立法のCOLIプログラムの承認は仮装でなく経済実体を有するプログラムを前提とすると結論した。

したがって、租税裁判所は、COLIプログラムに関する利子および管理費に係るWinn-Dixieの控除を否認するIRSを支持し、控訴裁判所（7 th Cir. Court of Appeals）は、租税裁判所の判決理由を採用し、これを確認した。

Internal Revenue Service v. CM Holdings, Inc. は、COLIプログラムに関する利子の控除を否認するIRSを支持した（254 B. R. 578（D. Del. 2000））。1990年、キャメロットミュージックは1,430人の使用人の生命にかけるCOLI証券を購入した。キャメロットはその証券により最初の3年間保険料を支払うために借り入れ、この借入金の利子を控除しようとした。その後、キャメロットは、破産法11章に基づき請願を出し、IRSは利子控除の否認に基づき請求を行った。地方裁判所は、利子控除を否認すべきであり、正確性関連ペナルティの適用が妥当であると判断した。利子控除否認の理由は、①この利子控除が事実上の仮装取引の一部であり、IRC 264(a)(3)の利子控除否認の「4対7」の例外に該当しないこと、②COLIプランが経済実体と事業目的を欠如し、実際に仮装であること、と述べている。控訴裁判所は、これを確認した。

American Electric Power, Inc. v. U. S.（136 F. Supp. 2 d 762（S. D. Ohio 2001））では、地方裁判所は2万人の使用人の生命にかけたCOLIプログラムによる証券ローンの利子の控除を否認すべきであると判断した。

D　エンロンの COLI 取引と TOLI 取引
(A)　スキームの狙い
　エンロンは，税務上その COLI 証券の保険料の支払いを控除できないものとして取り扱った。契約上，インサイド・ビルドアップと死亡保険金を所得から控除した。

　財務諸表上，エンロンは，COLI 証券の現金解約価値の増加を所得とし，受取死亡保険金を所得とし，証券の保険料を経費とし，COLI ローンの発生利子を経費として扱った。

(B)　スキームの概要

　1980 年代と，1990 年代，エンロンは使用人にかける約 1,000 の生命保険契約を購入した。1994 年末にこれらの生命保険契約により 1 億 7,800 万ドルを借り入れ，その後，エンロンは使用人にかける生命保険契約を購入するのを止めた。2001 年までにエンロンの生命保険契約による借入金は，約 4 億 3,200 万ドルに上った。それ自体の契約のほか，エンロンは 1997 年にポートランド・ゼネラル・エレクトリックを取得したが，これはその使用人にかける生命保険契約を所有していた。1999 年，これは，約 7,900 万ドルの生命保険契約，その関連会社は約 5,900 万ドルの生命保険契約を有していた。このポートランド・ゼネラル・エレクトリックの 2,315 人の使用人にかけた証券は，1996 年と 1999 年との間に購入された。2001 年 12 月 2 日の破産の後，2002 年中にエンロンはその生命保険契約を解約した。2003 年はじめ，ポートランド・ゼネラル・エレクトリックの生命保険契約は，解約のプロセスに入った。COLI は，エンロンが保険をかける利害関係をもつ者を対象とするが，税務上のベネフィットと財務諸表上のベネフィットを与える。生命保険は，被保険者の死亡を理由として支払われる死亡保険金は一般に益金から除外され，この証券にクレジットされる金額に係る収益は証券保有者の所得から除外される点で税務上有利とされる。

事業所有生命保険につき支払われる保険料は，一般に控除できない。
　財務諸表の観点から，契約内で稼得する非課税所得と契約により受け取る非課税の死亡保険金は，一般に所得明細書には所得として計上される。契約による借入金の発生利子は，財務諸表上は経費として取り扱われる。

(C)　JCT による検討

　エンロンの COLI と TOLI のアレンジメントは，レバレッジされ，2001年11月までに5億1,200万ドルの生命保険カバレッジに係る約4億3,200万ドルを示した。これらの契約の購入は，生命保険契約による利子控除を制限し，生命保険契約を有するが直接契約により借り入れない納税者の場合，利子控除のプロラタ控除を課す 1996 年および 1997 年法の前日付とした。

　1986 年 COLI 法によるグランドファーザー・ルールは，1986 年 6 月 20 日以前にエンロンが購入した契約に適用される。このグランドファーザー・ルールにより 1986 年の債務の契約につき 5 万ドルのキャップも，生命保険契約による債務のより広い 1996 年利子控除否認ルールも，エンロンが 1986 年 6 月 20 日以前に購入した契約には適用されない。

　このグランドファーザー・ルールは，1986 年 6 月 20 日以前に購入された契約により債務の利子の控除を引続き認める。1986 年から数年が経過し，この税務上の取扱の価値はグランドファーザー契約の現金解約価値の増加につれて増加する。この結果は，生命保険契約に係る利子控除を制限する立法を廃止する議会の意図に合致しないものとみられる。

8　課税軽減

(1) 基本理論

　課税軽減という概念は，課税排除，課税繰延，恒久的収益繰延，損失の創造などの概念と対立するものではなく，これらを包摂するものであるが，納付す

べき税額の計算構造（収益－損金＝所得，所得×税率＝税額，税額－税額控除＝納付すべき税額）の各要素の操作（収益の減少，収益の繰延，損金の増加，損金の繰上，課税所得から非課税所得への転換，低税率の適用，税額控除の増加）によって課税軽減が生じる。従来の典型的なタックス・シェルターには，企業単体ベースの課税軽減のみならず，企業グループ・ベースの課税軽減を目的とするものが多く，そのためには「取引」のみならず，その取引に用いる「事業体」の形態，その取引から生じる「所得の実現」の場所と時期，その取引「当事者」（関連者か非関連者か）などの選択を駆使している。

　取引から生じる所得の分類が支払者側と受取者側で一致すべきか。国際取引では，例えば「負債・エクイティの分類基準」について各国の課税ルールの差異があることにより支払者側の国で「支払利子」として損金算入することができ，受取者側の国で「受取配当」として参加免税やEU親子間配当など外国法人からの配当についても益金不算入が認められる場合や受取配当控除を認められる場合がある。所得分類の応用事例として，資産の譲渡を出資と清算分配という形に転換してキャピタル・ゲインを資本取引に転換するものもある。また，同一の所得分類であっても，代表的な損金項目である減価償却費や借入金利子がレバレッジド・リース・スキームで多用されたことはよく知られている。各国の課税管轄が分断されているため取引の全貌を正確に把握するための情報収集が困難であることに着眼した「循環金融」はいわゆる自己金融（グループ内部金融を含む）の支払利子の控除のために頻繁に利用されている。これに対する対抗措置を回避するためまたは租税条約の特典を利用するために「非関連者」等を介在させた「迂回取引」が設計される。さらに，関連者間取引に対する税法上の規定を回避するために，法形態としては「非関連者」であるが，取引当事者の一方または双方の租税回避を行う共通の目的のために協働する「アコモデーション・パーティ」を利用する傾向が顕著になっている。これらの取引形態の課税上の取扱については，裁判の結果に依存するだけでなく，立法および行政のレベルで必要な対抗措置を講じなければならない。エンロンの利用した租税動機取引のうち，以下の注目すべき例を検討する。

(2) ベーシス・シフト

A プロジェクト・テレサ（Project Teresa）
(A) スキームの狙い

プロジェクト・テレサは，最小の経済的支出で減価償却資産の税務上のベーシスの引上げを生じるように設計された見せかけのリース・アレンジメントである。言い換えれば，このスキームは，エンロンが支配するパートナーシップを利用して「非減価償却資産」（T優先株式）から減価償却資産（最も重要な資産はエンロン・ノース・オフィス・ビルである）に税務上のベーシス10億ドルをシフトすることによって生じる「財務諸表上のベネフィット」を得るために設計された精巧なストラクチャーである。その手法として税務上のベーシスの追加（帳簿ベーシスを超える額）を生じるように，①関連者償還ルールと②受取配当控除が利用された。このスキームの重要なポイントは，パートナーシップ・ストラクチャーの必要性である。エンロンは，「連結納税グループを離脱したエンティティ」を通じて関連会社の減価償却資産と優先株式をパートナーシップに拠出し，エンロン関連会社は，定期的にこのパートナーシップから優先株式を取得するが，この取得は課税配当として取り扱われる。そのパートナーシップ持分のエンロンのベーシスは，80％受取配当控除にもかかわらず，その配当の合計額だけ引き上げられる。究極的に，パートナーシップは，エンロンが引き上げられたベーシスの減価償却資産を受け取る方法で清算される。エンロンは，エンロン・ノース・オフィス・ビルその他の減価償却資産につき将来より多額の減価償却費を通じてこの引き上げられた税務上のベーシスを回収することができる。この狙いの下で，エンロンは，将来の減価償却費の控除額の見返りとしてエンロンの連結離脱子会社であるRが負担する受取配当の20％に対する所得税を喜んで負担する。このスキームがその狙いを達成するには，「償還取引」が①受取配当控除を受けることができる「受取配当」を生じ，②受取配当控除の額に等しくなるようにベーシスの引下げを要求する「異常配当ルール」を回避できる方法で取引を仕組む必要がある。償還する法人は，分配

が「配当」として扱われるよう十分な収益・利潤を有するものでなければならない。

(B) **スキームの概要**

プロジェクト・テレサは，①多様な参加事業体の組成とファイナンス，②償還取引（redemption transaction）で用いる優先株式の発行，③税務上連結納税グループから離脱した事業体を通じて優先株式を保有するためのパートナーシップの組成と資金調達という三つのステップから構成される。

a 第一ステップ

1997年3月21日，エンロン社は第三者Uとプロモーターの子会社YとともにR社にその普通株式および優先株式との交換により次のような資産を拠出した。

① 賃借人のエンロン・ノース・オフィス・ビルの持分
② エンロン社が運航する航空機の一定の持分
③ S社からの10億9,700万ドルの受取手形
④ 現金1万250ドル（エクイティの98％，議決権の75％を表わすR普通株式と交換）

UとYは，R優先株式2万株（エクイティの2％，議決権の25％を表わす）との交換により現金2,240万ドルを拠出した。

b 第二ステップ

1997年3月21日，エンロン社はその子会社BとBの子会社のすべての普通株式をエンロンの子会社Tに対してT普通株式の80％との交換に拠出した。

Rは，Sからの受取手形と現金1万250ドルをT普通株式の20％（9,750万ドルの価値）とT優先株式1万株（10億ドルの価値）と交換した。

c 第三ステップ

1997年3月27日，エンロンのリミテッド・パートナーシップVが組成された。Rは，Vに対しVの持分の98％と交換に次の資産を拠出した。

① 賃借人のエンロン・ノース・オフィス・ビルの持分

②　現金2,240万ドル

③　T優先株式（10億ドルの価値）

エンロンの子会社Cは，現金と米国財務省証券（1,043万3,000ドルの価値）をVのゼネラル・パートナー持分1％と交換した。Yは，Vのリミテッド・パートナー持分1％と交換に1,043万3,000ドルを拠出した。

  d　第四ステップ

エンロン関連会社は5年間にわたりVからT優先株式を定期的に購入する。この購入は，税務上，「関連会社からの配当」とみなされる。

1997年5月14日，エンロンの100％子会社Dは，VからT優先株式1,980株を購入し，Vに受取配当が生じる約束手形（元本1億9,800万ドル）を渡した。

  e　第五ステップ

1997年6月 IRC 1059（異常配当ルール）の改正によりこのスキームの意図した利点は排除された。その結果，Tは税務上類似の効果を狙って優先株式および普通株式の四半期プロラタ償還プランを1998年3月から実施した。この償還は，税務上，配当とみなされる。1998年3月31日，Tは，元本1,697万9,000ドルの約束手形と交換に普通株式40株，元本3,250万ドルの約束手形と交換に優先株式325株をプロラタ・ベースで償還した。これにより，エンロン社とこの償還に参加する関連会社は，財務諸表上の所得を生じた。

1999年に，Tはその優先株式に係る配当を支払い，普通株式および優先株式の償還を行った（約1億7,070万ドル）。

1999年11月に，Dは，T優先株式の残り1,045株をエンロン社に売却した。この売却後，エンロン社はD株式全部をTの子会社になっているBにその優先株式と交換に拠出した。

2000年および2001年に，Tはその優先株式に係る配当を支払い，それぞれ約6億8,620万ドルと4,950万ドルとの合計額の株式償還取引を行った。

1997年から2001年までの期間にT優先株式に係る配当ならびにエンロンがT優先株式に係る配当として取り扱う株式の売却および償還の金額は，10

億ドルを超えた。

f 最終段階

RがエンロN連結納税グループに再加入し、その後Vは清算し、Rは清算分配でエンロン・ノース・オフィス・ビル（およびVの受取配当の総額を反映する税務上のベーシス）を受け取る。これは2003年に起こるように仕組まれている。このとき、Rはより大きい減価償却費により税務上の引き上げられたベーシスの回収が始まる。

(C) スキームの問題点

JCTは、このスキームが利用した①償還取引、②異常配当ルール、③連結納税グループにおける収益・利潤、および④パートナーシップの問題について分析した。以下にこれを要約する。

a 償還取引[注54]

連結納税ルールでは一般に「連結納税グループ内の非課税配当」に関してはベーシスを引き下げなければならないので、このスキームでは、配当として扱われる償還取引はどうしても「エンロンの連結納税申告書には含まれない法人」に関するものでなければならない。そこで、事実上の支配を維持しつつ連結対象外となるようRの資本構成を考え、エンロンはR株式の価値の98％、議決権の75％を所有することにした。残りのR株式の価値の2％、議決権の25％を有するSとYが「真実の第三者」といえるか否についてはJCTは疑問をもっている。株式償還は、Rが98％を所有するパートナーシップVが「受取配当」を生じる方法で仕組まれ、Vから「非減価償却資産」（T優先株式）をDが購入する「関連者償還」は関連法人間の償還として仕組まれている（IRC 304(a)(1)）。VはDとTの双方を管理しているので、「みなし所有」ルール（constructive ownership rules）が適用され、この償還によってTにおけるVの持分は減少しない。したがって、当事者は、この取引をD株式の償還という形の分配とみなし、この償還を「配当」とみなしている。この配当が「受取配当控除」[注55]を受ける適格性をもつことがこのスキームのキーポイントになる（IRC 702(a)(5)）。パートナーシップ・ストラクチャーで

は，各パートナーはパートナーシップ項目（受取配当控除を受ける配当を含む）が帰属するので，Rは80％の受取配当控除を請求した。

   b 異常配当ルール[注56]

　このスキームは，「異常配当ルール」(extraordinary dividend rules) を適用されない方法で仕組む必要があった。RがVの所得の分配持分の一部として受け取る配当が異常配当として扱われる場合，Rは配当の非課税部分だけパートナーシップ持分のベーシスを減少しなければならない。こうなると，この取引の重要な側面が排除されることになる。

　法人が配当日の直前に配当支払株式を取得し，受取配当控除の適格性をもつ配当を受け取ってから，その株式を売却して短期キャピタル・ロスを生じる「配当ストリップ取引」(a dividend strip transaction) という租税動機取引に対抗するため，議会は1984年に異常配当ルールを制定した。異常配当ルールは，法人が株式につき異常配当を受け取り，配当宣言後2年超この株式を保有しない場合にはこの株式のベーシスは配当の非課税部分だけ引き下げられることを要求する (IRC 1059(a)(1))。配当の非課税部分は，その配当に係る受取配当控除の額である(IRC 1059(b))。このように，このルールの本来の趣旨は，「配当ストリップ取引」の防止であったが，受取配当控除を利用する他の種類の租税動機取引に対抗するため，議会はこの異常配当ルールの適用拡大を図った[注57]。1997年，議会は異常配当ルールが「関連者償還」から生じる一定の配当を異常配当として取り扱い，その結果，受取配当控除の額だけベーシスの引下げをするよう税法を改正した。しかし，エンロンは，取引をプロラタ償還とすることによって「関連者償還ルール」の適用を回避するように軌道修正を行い，1997年税制改正の効果をさらに回避してスキームの狙いどおりのベネフィットを追求した。

   c 連結納税グループにおける収益・利潤[注58]

　株式に係る分配（一定の償還を含む）は，法人の当期または留保された収益および利潤（earnings and profits：F＆P）からの分配の範囲内で，配当として取り扱われる (IRC 316(a))。エンロンは，Tの収益・利潤を助長する努力とし

てTの子会社であるBにD株式を拠出した。連結納税グループ内の構成員の地位が変更するとき,収益・利潤のティア・アップに関するガイダンスはまだ存在しない。連結納税申告規則では,収益・利潤の除外を防止するため構成員に適切な調整を行わなければならないと定めている (Reg.1.1502-33(f)(2))。また,この規則は,このような調整は同条の目的を実行するために必要なものとして行わなければならないと警告する濫用防止規定を定めている (Reg. 1.1502-33(g))。

 d パートナーシップ・ストラクチャー

 パートナーシップ・ストラクチャーは,ベーシス・シフトを行うために不可欠である(注59)。最終段階の戦略 (exit strategy) は不確実であるが,Rがプロモーター X や第三者 S から R 優先株式全部を償還するオプションを行使し,その結果,Rがエンロン連結納税グループに再加入すること,その後Vが清算され,Rはその清算分配としてVの受取配当の総額を反映する税務上のベーシスをもつエンロン・ノース・オフィス・ビルを受け取り,Rがそのより高額な減価償却費の控除によって税務上の引き上げられたベーシスを回収すること,IRC 754(パートナーシップ資産のベーシスに対する選択的調整の選択方法)の選択が効力を有しない場合にVが所有する残余資産はそのベーシスを持続することが,予定されていた。異常配当ルールについて,財務省はこれをパートナーシップに適用する規則を制定した (IRC 1059(g), Reg.1.701-2(f))。パートナーシップ濫用防止規定は,サブチャプターKの意図に合致しない方法でパートナーの合計税額の現在価値を著しく減少することを主目的とする取引のためにパートナーシップが組成されまたは利用される場合,IRSがサブチャプターKの意図に合致する課税が行われるように当該取引を更正することができると規定する (Reg.1.701-2(b))。JCTとしては,①その組成の主目的が「財務会計上の所得」を生じることであること,②この「財務会計上の所得」が非減価償却資産から減価償却資産に税務上のベーシスをシフトすることのみに帰せられること,③このスキームの「財務会計上の所得」はパートナーシップがなければ得られないこと,などを考慮すると,V

はサブチャプターKの意図に合致しないものと判断している。
- (注54) 第1編第1章4(6)を参照。
- (注55) 第1編第1章4(7)を参照。
- (注56) 第1編第1章4(8)を参照。
- (注57) 異常配当ルールの適用拡大

    IRC 304(関連法人の利用による償還)は,支配株主が法人解散からの収益の回収を生じる取引におけるベーシス回収とキャピタル・ゲインの取扱を請求することを防止することを主目的とする。株主が法人である場合,受取配当控除の利用によって別の問題がある。株式償還が,IRC 304がなければ,配当とみなされなかったであろうが,この償還につき配当とみなされる金額が異常配当とみなされることをIRC 1059(e)(1)(A)(iii)(Ⅱ)が規定している。

    Taxpayer Relief Act of 1997, Pub. L. No. 105-34, sec. 1013(b) August 5, 1997.
- (注58) 第1編第1章4(9)を参照。
- (注59) 租税以外の事業目的を欠如するパートナーシップの存在を否定した判例

    JCTの見解と同旨の判例としてJCTは次の判例を引用している。

    Boca Investerings Partnership v. U. S., 2003 U. S. App. LEXIS 429 at 12 (D. C. Cir. Jan.10.2003)

B プロジェクト・タミーⅠおよびタミーⅡ

(A) スキームの狙い

プロジェクト・タミーⅠおよびタミーⅡは,税務上のベーシス(帳簿上のベーシスを超える)を長い耐用年数をもつ資産にシフトすることを通じて,税務上の減価償却可能なベーシスを合計約20億ドル引き上げることを狙った。プロジェクト・コンドルと同じプロモーター,同じ法律顧問によってこれと類似性のあるスキームが考案された。このスキームで狙われたタックス・ベネフィットは,①拠出された資産に係るビルト・イン・ゲインの配分に対処するパートナーシップ課税ルール(IRC 704(c)),②清算分配におけるパートナーシップ・ベーシス・ルール(IRC 732(b)),③最終段階の戦略(exit strategy)によってパートナーシップ・ベーシス・ルールと法人の自己株式に係る交換における法人不認識ルールとの相互作用(IRC 705およびIRC 1032)の結果として生じる。このスキームが「減価償却費の増加」を狙った税務上のベーシス引上げによるタックス・ベネフィットは,39年間にわたって享受できるが,計画で

は 2007 年までは連結納税申告に表現されず，財務会計上のベネフィットは直ちに享受できるように設計されている。

(B) スキームの具体的な手法

エンロン・サウス・オフィス・ビルその他の減価償却資産の税務上のベーシスの引上げによる財務諸表上のベネフィットを生ずるように，エンロンとその子会社が「未実現ビルト・イン・ゲインを含む資産」を新設パートナーシップに拠出した。

このパートナーシップの組成後，エンロンと他のパートナーは「パートナーシップ持分の95%」を単一のパートナー（エンロン関連会社）に拠出する。その後，パートナーシップは「ビルト・イン・ゲインのある資産」を売却し，収益と結果として生じるベーシスの引上げという成果のほとんどすべてを単一のパートナーに配分し，その結果，パートナーシップ持分の高いベーシスを単一のパートナー（エンロン関連会社）に与える。このパートナーシップは，その売却収入を①低い価値の減価償却資産の購入，②エンロン優先株式の購入，③金融機関への返済に充てる。その後，パートナーシップは，そのパートナーシップ持分の償還により，低い価値の減価償却資産を単一のパートナー（エンロン関連会社）に分配する。

この減価償却資産は，その単一のパートナー（エンロン関連会社）のパートナーシップ持分における高いベーシスを引き継ぐ。その後，パートナーシップに残る唯一の残余資産は，エンロン優先株式となる。この単一のパートナーは，エンロン優先株式に係る収益の認識を回避するため，最終段階の退場戦略（exit strategy）を実行する。

(C) スキームの概要

　a　プロジェクト・タミーI

このスキームは，①パートナーシップの組成，②パートナーシップ持分の移転，③ビルト・イン・ゲインのある資産の売却，④売却後の一定の出来事，という各ステップから構成されている。

(a) 第一ステップ（パートナーシップの組成）

まずビルト・イン・ゲインを再配分するためのパートナーシップを組成する。2000年7月14日，エンロン連結納税グループの3社がパートナーシップJを組成した。新メンバーは，2000年10月と11月に加入した。

2000年11月28日，Jの持分はA種メンバー，B種メンバーおよびC種メンバーに分類された。Jの執行パートナーは，A種持分を所有し，エンロン連結納税グループ・メンバーは，B種持分を所有し，2000年11月17日に組成されたデラウエアLLCであるKが現金5億ドルを拠出してC種持分を所有することになった。B種メンバーは，著しい未実現のビルト・イン・ゲインをもつ資産をJに拠出した（例えば，エンロン社はA社株式（税務上のベーシス約4,071万ドル，時価4億8,587万5,000ドル（約4億6,150万ドルの債務付））を拠出し，他のB種メンバーはB社株式（税務上のベーシス約2億ドル，時価5億5,000万ドル（約5億2,400万ドルの債務付））を1ドルで購入することができるオプションを行使し，別のB種メンバーはC社株式（時価5億5,000万ドル（約5億2,320万ドルの債務付））全部を拠出した）。これらを合計すると，B種メンバーは，税務上のベーシス約5億ドル，時価約19億5,000万ドル（18億5,000万ドルの債務付）の資産を拠出した。拠出者は，Jが引き受けた債務につき依然として責任を負うものとされる。

(b) 第二ステップ（パートナーシップ持分の移転）

エンロンとすべてのB種メンバーは，同じB種メンバーであるエンロン子会社Lにそれぞれの B種持分の95%（純価値9,530万2,656ドル）を拠出し，L普通株式を取得した。各拠出者は，Jが引き受けた債務につき依然として責任を負うものとされる。この移転後，LはJのB種持分の98%を所有し，他のB種メンバーは全部合わせてB種持分の2%未満を所有することになった。

(c) 第三ステップ（ビルト・イン・ゲインのある資産の売却）

B種持分のLへの移転後，Jは未実現のビルト・イン・ゲインのある資産を売却した。Jは，他のパートナーシップを通じて，①A社株式（売価約4

億ドル），②C社株式（売価3億8,800万ドル），③Dの持分を売却した。

(d) 売却後の一定の出来事

Jは，その売却収入を用いて，①Sからのエンロン・サウス・オフィス・ビルの購入，②新規発行のエンロン優先株式の取得，③Kの所有していたC種持分の償還を行った。その後，Jはそのパートナーシップ持分の清算においてエンロン・サウス・オフィス・ビルをLに分配し，エンロン優先株式をJの唯一の資産とする。エンロンの破産により，プロジェクト・タミーIにつき予定していた財務上および税務上のベネフィットを認識する可能性は失われた。

b プロジェクト・タミーII

プロジェクト・タミーIIは，プロジェクト・タミーIと同様に，次のステップから構成されている。

(a) 第一ステップ（パートナーシップの組成）

まずビルト・イン・ゲインを再配分するためのパートナーシップを組成する。2001年5月，エンロン社，エンロン連結納税グループ・メンバーであるNおよびOは，パートナーシップPを組成した。PのB種持分との交換により，エンロン社は①エンロンの100%子会社Qの全株式（税務上のベーシス約12億5,000万ドル，時価21億ドル）を1ドルで購入するオプション，②Rのコモン・ユニット（税務上のベーシス0，時価5,849万1,076ドル），③Sの普通株式6万7,849株における間接持分に関するリミテッド・パートナーシップTのリミテッド・パートナー持分の経済的価値を追うデリバティブ持分，を拠出し，NはエンロンがN宛要求払手形（時価2億ドル）を拠出し，OはSの普通168万840株における持分に関するリミテッド・パートナーシップUのリミテッド・パートナー持分の経済的価値を追うデリバティブ持分を拠出した。合計すると，B種メンバーは，税務上のベーシス10億ドル，時価約21億ドル（20億ドルの債務付）の資産を拠出した。拠出者は，Pがこの拠出に関して引き受けた債務について依然として責任を負う。

(b) 第二ステップ（パートナーシップ持分の移転）

Pの組成後，エンロン社はB種持分の別の保有者であるNに対しPのB種持分の2.715%を拠出し，OはN普通株式と交換に，PにおけるB種持分の95%をNに拠出した。

(c) 第三ステップ（ビルト・イン・ゲインのある資産の売却）

2001年後半に，Pは他のパートナーシップを通じて，①Rのコモン・ユニット（時価6,455万ドル），②S株式におけるデリバティブ持分を売却した。

2001年10月，Vはエンロンから Q 株式を購入する契約を締結した（しかし，エンロンの破産によりこの購入は行われなかった）。

(d) 売却後の一定の出来事

PがNに対する分配の対象となる減価償却資産またはエンロン優先株式のいずれかを購入する前に終了した。

エンロンの破産によって，このスキームが予定した財務上および税務上のベネフィットを認識する可能性は失われた。

(D) JCTによるスキームの検討

JCTは，このスキームについて①パートナーシップ配分，②清算分配におけるパートナーシップ・ベーシス・ルールとIRC 754調整，③事業目的の問題点について分析検討し，以下のように問題点を指摘している。

a　パートナーシップ配分

現行法は，拠出された資産に係るすべての所得，収益，損失および所得控除がパートナーシップへの資産の税務上のベーシスと拠出時の時価との差異を考慮に入れてパートナー間でシェアされなければならないと定めている（IRC 704(c)(1)(A)）。この規定の目的は，拠出前の損益に係る税務上の結果をパートナー間でシフトすることを防止することである。しかし，IRC 704(c)財務省規則は，拠出するパートナーがパートナーシップ持分またはその一部を移転する場合，ビルト・イン・ゲインまたはビルト・イン・ロスは，移転された持分に応じて，譲渡者パートナーに配分されたかのように，譲受人パートナーに配分されるべきであると定めている（Reg.1.704-3(a)(7)）。このス

キームでは,エンロン連結納税グループのメンバーが別の単一のパートナー(エンロン関連会社)にそれぞれのパートナーシップ持分を移転したとき,拠出された資産に係るビルト・イン・ゲインの対応額は,この単一のエンロン関連会社に配分されることになる。このビルト・イン・ゲインのある資産の売却の結果,ビルト・イン・ゲインの95%がその単一のエンロン関連会社に配分され,パートナーシップ持分におけるその関連会社の税務上のベーシスの対応的な引上げが行われる。このスキームでは,タミーⅠのJとタミーⅡのPが組成の際に引き受けた債務につき拠出者は依然としてこの債務につき責任を負うとされた。また,各パートナーがそのパートナーシップ持分の95%を単一のエンロン関連会社に拠出した際も,移転者はその債務に責任を負うとされた。95%のパートナーシップの拠出の意味は,各パートナーシップ持分を①移転するパートナーが留保したパートナーシップ債務を保証する5%の持分と②移転するパートナーが単一のエンロン関連会社に移転する95%の持分,という二つの要素に分けることである。一般には,大きい方の資産が売却されるとき,税務上のベーシスは損益の算定上その部分の間で均等に配分される (Reg.1.61-6(a))。しかし,このスキームのように,非経済的資産の持分の移転を扱う場合には算定は困難になる。95%の持分は,表面的にはパートナーシップの資産の価値で測定できる経済的価値を有するが,この持分に埋め込まれた税務上の債務を考慮に入れる場合には,非経済的資産となる。エンロンは,単一の関連会社の95%持分につきゼロ・ベーシスをとり,「パートナーシップ配分ルール」と相まって,エンロンが税務上のベーシスをその価値を超える減価償却資産にシフトすることを可能にしている。しかし,譲渡者と譲受人が関連者である場合,この結果を正当化することは困難である。パートナーシップ・ビルト・イン・ゲイン・ルールは,一般に,パートナーの利害関係が対立する非関連のパートナーシップについて妥当な経済的結果を生じるが,パートナーが関連者である場合には,IRC 704(c)のルールは,非経済的で議会の意図しない結果を生ずるように,操作される。

b 清算分配におけるパートナーシップ・ベーシス・ルールとIRC 754調整

このスキームでは，パートナーシップは，ビルト・イン・ゲインのある資産の売却収入を①低い価値の減価償却資産および②新規発行のエンロン優先株式を購入するために充てることを予定していた。低い価値の減価償却資産は，関連会社の高いベーシスのパートナーシップ持分の清算において単一のエンロン関連会社に分配されることになっていた。減価償却資産の税務上のベーシスは，パートナーシップ持分における関連会社のベーシスに等しい。その結果，減価償却資産の耐用年数にわたり減価償却費が増加し，または資産の売却による損失が増加することになる。単一のエンロン関連会社段階の減価償却資産のベーシスのうち分配の直前にパートナーシップ段階のベーシスを超える額は，IRC 754の選択が適用されると，残余パートナーシップ資産のベーシスを引き下げることになる。このスキームでは，唯一の残余パートナーシップ資産は，エンロン優先株式であり，これが減価償却資産と類似の性質をもつ場合には，パートナーシップは，エンロン優先株式のベーシスを引き下げ，これによってエンロン優先株式のビルト・イン・ゲインが生じる。パートナーシップがエンロン優先株式を売却するとき，エンロンは収益を認識しないが，その収益の比例部分だけ，パートナーシップ持分のベーシスを引き上げる。

c 事業目的の有無

このスキームのタックス・ベネフィットを尊重すべきかどうかの判定は，租税動機取引に関する租税法規のルールや判例原則に合致するかどうかの分析によることになる。判例原則のなかでも重要な「事業目的」の有無について吟味しなければならない。タックス・オピニオンは，有利な少数持分の取扱を通じて非関連銀行からの5億ドルのファイナンスを確保することをこの取引の理由として説明している。タックス・オピニオンは，納税者が投資が有効な「租税以外の事業目的」を有することを立証したので，著しいタックス・ベネフィットを生じたパートナーシップ契約を否定しなかった租税裁判所判決を援用している (Salina Partnership LP v. Commissioner, 80 TCM 686

(2000)))。

　事業目的基準は，納税者の動機（納税者がなんらかの租税以外の目的でこの取引を行うことを意図していたかどうか）という主観的な問題に基づくテストである。また，タックス・オピニオンは，独立かつ分離しているかのように取引の各要素（パートナーシップへの拠出，パートナーシップ持分の移転，ビルト・イン・ゲインの配分）を分析していることは問題である。JCT は，タックス・オピニオンが予定された最終段階の退場戦略の租税上の効果について検討することを怠っており，そのため，この取引の総合的な評価ができていないと批判する。JCT はこのスキームのような多段階のオーケストラ契約について最終段階の退場戦略を無視して総合的評価を怠ったことは，①タックス・シェルター・オピニオン・スタンダードを遵守すべき税務顧問のコンプライアンスや②正当な理由を立証するためのタックス・オピニオンへの依存について，疑問であると述べている。

（3）自己金融

A　プロジェクト・アパッチ

(A)　スキームの狙い

　プロジェクト・アパッチの狙いは，エンロン・グループが第三者である外国貸主から資金を借り入れるファイナンス契約において，この第三者をチャンネルとしてエンロンの CFC を通じて借り入れるものとエンロン・グループが自己に負う債務をブレンドする方法で「第三者に対する支払利子」のみならず「自己に対する支払利子」を，CFC の受取利子の合算課税を受けずに，米国税の課税上，所得控除すること，言い換えれば，エンロンが第三者である外国貸主に対して支払うすべてのキャッシュ・フローに等しい額（支払利子および元本の払戻を含む）をエンロン連結納税申告において損金として控除することであった。

(B)　スキームの具体的な手法

　このスキームでは，米国法人と，米国法人に資金を貸し付けるオランダ・エ

ンティティを設立し資金供給する非関連外国貸主を想定し，米国法人がオランダ・エンティティの価値の60%を表わすコモン・ユニットと交換に現金を拠出し，外国貸主は当該オランダ・エンティティの価値の40%を表わす優先ユニットと交換に現金を拠出するものとする。ユニットの条件として，米国法人のコモン・ユニットにはいかなる収益の分配も行われず，外国優先ユニットは未払のままとし，優先ユニットはオランダ・エンティティの選択で償還が可能であり，留保収益から累積優先分配を受けることができ，オランダ・エンティティに対する外国貸主の当初投資に等しい優先清算分配を受けることができるものとする。オランダ・エンティティは，その資金のほぼ全部を間接的に米国法人に貸し付け，米国法人はこの債務に係る支払利子の全部を米国で控除する。実際は，この借入金のうち60%は米国法人がオランダ・エンティティに対して拠出した現金であり，実質的には米国法人が自己に負う債務であり，残りの40%が第三者からの借入といえるものである。

　このオランダ・エンティティは，米国法人のCFCであり，タックス・ヘイブン対策税制としてのサブパートFに基づきそのパッシブ・タイプの収益全部が米国税法上合算課税される。したがって，オランダ・エンティティが米国法人から間接的に受け取る利子は，サブパートF所得であり，また，オランダ・エンティティの債権投資は通常IRC956（みなし償還ルール）の対象となる。しかし，このスキームでは，所有ユニット条件およびオランダ・エンティティの収益が米国法人に分配されることが不可能になるように仕組まれているため，「オランダ・エンティティのサブパートF所得は全く米国法人に配分されず，IRC956に基づく米国法人への収益のみなし償還は全くない」というポジションをとる。

　この取引の解消において，外国貸主の優先ユニットの償還（元本の払戻）はその証書の条件により，オランダ・エンティティの残余未分配収益（米国法人が損金として控除した支払利子＝その米国法人から間接的に受け取った利子の残余部分）の分配として取り扱われる。米国法人は，この優先ユニットの除外により，オランダ・エンティティの収益・利潤全部を米国課税上除外し，所得の認識を

せずにその清算をすることができる。このスキームが認められれば，実質的に，混合債務の元本の払戻全部を米国法人のコモン・ユニットに，混合債務の支払利子全部を外国貸主の優先ユニットに配分することによって，米国法人は，グループから外国貸主へのキャッシュ・フローのほぼ全部（利子と元本の双方）を米国税法上控除し，サブパートFその他による合算課税が行われないこととなる。

(C) **スキームの概要**

CFCを通じて貸付を行う第三者・関連者のブレンド

1999年5月，エンロンは非関連法人（NY非営利法人）AとPデラウエアLLCを組成した。エンロンはPに7億4,850万ドルを拠出し，Pの99.8%の持分を取得し，AはPに150万ドルを拠出し，Pの0.2%の持分を取得した。Pは連邦税法上パートナーシップとして扱われた。Pは，新設ルクセンブルグ法人Qにそのエクイティ・インタレスト全部と交換に7億5,000万ドルを拠出した。Qは，米国税法上，法人として扱われ，IRC 957に定義するCFC（a controlled foreign corporation）に該当する。非関連オランダ銀行であるBは，新設オランダ会社CにC普通株式全部と交換に1,500万ドルを移転し，Cは多数の外国銀行シンジケートから4億8,500万ドルを借り入れた。QとCは，オランダ・エンティティR（オランダとルクセンブルグの双方で課税上パートナーシップとして扱われる）を組成した。Qは，Rのコモン・ユニット全部と交換にRに7億5,000万ドルを移転した。Cは，Rの優先ユニット全部と交換にRに5億ドルを移転した。Rは，チェック・ザ・ボックス規則により，米国税法上法人として扱われることを選択した。エンロン社はPとQを通じて間接的にR株式の50%超を所有することとなり，米国税法上，RはIRC 957に定義するエンロンのCFCとなる。

エンロン社が間接的に所有するコモン・ユニットは，優先ユニットが未払の間は収益の分配を受け取ることができず，優先ユニットは，5億ドル

のイニシャル清算優先権および留保収益からの累積優先分配の権利を有し，10年後の明示日に償還の対象とされる。Rは，優先ユニットの償還権を有する。5億ドルのイニシャル清算優先権は，発生したが未払である優先分配の額だけ引き上げられ，受け取った償還額だけ引き下げられる。

FASIT取引を通じた受取債権ファクタリング経費と支払利子の控除

　Rは，QとCによって組成されたときに有していた12億5,000万ドルのうち12億3,000万ドルをFASITであるSのシニア債務証書（インテリム手形）に投資した。各インテリム手形が満期払戻されると，Rは払戻金を他のインテリム手形に再投資し，短期割引債の利子を稼ぐ。FASITであるSは，エンロン社の米国関連会社であるDとEからの第三者受取債権を割引購入することにより，各月初めにエンロンにインテリム手形を実質的に貸し付けた。Sは月末前に受取債権に係る支払を受け取った場合，これらの資金はエンロンがDのコマーシャル・ペーパーを購入するために用いられた。エンロン社とその関連会社およびSとの取引は，受取債権の売却時の割引料を反映するエンロン連結納税申告におけるファクタリング経費の控除とコマーシャル・ペーパーに係る利子の控除を生じる。エンロン・グループの非関連法人Fは，FASITであるSに200万ドルを拠出し，Sの所有者持分を取得したが，エンロン社Sに5,000万ドルを拠出し，Sの持分（通常の持分として扱われる）を取得した。Rの保有する12億3,000万ドルのインテリム手形も，FASITルールに基づき，通常の持分として取り扱われる。エンロン社は，Sのサービサーとして，その関連会社がSに売却した受取債権について会計，請求，取立その他の管理を行い，Sの受取債権その他の資産を保有し，毎月の再投資計画を実施した。

意図した退場戦略と取引の効果

　Rは，2006年にCの優先ユニットを償還する権利を行使し，その直後にRとQが清算される予定であった。Rのすべての収益・利潤（Sが支払う利子）は優先ユニットに配分されるので，優先ユニットの償還がRの収益・利潤を除外し，RとQを非課税で処分することができるというポジ

ションをとることが予定されていた。このため，この優先ユニットの償還が米国税法上配当とみなされることが必要である。PはBからCの発行済株式全部を購入するオプションを与えられていた。このオプションの意図は，Cの優先ユニットがIRC 302により配当として取り扱われ，Rの収益・利潤を除外することができるように，IRC 318(a)(4)の「みなし所有ルール」(constructive ownership rules)に基づきエンロン社をCとRの株式全部の所有者とすることであった。このスキームが進行する7年間にわたり，エンロン・グループの連結納税申告において控除できる受取債権ファクタリング経費と支払利子のほとんど全部がエンロン・グループから非関連外国貸主へのキャッシュ・フローとなる。この取引によってエンロン・グループが第三者から借り入れた5億ドルに係る元本と利子を超える控除ができる予定であった。このスキームは，債務の60%または7億5,000万ドルがエンロン・グループの自己に負う債務であるという意味では「循環金融」であるが，サブパートFその他に基づく米国税の課税によって，タックス・ベネフィットが減殺されないことを狙うものであった。

(D) JCTによるスキームの検討

このスキームの狙いどおりのタックス・ベネフィットを得るためには，次の点について，エンロンに有利な判定を受ける必要がある。

① 明白な租税動機と循環的キャッシュ・フローから成るこの取引が，一般に租税動機取引に適用される判例原則に合致すること

② エンロンがサブパートFに基づく合算課税を回避するためRの収益・利潤全部を優先ユニットに意図的に配分することが，サブパートFの適用上認められること

③ FASITとそのエンロンとの密接な関係を租税動機で利用したことが認められるとしても，FASIT取引から生じる受取債権ファクタリング経費や支払利子の控除が認められること

JCTは，これらの論点について以下のように分析検討を行った。

a 判例原則と循環的キャッシュ・フロー

JCT は，このスキームの狙ったタックス・ベネフィットを，その大部分の取引が「経済実体」と「租税以外の事業目的」を欠如するとの理由で，否認すべきであると判断する。この取引全体が顕著な租税動機を有することは疑いなく，特にエンロン・グループが自己に負う債務とその支払利子という循環的キャッシュ・フローは，「経済実体」と「租税以外の事業目的」を欠如することが明らかである。「自己に対する債務」は「第三者に対する債務」以上の支払利子を発生し，「第三者に対する債務」とブレンドするために創造されたと認められる。したがって，エンロンの受取債権ファクタリング経費や支払利子のうち循環金融に属する範囲で，「経済実体」と「租税以外の事業目的」の欠如を理由として，否認されるべきである。

エンロンは，①財務会計上および格付機関のため少数持分ファイナンスとして適格性のある外部ファイナンスで5億ドルを調達すること，ならびに②ファクタリング取引によって関連会社のガスパイプラインおよび電力卸売事業の過程で生じた受取債権を管理することを「租税以外の事業目的」として主張する。JCT は，①の目的についてエンロンが少数持分ファイナンスの複雑異常な方法やこの取引に関する債務の大部分を正当化できないと考え，②の目的について当初のデザインではRからエンロンへの直接ローンであったが，これでは関連者債務の利子控除を否認する IRC 163(j) の規定をクリアできないということから，受取債権と FASIT を利用して否認リスクを回避しようとするものであり，またファクタリング取引が究極的にグループ内部債務で60％の資金調達をした範囲で「非関連者とのファクタリング取引」と同様の租税以外の目的を達成するものと認めることはできないと判断した。

b サブパートFの回避

このスキームが生じる控除項目は，サブパートFの合算課税を受ける場合[注60]には，エンロンの狙ったタックス・ベネフィットを生じるに至らなくなる。

そこで，エンロンは，収益・利潤全部をCが保有する優先ユニットに配分

し，収益・利潤をQひいてはエンロンが間接的に保有するコモン・ユニットには全然配分しないような方法でRの所有構造を仕組むことによってサブパートFの合算課税を回避しようとした(注61)。このスキームでは，Rの所有構造は，優先ユニットが未払のままである限りコモン・ユニットには全く収益分配が行われないこととされ，特定年度のコモン・ユニットはRの収益・利潤を全然分配されず，RのサブパートF所得は Reg.1.951-1(e)(2) に基づきコモン・ユニットまたはエンロンに全く配分されないというポジションをとった(注62)（優先ユニットの完全な償還が配当の分配として取り扱われることを根拠に，IRC 956 の場合にもサブパートF所得の配分と同じポジションをとった）。

エンロンおよびRに Reg.1.951-1(e)(2) を適用する場合，連邦裁判所は租税裁判所の決定に拘束されない。IRS は，連邦裁判所が，①この取引が議会の意図しないタックス・ベネフィットを生じるように仕組まれたこと，②この取引に仕組まれた複雑な方法には「租税以外の事業目的」がなかったこと，③エンロンが意図したサブパートF所得の配分はサブパートFの趣旨に反するものであり，Reg.1.951-1(e)(2) に定めるルールの濫用になること，④サブパートF所得をエンロンに配分すべきこと，という IRS の主張に沿った方向で判決を下すことを期待している。

c　他の潜在的な課税問題の回避

このスキームがその狙ったタックス・ベネフィットを生ずるためにエンロンが回避する米国税の問題は，サブパートFのみでなく，Rに支払う利子の源泉徴収税について生じる。エンロンは，Rがインテリム手形で稼得する利子は源泉徴収税を免除される短期割引債の形をとるので，米国源泉徴収税を課されないというポジションをとっている（IRC 871(g)(1)(B)）。

パッシブ外国投資会社制度（IRC 1291-1298）の提起する課税問題(注63)は，RをCFCとして位置付け，エンロンをRの米国株主として位置付けることによって回避された。

d　アーニング・ストリッピング・ルールを回避するための FASIT の利用(注64)

当初のデザインでは，循環金融を意図した控除をするためRがエンロンに

直接貸し付けるスキームであったが，直接貸付の利子は IRC 163(j) により否認対象となる。IRC 163(j) は一般に関連者間の支払利子のみに適用されるので，エンロンは自己とRとの間に非関連者である FASIT のSを挿入することによって IRC 163(j) による否認リスクを回避するスキームに修正した[注65]。

タックス・オピニオンは，取引の主目的が IRC 163(j) の回避でなく，FASIT を無視するために規則案（Reg.1. 163(j)-1(f)）の濫用防止ルールを適用すべきでないと結論した。タックス・オピニオンは，エンロンの関連会社が生ずる受取債権を処理するためのリボルビング証券化ビークルを作ることがこのアレンジメントの主目的であると主張したが，JCT は，①FASIT 利用のアイデアが IRC 163(j) のアーニング・ストリッピング・ルール[注66]を回避するために生じたこと，②このストラクチャーがこのアレンジメントの核心である「循環性」のため通常の第三者ファクタリング取引のもつ「租税以外のベネフィット」（受取債権の現金への転換を加速し，流動性を高め，信用のたなざらしを減少させること）が生じないこと，を考慮して，エンロン・サイドの主張する「アレンジメントの目的」はもっともらしくないと判断する。JCT は，タックス・オピニオンが「事業目的」に関する納税者の申立てを容易に信頼したことおよび取引全体の個別部分について全体として評価するための調査を怠っていることを露呈するものとして批判している。

(注60) サブパートF所得の合算課税
　　IRC 951(a) に基づき CFC の米国株主は CFC の当期のサブパートF所得のプロラタ部分および IRC 956 に基づき決定される CFC の当期のみなし償還のプロラタ部分を自己の所得に合算しなければならない。エンロン社は，CFC である R の間接的な 60％ 株主として，通常ならば，R のサブパートF所得の 60％ について米国で課税される。R の受取利子は，サブパートF所得として取り扱われ，通常ならば，エンロン社は，R の受取利子の 60％ を米国税法上その課税所得に算入しなければならない。この場合，エンロンはこの取引によって生ずる控除の 60％ は，この合算課税によって相殺されることになる。

(注61) サブパートF所得のプロラタ部分の決定
　　多様な種類の株式がある場合，株主のサブパートF所得のプロラタ部分を決定するとき，ある種類の株式に帰すべきサブパートF所得は，CFC サブパートF所得のうち，CFC の収益・利潤全部の分配においてこの種類の株式に分配すべ

き収益・利潤がCFCの収益・利潤合計に占める割合に相当する部分である（Reg. 951-1(e)(2)）。

(注62) エンロンのポジションを支える前例

エンロンは，RのサブパートF所得をエンロンに配分しないというポジションの正当性を主張するためバーネット事件を援用した。

租税裁判所は，外国同族持株会社（foreign personal holding company）制度に基づいて生じた類似の問題についてBarnette v. Commissioner（63 TCM（CCH）3201 (1992), reh'g denied, 64 TCM（CCH）998 (1992)）において次のような結論を下した。

納税者は支配したパナマ外国同族持株会社に新しい種類の優先株式を発行するアレンジを行い，所有権証書の条件として優先株式が未払のままである場合には納税者の普通株式には分配が行われないと定めた。財務省規則では，外国同族持株会社が優先株式と普通株式の双方を有し普通株式につき分配が行われる前に優先株式が特定の配当を受けることができる場合，外国同族持株会社所得は最初に優先株式について分配されるものとして取り扱われる（Reg.1.551-2(c)）。サブパートFの多様な種類の株式に関する規則に基づいて，納税者は「汚れた」外国所得は自己の保有する普通株式には全く配分されないというポジションをとっている。これに対し，IRSは租税回避以外にこの優先株式を創造する理由がないので，その所得全部を納税者の普通株式に配分すべきであると主張した。租税裁判所は，優先株式の発行や関連取引について租税動機を認識したが，外国同族持株会社所得を納税者から逸らせる配分を支持し，納税者に有利な判決を出した。その要点は，「優先株式の発行と移転の唯一の目的が租税回避であったとしても，この株式の存在は無視できない。問題の取引は納税者の財務上のポジションを変更したので「租税以外の目的」は必要ではない。言い換えれば，外国同族持株会社所得の配分規則は文理解釈すべきであり，「租税以外の事業目的」が全くないという租税動機取引について租税上の結果を尊重すべきである」ということであった。

(注63) パッシブ外国投資会社

1997年にパッシブ外国投資会社ルールとサブパートFとのオーバーラップに対処するためIRC 1297(e)が制定された。この規定によれば，CFCはCFCの米国株主にとってパッシブ外国投資会社として扱われない。したがって，エンロンがRのサブパートF所得を全く配分されないとのポジションをとったとしても，IRC 951(b)によりRの米国株主であるというエンロンの地位により，エンロンはRに関してパッシブ外国投資会社ルールの適用を免れる。

(注64) エンロンによるFASITの利用

エンロンは，FASITルール（IRC 860 H-860 L）に基づき，エンロンが①FASIT最大の投資家であり，②サービス契約によってFASITの日常管理を行い，③財

務会計上はFASITをエンロン連結エンティティとして取り扱うという事実にもかかわらず，エンロンが非関連者とともにFASITの小さい所有持分しかもたず，FASITはエンロンの非関連者であるというポジションをとった。

(注65) Pro. Reg.1.163(j)-1

1991年に包括的な規則案（Pro. Reg.1.163(j)-1）が公表された。この規則案においてIRSがIRC 163(j)を回避することを主目的として組成されたエンティティを無視する権限を付与されている。特に，パートナーシップおよび信託を含むアレンジメントがIRC 163(j)の回避を主目的として行われる場合，IRC 163(j)の目的を実施するため必要な範囲で，IRSはそのエンティティを無視または再分類することができる。エンロンのFASITアレンジメントがIRC 163(j)の回避を主目的として行われたことが明らかである。この規則案がこの取引に適用されていたならば，IRC 163(j)の目的を実施するために，IRSはこの取引を再分類することができたであろう。

(注66) 1989年IRC 163(j)は，外国関連会社に対する支払利息の損金算入を規制するアーニング・ストリッピング・ルールを定めた。この規制の対象となる場合は，米国法人が支払う利息を受け取る外国関連会社が米国の国内法または租税条約の規定により所得税を全部または一部課税されない「不適格利子」であり，負債対資本比率が1.5対1を超え，当該米国法人の純利子（支払利子－受取利子）が①課税所得の50％および②過去3年間の限度額の未使用額の合計を超える場合であり，支払利子のうち控除制限を受けた部分は次年度以降に繰り越すことができる。ここで，「関連者」（related person）は，IRC 267(b)またはIRC 707(b)(1)に規定する関連者をいう。

（4） 繰越NOLを消化するためみなし売却を利用するキャピタル・ゲインの創出

A プロジェクト・NOLy

(A) スキームの狙い

プロジェクト・NOLyは，エンロンが過年度の税務上の損失の全部を相殺することができるように十分な課税所得を生じるために仕組まれた一連の取引である。

(B) スキームの具体的な手法

このスキームは，みなし売却ルールやパートナーシップ・ルールを用いている。すなわち，パートナーシップとして課税されるLLCや2000年度へのNOL

繰越や 2000 年度に発生した損失によって相殺されるキャピタル・ゲインを生じるように IRC 1259 のみなし売却ルールを利用した。しかし，2000 年度の損失が正確に算定できないため，エンロンは究極的に確定される損失にできるだけ近似した収益の額となるように，次の二つのテクニックを用いている。

① 損失の額が最終的に決定されるとき，できるだけ正確にマッチするよう LLC の組合せを用いてその各々が異なる額の利用可能な潜在的収益をもつ 14 の異なる LLC を組成すること
② 2000 年度に計上すべき収益の額の決定を 2001 年 3 月末日まで遅らせるようみなし売却ルールのテクニカル規定を用い（IRC 1259(c)(3)），翌年度に対応する損失を認識すること

(C) **スキームの概要**

エンロンの 100％子会社 A は，天然ガスその他の商品の価格に関して，第三者とスワップ，先物契約，オプション，先渡契約を含むポジションの契約を締結した。1997 年 3 月 31 日付マスター契約に従い，A は 100％子会社 B と反対ポジション契約を締結し，これらの取引リスクを B にプレースしてリスク管理を容易にした。2000 年 12 月 20 日，B と 100％子会社 C は，14 のデラウエア LLC（D 1 から D 14）を組成した。D 1 から D 14 までの LLC は，米国でパートナーシップとして取り扱われることを選択した。C は，D に現金を拠出し，各パートナーシップの資本，利益および損失の 0.01％の持分を取得した。B は，現金，BD 間マスター契約（2000 年 12 月 20 日）および B が保有する契約に係る反対ポジションを表わす確認（B スワップ）（2000 年 12 月 27 日）を拠出し，各パートナーシップの資本，利益および損失の 99.99％の持分を取得した。R スワップのすべては，実質的には行使時の金銭で，B から D への価値の移転を表わしている。B スワップの各々に基づき D に支払う必要がある現金支払純額は，想定数量に基づく確認に定める個別条件とこれに定める価格に基づく。D が B に支払うよりも B が B スワップ期間にわたり D に著しい額を支払うことが予

定されていた。Bスワップ条件によると、DはBからの現実の受取金額を超えてRに支払う必要がなかった。

　AとAの100%子会社Eは、デラウエアLLCであるFを組成した。Aは、Fの持分の99.99%を取得し、Eは、Fの持分の0.01%を取得した。Bスワップ行使後、BはFとマスター契約を締結し（2000年12月20日）、BのDにおける持分についてトータル・リターン・スワップ（Fスワップ）に関して確認契約を行った（2000年12月27日）。Fスワップの条件により、BはセツルメントにFからBのD持分に等しい一定額を受け取ることができ、BはFにセツルメント日にD持分の時価と契約期間中にDからの分配の額の合計を支払う必要があった（Fスワップは2000年12月27日に発効し、セツルメント日は2002年1月2日）。エンロン社は、Fスワップに基づくFの債務を保証した。Fスワップを行うことにより、BはIRC 1259の「みなし売却ルール」の対象となり、2000年度に56億ドル（DのベーシスとDにおける持分の時価との差額）の収益を認識することになる。

　2000年度末の損失の額を算定するには数か月かかるので、エンロンは収益の額の最終算定を2001年3月末まで延期するため、IRC 1259(c)のテクニカル・ルールを用いることにした。締結した課税年度末後30日目までに終了する取引に関して「みなし売却」取扱のルール（納税者が取引の終了する日に開始する60日を通じ取引の関連する含み益のあるポジションを保有し、この60日の期間中、納税者の損失リスクが実質的に類似または関連のある資産についてポジションを有することによって減少しない場合のみ利用できる）がある。このため、課税年度末後30日以内、2000年1月29日に、BとFはFスワップの早期セツルメントを行った。この早期セツルメントは、FのBへの集結支払（7億180万ドル）の引き金となり60日ルールが適用されないことを条件として「みなし売却」を無効にする手仕舞であると考えられた。しかし、エンロンは、損失を相殺するためどの位の収益が必要であるかを決定するときをさらに延期するため、60日ルールを利用する予定であった。2001年3月27日までに、エンロンは2000年に56億ドルの収益全部

が認識されるべきだと結論し、これを確実にするため、オリジナルFスワップの終了の60日以内にBとFは新しいトータル・リターン・スワップ契約を締結した。これによって、60日ルールの取引の結果として2000年に56億ドルの収益が認識されるとみなされ、BのDのベーシスはこれと同額だけ引き上げられた。

プロジェクト・NOLyが開発され実施されたとき、2002年1月に解消される予定であったが、2001年のエンロンの財務悪化によりDを流動化し、56億ドルのキャピタル・ロスの引き金を引くことによって2001年にプロジェクト・NOLyを解消する決定が行われた。Dは、2001年12月に流動化し、Cはオリジナルの50万ドルの投資を償還し、他のすべての資産と負債は、Bに移転された。Dの唯一の資産は、Bからの受取資産、Bスワップおよび現金であった。流動化のとき、Bは現金とBスワップを分配され、Bのベーシスは2000年に認識された56億ドルの収益を含んでいた。Bは現金や負債をほとんど受け取っていないので、前年のキャピタル・ゲイン56億ドルに等しい大きいキャピタル・ロスが認識された。この損失の認識とその結果としての過年度への繰戻によって2000年度に納付した6,300万ドルの税金は還付されることが予定されていた。2001年度からのキャピタル・ロスの繰戻はNOLを増加または発生させず、2000年度に生じた約25億ドルのNOLが2000年の同額のキャピタル・ゲインと相殺される。

(D) JCTによるスキームの検討

エンロンは、1996年度から1999年度までの30億ドルの損失を2000年度に繰り越したが、2000年度の営業から20億ドル超の営業損失を生じることが予定された。エンロンは、過去の損失年度における租税項目について税務上の取扱を終了させることを望んでいる。このスキームは、NOLの全部を吸収するだけの十分な収益を生じるように設計された。エンロンの公式の説明は、NOLを生じた1996-1999年度における租税項目について税務上の取扱を終了させる

という理由でこのスキームを実施したというが、JCT はプロジェクト・NOLy の裏の目的は、他のストラクチャーの実施年度において IRS がエンロンのテクニカル・ルールの利用に合意せざるを得ない状況を作ることではないかと疑念をもっている。このスキームは、ある取引について財務諸表上の取扱と税務上の取扱の差異を示す例であり、財務諸表上はこのスキームは中立的であるが、税務上はある年度に 56 億ドルのキャピタル・ゲインを認識し、その翌年度に同額のキャピタル・ロスを認識した例でもある。

(5) アコモデーション・フィー

A プロジェクト・レニゲード

(A) スキームの狙い

エンロンは、伝統的な方法のファイナンスよりも著しく低い資本コストでファイナンスを得るためにこのスキームを実施したという見方と、単にアコモデーション・フィーを稼ぐためにこのスキームに応じたという見方がある。このスキームがエンロンに与えたものは 800 万ドルのファイナンスのみであり、このファイナンスが 5 年以内に全部償却することが予定されていたという事実から、JCT はエンロンがアコモデーション・パーティとして取引を行ったと申し立てていることを信じている。このスキームがプロモーター X に有利なタックス・ベネフィットが与えられるように設計されていることやエンロンがアコモデーション・フィーを 137 万 5,000 ドルを受け取ったことが、その理由となっている。

(B) スキームの具体的な手法

プロモーター X が A にその長期手形と交換に 3 億 2,000 万ドルを貸し付け、その直後に A はその 100% 子会社 B に 3 億 2,000 万ドルを拠出した。B はこのうち 800 万ドルをエンロンに貸し付け、残りの 3 億 1,200 万ドルを C にその約 98% の所有権と交換に拠出した。X の子会社は、C にその約 2% の持分と交換に拠出した。その結果、C は X から A の発行した手形（3 億 2,000 万ドル）を購入した。X は、FASIT 課税ルールを利用してタックス・ベネフィットを得

た。エンロンは，このスキームを正当化する「事業目的」として，①低利の借入，②Xとの取引によりアコモデーション・フィー収入を主張した。

(C) **スキームの概要**

　1998年12月23日，プロモーターである投資銀行Xのロンドン支店が，エンロンの100％子会社Aに25年手形と引き換えに3億2,000万ドルを貸し付けた。

　同日，AとXは，Aが借入金を7日間Xに預金する契約を締結した。Aがその資金を100％子会社Bの口座にクレジットするよう要求する場合，この預金契約は1998年12月29日に終了する。Bは，Cから約3億1,200万ドルの債務証書を購入する場合を除き，1998年12月29日にAに貸し付けられた資金を預金するために1998年12月23日に，Xと預金契約を締結した。1998年12月23日，BとXは，Xが3億2,000万ドルのAの手形をBに売却することができるというプット・オプション契約を行った。ただし，この手形は，1998年12月30日前に有効にCに譲渡された。

　エンロン社とXは，①手形が有効にCに譲渡されず，また②Xがそのプット・オプションを行使しなかった場合には，1998年12月30日にエンロン社がA手形を購入することができるという契約を締結した。このようにいろいろな預金契約とプット契約を通じて，Xはエンロンがステップを完了することを確実にし，その資金がこの取引の実施中Xに預金されることを確実にすることができる。

　あらかじめ想定したプランどおり，1998年12月29日，AはBに3億2,000万ドルを貸し付けた。その後，Bはエンロン社に800万ドルを貸し付け，約3億1,200万ドルを，CのA種持分 (7,200万ドル)，B-1種持分 (4,000万ドル)，B-2種持分 (4,000万ドル)，B-3種持分 (1億6,000万ドル) と交換した。Xの関連会社は，800万ドルで同額のCのA種持分を取得し，Xロンドン支店は1,000ドルでCのO種持分全部を取得した。その後，Cは，3億2,000万ドルを用いてXロンドン支店からAの手形を購入した。

その組成のときに，Cは税務上FASITとして分類されることを選択した。CのLLC契約は，FASITルール（一般に持分を債務証書として取り扱う）に基づき，A種持分およびB種持分を通常持分とし，O種持分を指定持分とする。このLLC契約により，Cの資産（3億2,000万ドルのAの手形）から生じたキャッシュ・フローは，次の順に用いられることとされている。

　①　A種持分のイールドと元本を支払うこと
　②　B-1種持分，B-2種持分，B-3種持分のそれぞれのイールド
　③　B-1種持分，B-2種持分，B-3種持分のそれぞれの元本
　④　O種持分

　1998年12月29日，XとBは，税務賠償契約（Xはエンロンがこの取引に参加した結果，Bの購入した持分が購入したA種持分およびB種持分と同じ経済的条件で債務証書として取り扱われる場合に課される税額を超える課税を受ける場合には，エンロンの負担すべき税，ペナルティおよび利子を支払う旨を定める）を締結した。同日，B，Xロンドン支店およびXの子会社Yは1999年6月30日まで7,200万ドルのCのC種持分の売却についてエンロンがYを排他的プレースメント・エージェントとするプレースメント契約を締結した。同日，XとBは，Bに2006年12月15日以後にXのO種持分を購入する権利を認める買オプション契約を締結した。

　しかし，Bが保有する7,200万ドルのCのA種持分のプレースメントは成功しなかった。約800万ドルに係る持分を除き，Cが保有していた3億2,000万ドルのAの手形に係る持分は，BのCにおける持分を通じてエンロン社に返還された。

(D)　**スキームの問題点**

　JCTは，エンロンがアコモデーション・パーティとしてこの取引を行ったという申立てを信じている。エンロンは，①CのA種持分およびB種持分に係る適正な市場金利の決定に関する文書（リスク分析，投資分析等），②エンロン債

務証書よりイールドの低いAの債務証書を買う金融上の理由を示す分析，③同時ファイナンスの分析，などを提出できないことから，この取引の主目的がアコモデーション・フィーを稼ぐことであったと判断される。エンロンは，自己のタックス・ベネフィットを得るためにこのスキームに参加したのでなく，プロモーターXが1998年にCに対し3億2,000万ドルのAの手形を売却することにより課税収益を生ずることを可能にした。この課税所得は，IRC 860 LによりFASITであるCに対する資産の拠出に関する取扱から生ずる（FASITへの資産の移転時にFASITの所有者は直ちに収益を認識する。納税者は一般に拠出された資産の時価に基づいて認識される収益を計上する。確立された証券市場で取引されない債務証書の場合，これをFASITに移転することによる収益の計算を行うため特別な評価ルールが適用される。このルールによると，この債務証書の価値は，この資産の加重平均期間にわたり割り引かれた債務証書から合理的に期待されるキャッシュ・フローの現在価値の合計額とされる。ここで割引率は半年複利AFRの120％または財務省規則に定める率である。この方式により，XはFASITであるCの所有者として売却時にこのような収益が現実に生じないにもかかわらず，A手形の売却による課税収益を計上した）。

B　プロジェクト・バルハラ

(A)　スキームの狙い

このスキームは，ドイツの銀行Eがドイツ税法で免税となる所得の流れにファイナンスするために控除できる支払を用いることができるようにすることによって，Eにタックス・ベネフィットを与える金融ストラクチャーであった。エンロンとしては，このスキームに参加する狙いは，アコモデーション・パーティとして行為し，有利な金利スプレッドの形でこの取引に参加したフィーを受け取ることであった。

(B)　スキームの具体的な手法

エンロンのアコモデーション・フィーは，ドイツの銀行Eがエンロンからドイツ税法上非課税配当として取り扱われる所得を受け取ることを可能にし，この所得を支払う側で支払利子として控除することを可能にするファイナンスを

仕組み、その二つの金額のレート・スプレッドという形をとる。この狙いを達成するために、エンロンは、ドイツ税法上「法人」として取り扱われるが米国税法上「無視される事業体」として取り扱われることを選択するドイツ・エンティティを組成した。ドイツの銀行Eはこのドイツ・エンティティに対し20億ドルを拠出し、7.7％のミニマム分配を得られる参加権 (participation rights) を取得した。この参加権は、米国税法上は「債務」として取り扱われるが、ドイツ税法上は「エクイティ」として取り扱われる。このドイツ・エンティティは、Eから受け取った現金でエンロン関連会社の優先株式を購入し、この優先株式からの受取配当をもって参加権に係るミニマム分配の資金とする。同時に、エンロンが8.74％の利付約束手形と交換に19億5,000万ドルをEの支店に移転してオフセット・ローン＆ペイメント・ストリームを作る。ドイツ税法では、参加権はエクイティとして扱われるので、参加権に伴うミニマム分配は「受取配当」として扱われ、Eはドイツ税法により免税配当を受け取ることができる。同時に、手形に係る支払利子は、Eの支店で控除することができる。これらの組合せによって、Eは損金控除ができる支払を用いて免税所得を得るファイナンスを実行できる。エンロン・サイドからみると、手形と参加権との間の有利なレート・スプレッドが、ネットのプレタックス受取利子を生じ、実質的にはエンロンのアコモデーション・フィーとなる。エンロンは、参加権に係る支払を支払利子として控除することができるが、手形について受け取る支払を受取利子として益金の額に算入する必要がある。

(C) **スキームの概要**

2001年5月に、エンロンとその米国関連会社Aは、デラウエアLLCであるBを組成した。エンロンは、6,753万5,500ドルを拠出してBの95％の持分を取得し、Aは355万4,500ドルを拠出してBの5％の持分を取得した。Bは、米国税法上、パートナーシップとして取り扱われることを選択したので、Bの所得、収益、損失、所得控除および税額控除のすべての租税項目はメンバーのそれぞれに持分に従って配分される。その直後、B

はドイツLLCであるCを組成し，7,109万ドルを拠出してCの普通株式全部を取得した。CはドイツLLCであるDにその7,109万ドルを拠出してDの普通株式を取得した。Dは，エンロンからの1億663万ドルのローンとこの7.7%の利付けを証する手形を通じて追加ファイナンスを得た。CとDは，米国税法上，無視される事業体（disregarded entities）として取り扱われることを選択した。この一連の取引の後，CとDは，CがDに対する経営参加権の出資者を確保するかまたは出資することに合意する出資契約および調達契約を締結した。経営参加権の出資価額は20億ドルであった。その後，C，Dおよびドイツ法人Eは，参加権契約を締結した。この契約に従って，Cは参加権を得るために出資する権利を放棄し，DはEに20億ドルと交換に参加権を発行した。

　Eは，銀行業・金融サービス業を営むドイツ法人であり，ドイツ税法上のドイツ居住者であり，米・独租税条約の特典を享受することができる。Eは，議決権を有しないが，参加権の保有者として債権者としての権利を有していた。Eの参加権の条件は，次のとおり定められた。

① Dの資本の比例的持分の範囲でDが行った分配における普通株式に係る参加
② Dが分配可能利益を十分有していた範囲でDが支払う年利7.7%のミニマム分配を受けること
③ Dの資本の比例的持分の範囲で清算収入における参加
④ 35年の満期

　Eの参加権の購入後，B，CおよびEはプット・オプションおよびコール・オプション契約を締結した。この契約では，Eが5年の期間内に参加権をエンロン・グループに売り戻すことが定められた。EとCは，CがEにプット条件が満たされるときに参加権をCに売る権利を与えるプット・オプション契約を締結した。BとEは，EがBにコール条件が満たされるときに参加権を取得する権利を与えるコール・オプション契約を締結した。売却・買戻契約は，米国税とドイツ税の課税を最小化する方法で金融取引

を解消することを助長し，米国の負債・エクイティ分類に従ってCの参加権の実質的な所有を具体化するメカニズムを定めた。この参加権が米国税法においてエクイティ持分として取り扱われる場合，Dの「税法上無視される事業体」としての地位が否認され，エンロン・グループに対する追加的課税が生じる可能性がある。それゆえ，プット・オプション契約またはコール・オプション契約に関する条件は，参加権の実質的な所有権がEに移転することを妨げるように仕組まれている。

エンロンの米国関連会社Fは，金融商品のヘッジ取引を業としている。Dは，Cの拠出した資本とエンロンからの借入金と合わせて，Eの参加権の購入から受け取った資金を次の2種類のF優先株式を購入するために用いた。

① 第1種は，議決権も参加権もなく，他の種類のF株式への転換ができないものである

② 第2種は，議決権はあるが，参加権のないものを含む

Bは，Dに対し①優先株式のオリジナル発行価格または②プット行使日のオリジナル・ドイツマルク価格に相当する米国ドルのいずれか大きい方の価格でF優先株式をBにプットする権利を与えた。

この取引の最終段階で，エンロンは約束手形の条件に従って，EのNY支店に19億5,000万ドルを貸し付けた。2000年に，Eのロンドン支店は，NY支店の手形債務者の地位を肩代りした。この手形の期日は2005年5月2日であり，Eに対し毎年8.74%のクーポンの支払を要求している。この手形の8.74%の金利と参加権の7.7%の金利とのスプレッドが，このスキームにおけるエンロンのアコモデーション・フィーとなるものであった。19億5,000万ドルの約束手形は，参加権に係るEに対するエンロンの20億ドルの債務を相殺する（この取引でエンロンがEから5,000万ドルを借り入れた理由は十分説明されていない）。

(D) **JCT によるスキームの検討**

　エンロンはアコモデーション・パーティとして行為し，有利な金利スプレッドの形でこの取引に参加したアコモデーション・フィーを受け取り，これをエンロン連結納税申告に純受取利子として計上した。エンロンにとっては，このスキームのベネフィットは，租税以外のものといえる。JCT は，報酬を得て他の納税者の租税回避取引を助長することが妥当といえるかどうかを問題視している。

第3章

ストラクチャード・ファイナンス

　1990年代，デリバティブという新金融商品の出現により，これを利用するリスク移転と所得移転による課税繰延戦略のタックス・シェルターが横行するようになった。税法は，これに対抗するため，デリバティブについて時価主義による取扱を導入したが，さらにこの対抗措置を回避するストラクチャード・タックス・シェルターが流行するようになった。金融技術の急速な発展に伴い，ストラクチャード・ファイナンスによる所得移転がタックス・シェルターに利用されるようになった。

　ストラクチャード・タックス・シェルターは，一定の事業体を組成して，税務上税負担を減少させ，財務会計上キャッシュ・フローまたは収益を創出するため，表面的に現行法のルールに適合するように仕組まれた商品と仕組まれた取引を利用して形成される。ストラクチャード・タックス・シェルターは，複数のステップから構成される複雑な形態の複合取引となる。例えば，多額の利子控除を創造するための「循環金融」（circular financing）をみても，非常に複雑な仕組みとなっている。

　ストラクチャード・ファイナンスは，ストラクチャード・タックス・シェルターとして利用されるが，もとより両者は同義語ではない。

　「循環金融」の手法は，すでに古典化しているが，その否認理論については，多くの議論を生じている。

　本書においては，判例の研究ではなく，立法と行政段階のタックス・シェルター対抗措置に注目し，最近JCTによって公表されたエンロンが行ったストラクチャード・ファイナンスを検討する。

1990年代，エンロンの急成長は新しい資本の注入を必要とした。特に信用力はその株価に直接影響を与えるので，その信用格付を維持するには，資本要件をよくする必要があった。そこで，エンロンは①多段階優先証券，②投資ユニット証券，③商品前払取引を含む多様なストラクチャード・ファイナンスを通じて約100億ドルを調達した。これらの取引から受ける主たる利点は，表面上追加的な負債を生じないで，資本を調達する能力であった。このような取引によって，その信用格付を維持し，追加的レバレッジから生じる市場評価の下方圧力を回避することができた。他の取引では，主たる利点は，含み益のあるエクイティ投資を清算し，投資を現実に処分し連邦税法上当期収益を認識することなしに，これらの投資の価値が将来下落することによる損失のリスクを排除することができることであった。

多段階優先証券と投資ユニットについては，これらの取引に与えられる租税優遇措置は，このような証券の発行によって追加資本を調達する意思決定の主たる要素になった。商品前払取引については，エンロンは当初もっぱら租税上の目的でこの取引を行ったが，後年にはその営業の業績報告の操作のためにこの取引を利用した。

1 多段階優先証券（Tiered Preferred Securities）

1993年と1997年との間に，エンロンは負債とエクイティの双方の特性を組み合わせたハイブリッド金融商品（多段階優先証券）を通じて8億ドル超を調達した。これらの特性を単一の金融商品に合成することによって，エンロンは税務上はこのファイナンスを「負債」とし，財務諸表上は「少数所有持分」とすることができた。結果として，これらの取引によって，エンロンは財務諸表上は債務の額を増加せずに税務上はこのファイナンスのイールドを支払利子とすることができた。取引の詳細はその取引ごとに異なるが，共通の要素は，特別目的事業体（a special purpose entity）が投資家に証券を発行することとこの発行からの収入をローンの形でエンロンに移転することである。

第3章 ストラクチャード・ファイナンス　*153*

（1） スキームの狙い

　多段階優先証券について，エンロンは税務上，エンロンは連結グループの一部でない別個の事業体として扱う特別目的事業体に債務証書を発行したというポジションをとる。したがって，エンロンは，債務証書と称するもののイールドの支払を「支払利子」として控除した。財務会計上は，この特別目的事業体が連結財務諸表において連結されるので，この債務証書と称するものを無視する。その代わりに，エンロンは，外部投資家に優先証券を直接発行したかの如く，優先証券を報告した。エンロンが優先証券をサポートする特別目的事業体から借り入れた金銭が一定のエクイティの特性（長期の満期，密接な従属性，借入金が未払である最初の数か月または数年利子の支払を繰り延べるオプションを含む）を示すので，優先証券は格付機関からエクイティ・クレジットを受けた。したがって，エンロンは，その貸借対照表上，この優先証券を負債でなくメザニン・エクイティとして位置づけた。エンロンは，優先証券の保有者に対するイールドの支払を「子会社の優先株式に係る配当」として報告した。

（2） IRS の審理

　エンロンの1993年度および1994年度の税務申告書の調査に基づき，IRS は1998年3月4日，エンロンが1993年の MIPS (monthly income preferred securities) および1994年の MIPS に関して支払利子を不当に控除したと判断してこのスキームによる利子控除を否認した。エンロンは，1998年4月1日に租税裁判所に提訴した (Enron Corp. v. Commissioner, Docket No. 6149-98)。エンロンは，また，IRS Appeals Division に不服申立を行い，1998年6月17日に IRS は本件を Appeals Division に委任した。
　IRS 本庁は次の三つの争点についてフィールド・サービス・アドバイス・メモランダムにおいて見解を述べた。
　① MIPS 証券は，税務上，債務でなくエクイティに該当するか。
　② MIPS 取引は全体として経済実体を欠如しているか。

③ MIPS証券を発行する特別目的事業体は，税務上，パートナーシップでなく，課税法人として取り扱われるべきか。

①の問題については，IRS本庁はNotice 94-47（1994-1 C.B.357）の債務・エクイティの区分要素を証券に適用してこの問題を分析し「この債務をエクイティとして分類しない」と結論している。この分析の焦点は，MIPS証券それ自体が債務かエクイティかという分類でなく特別目的事業体からエンロンへのローンの分類に置かれていたが，IRSは「特別目的事業体がパートナーシップであることを否認されたとしても，結論は変わらず，MIPS証券は債務として分類される」と考えた。

②の問題については，IRS本庁はこの取引が長期債務の平均コストを減らし，負債対エクイティ比率を1.2：1から1：1に減らすことを認め，「この取引がより低金利・低コストでローンを利用するために行われたものとして経済実体が存在することを認め，利子控除を否認すべきでない」と考えた。

③の問題については，IRS本庁は特別目的事業体がエクイティ分類ルールに基づきパートナーシップとしての分類には合理的な根拠があると認めた。

しかし，このメモについてIRS Appeals Divisionは強く反発し，特に，このメモが①MIPS証券が債務かエンティティかの分類について分析していないこと，②MIPS取引についてのパートナーの事業目的について言及しているがパートナーシップ自体の事業目的の検討を欠いていることを指摘した。その上で，IRS Appeals Divisionは，①特別目的事業体は「経済実体」の欠如によりパートナーシップとして認めるべきでないこと，②この特別目的事業体をパートナーシップとして無視してMIPSをエンロンが直接発行したものとみなすことは，税務上はMIPSを債務でなくエクイティとして分類することを要すること，を主張し，MIPS取引について利子控除の有効性を争う。

1998年10月20日，エンロンとIRS Appeals Divisionとの会議において，エンロンは，財務諸表上のMIPSのメザニンとしての取扱によりエンロンが信用格付や1株当りの収益を損なわずに拡大に必要な資本を調達することができるので，MIPSの発行は租税以外の事業目的に寄与すると主張した。その後，エ

エンロンとIRSは、この問題の解決案に到達した。IRSは、エンロンの行った明示の支払利子の控除を是認した。具体的には、IRSは、①各取引で特別目的事業体からエンロンへのローンは税務上エンロンの負債となること、②エンロンはこの負債につき発生した明示の利子を控除できること、③特別目的事業体は税務上エンロンとは別個独立の有効なエンティティであること、を是認した。

(3) JCTによるスキームの検討

現行法では、納税者は著しく柔軟に金融商品を債務またはエクイティとして仕組むことができる。納税者は、類似の経済条件の金融商品をエクイティ（発行者が受取配当控除のベネフィットを得る法人向けに販売する場合）と分類するかまたは債務（発行者が支払利子の控除や債務としての他のベネフィットを意図する場合）と分類するかを選択することができる。

多段階優先証券

多段階優先株式取引は、レバレッジは課税上有利である（利子は控除できるが配当は控除できない）が、財務会計上不利である（債務は限界株価やエクイティの格付を引き下げる傾向がある）という基本原則から生ずる。法人は、財務会計上はエクイティ・ファイナンスを選好するが、財務上は債務ファイナンスを選好する。ファイナンスを債務とエクイティに区別する財務会計ルールは、このような区別の税務上の決定ルールに対応していないので、法人は理想的な目的（財務会計上はエクイティ、税務上は債務とすることができるファイナンス）を達成するために財務会計ルールと税務ルールのアービトラージを行う機会を利用した。

多段階優先証券の分類に関する明確なガイダンスがないので、究極の借主が実現する多段階優先株式取引のタックス・ベネフィットを得るためには一定の条件が満たされることを要する。特にこのような取引に用いられる特別目的事業体は税務上借主と別個の事業体として尊重されなければならず、この事業体が発行する優先証券の収入と交換に借主が事業体に発行した債務証書は税務上負債として尊重されなければならない。

特別目的事業体が2種類の証券を二つの異なる当事者に発行する（借主に議決権を発行し，投資家に議決権のない優先証券を発行する）ので，借主はこの事業体が税務上借主と別個のものとして無視できないというポジションをとる。借主が特別目的事業体に発行した債務証書が税務上負債として尊重されるべきかどうかについて，その証書の債務の性質（特に一定の満期日に一定額の払戻）はそのエクイティの性質（長期の満期，従属性，利子の支払の延払のオプション）をしのぎ，税務上負債として適正に分類されるべきであるというポジションをとっている。

長期の満期（50年超）を実質的なエクイティと組み合わせたハイブリッド金融商品の発展に応じて，IRSはNotice 94-47（1994-1 C. B.357）を発行した。このNoticeにおいて，IRSは証券が税務上債務またはエクイティに該当するかどうかを決定するに当たって考慮に入れるべき8要素を次のとおり掲げた。

① 要求払または合理的に予想できる将来の一定の満期日に一定の額を支払う無条件の約束があるかどうか
② 証券の保有者が元利の支払を強制する権利を有するかどうか
③ 証券の保有者の権利が発行者の一般債権者の権利に従属するかどうか
④ 証券はその証券の発行者の経営に参加する権利を保有者に与えているかどうか
⑤ 証券の発行者は過少資本かどうか
⑥ 証券の保有者と発行者の株主との間に同一性があるかどうか
⑦ 当事者によって証券におかれるラベル
⑧ 証券は租税以外の目的（規制，格付機関，財務目的を含む）のために債務またはエクイティとして取り扱われることを意図されているかどうか

Noticeにおいて，IRSは税務上債務としての意図した地位が妥当であるかどうかを決めるために債務とエクイティの双方を組み合わせる商品を吟味すると警告した。しかし，Noticeは具体的に言及していない。

Notice 94-47は，MIPSの発行を通じてファイナンスを得たいという納税者の意欲に目にみえる影響をもつとは思われない。1996年に財務省は，①証書

が最長20年超であり，②発行者の独立した貸借対照表に負債として示されない場合，発行者が証書を債務として扱うことを要するIRC 385の改正を提案した。発行者と保有者を含む連結貸借対照表から除外される関連者（法人を除く）に発行された最長20年超の証券について，この提案は，保有者または他の関連者が連結貸借対照表に負債として示されない関連証券を発行する場合，発行者がこの証書をエクイティとして分類したものとして取り扱う。このため，証書は，財務諸表の脚注その他の叙述開示として財務諸表に負債として示されたものとして取り扱われなかったであろう。この提案は，SECに年間財務諸表を提出する法人のみに適用されたであろう。この提案は多段階優先証券(MIPS, TOP r S(trust originated preferred securities)など）と戦う財務省の努力と解された。

1997年に，財務省は多段階優先証券の債務の性質を除外するためにIRC 385を改正する案を再度提出した。1997年提案は，1996年提案の適用の引き金となる20年の期間が1997年提案では15年に減じられたことを除くと，1996年提案と同じであった。この提案の提案者は，法人は財務諸表でなく税務上金融商品を負債として分類することを認められないという見解をとる。さらに，多段階優先証券（MIPS, TOP r Sなど）が優先株式を示した範囲は，証券が市場で優先株式と密接に類似する特徴をもつとみられることを示すことができる。しかし，一般に受け入れられる会計原則と課税ルールの目標が異なるので，財務諸表上の分類が税務上の分類を伝統的に支配するものではない。実際，多段階優先証券の意図した分類は税務上の負債であって，財務諸表上のエクイティではない。

議会は，いずれの財務省提案も制度化せず，実際，IRSは多段階優先証券（MIPS取引）を発行した納税者がその証券に関して利子控除を受けることができることを結論する1998年テクニカル・アドバイス・メモランダムを発行した。特に，IRSは，Notice 94-47に定められる要素を適用し，優先証券が法人によって直接発行されたものとして取り扱われるように，取引がリキャストされるかまたはLLCの独立の存在が税務上無視されるとしても，①それが組成した外国LLCが納税者に行ったローンが税務上エクイティでなく債務を構成

すること、②どの場合にもそのローンに資金供給するためにLLCが発行した優先証券は債務を構成する。

IRSは、取引が租税以外の「事業目的」に寄与したので、LLCの優先証券の発行とその後の法人へのローンは経済実体を有すると結論した。

2　投資ユニット証券（Investment Unit Securities）

1995年と1999年にエンロンは、別々のシリーズのハイブリッド金融商品の発行を通じて4億7,000万ドル超を調達した。多段階優先証券が負債とエクイティの双方の特徴を組み合わせているが、これらの取引は負債とエンロンの子会社Aの普通株式の売却に係る先渡契約との性質を組み合わせた。これらの性質を単一の金融商品に合成することによって、エンロンは効果的にA普通株式の投資を清算し、現実に株式を処分せずに、この株式における将来の値下げからの損失のリスクを排除することができる。

(1)　スキームの狙い

エンロンは、投資ユニット証券を一貫して証券オファーの一部である証書の条件で取り扱う。証書は、エンロンおよび証券の投資家が投資ユニット証券を明示の定期的利子のある割引のない債務証書と保有者が満期の債務証書の払戻収入を特定の交換レートでA普通株式の購入に用いる義務がある先渡契約との組合せとして取り扱うよう要求した。したがって、エンロンは、投資ユニット証券に係る定期的イールドを支払利子として控除した。

財務会計上、エンロンは投資ユニット証券を長期債務証書として報告した。エンロンはまた基礎となるA普通株式の価値の対応する変化に基づく投資ユニット証券の価値の変化を所得または経費として報告した。

エンロンが行ったストラクチャード取引と同様に、エンロン投資ユニット証券の税務上の効果と財務諸表上の効果との間の差異を「資産（またはベーシス）と株式売却の差異」というキャプションの下で実効税率の調和の要素として報

告した。エンロンが発行した1995年投資ユニット証券が1998年に満期になったとき，エンロンは財務諸表上の収益の増加6,100万ドルを報告した。

（2） 投資ユニット証券の1995年発行

　1995年12月，エンロンは各21.75ドルのオファー価格で1,000万ドルの投資ユニット証券を発行した。エンロン投資ユニット証券は，四半期払の明示の金利を6.25％とした。この証券の明示の満期は，1998年12月13日であり，満期時に証券の元本額はエンロンにより強制的に特定の交換レートでAの普通株式またはそれに相当する現金と交換されることになっていた。投資ユニット証券のオファーと同時に，エンロンはA普通株式約3,000万株を別個のパブリック・オファーで米国および国際的な株式市場にオファーした。このオファーは，エンロンのA株式所有割合を80％から約54％に減少させた。

　エンロン投資ユニット証券が特定した交換レートは，以下のとおり。

① 投資ユニット証券の満期時におけるA普通株式の価値が1株当り26.32ドル以上に値上がりしている場合には，投資ユニット当りA普通株式（またはそれに相当する現金）0.8264株

② 投資ユニット証券の満期時におけるA普通株式の価値が1株当り26.31ドルまで値上がりしている場合には，投資ユニット当り21.75ドルに相当するA普通株式の端株

③ A普通株式が値上がりしていないかまたは1株当り21.75％より値下がりしている場合，投資ユニット当りA普通株式（またはそれに相当する現金）1株

　A普通株式の現実の購入者は損失リスク全部と収益の機会を有するが，エンロン投資ユニット証券の購入者は損失リスク全部を負うがA普通株式からの収益の機会は制限されている。しかし，投資ユニット証券の6.25％の明示の金利は，A普通株式の予定配当イールド0.6％を著しく超えている。

　エンロン投資ユニット証券は，無担保であり，エンロンの他のすべての無担保，非従属的な負債と同一歩調で格付された。この証券は，エンロンがその保

有するA株式の全部または一部を売却し，担保に入れ，処分する能力を制限しなかった。A株式の1株も，投資ユニット証券の満期時に，担保に入れられず，エンロンの債務の返済のために用いるためエスクローで保有されることはなかった。エンロンが破産するとき，投資ユニット証券はその証券保有者の25％以上の宣言時に満期の加速ができると定めている。

エンロン投資ユニット証券の証書は，エンロンと証券保有者の双方がこの証券を，明示の定期的利子付の割引のない債務証書と保有者が満期時の債務証書の払戻収入を交換レートに基づきA普通株式の購入に用いることに合意する先渡購入契約との組合せとして取り扱うことを要求した。

その後の展開

1998年12月13日の満期時に，A普通株式の価値は1株15.56ドルに値下がりした。証券の条件やこの証券の特定した交換レートの条件に従って，エンロンは証券の各ユニットと交換にA普通株式1株を引き渡すことにより1998年12月14日にこの証券からリタイアした。

(3) 投資ユニット証券の1999年発行

1999年8月，エンロンは各22.25ドルのオファー価格で1,000万ドルの投資ユニット証券の新規発行を完了した。仕組みとしては，これらの投資ユニット証券は，1995年エンロン投資ユニット証券に類似している。1999年エンロン投資ユニット証券は，四半期払の明示の金利7％を付した。明示の満期は，2002年7月31日であり，満期時に，証券の元本額はエンロンが強制的に特定の交換レートでAの普通株式（またはそれに相当する現金）に交換することになっている。投資ユニット証券のオファーと同時に，エンロンとAは，別個のオファーでそれぞれA普通株式を400万株，2,700万株をオファーした。投資ユニット証券のオファーと同時に起こるAの子会社のエンロンへのスプリット・オフと関連して，このオファーによって，Aのエンロンの株式所有割合は約53.5％（8,227万株）から約9.7％（1,600万株）に減少した。

1999年投資ユニット証券が特定した交換レートは，次のとおり。
① 投資ユニット証券の満期時のA普通株式の価値が1株当り26.255ドルに値上がりした場合，投資ユニット当りA普通株式0.8475株（またはそれに相当する現金）
② 投資ユニット証券の満期時のA普通株式の価値が1株当り26.255ドルまで値上がりした場合，投資ユニット当り22.25ドルに相当するA普通株式の端株または現金
③ A普通株式の価値が値上がりしないかまたは1株当り22.25ドルより値下がりした場合，投資ユニット当りA普通株式の1株またはそれに相当する現金

A普通株式の現実の購入者が損失リスク全部と収益の機会を有するが，エンロンの投資ユニット証券の購入者は損失リスク全部を負担するが，A普通株式からの収益の機会を制限される。しかし，投資ユニット証券の明示の金利7％は，A普通株式の予定された配当のイールド0.5％を著しく超えていた。

2002年7月31日の満期時，A普通株式の価値は1株当り34.88ドルに値上がりした。しかし，エンロンの破産により，証券はまだ未払である。この証券保有者は，その証券の条件に従って破産財団の無担保の債権者となった。

法律顧問は，この証券の所有と処分の税務上の結果についてオピニオンを書くことができないと述べた。しかし，1999年投資ユニット証券を債務証書とA普通株式に係る先渡契約との組合せとして分類することを支持するには，表面的な先渡契約の一定条件を税務上の考慮から特定することが必要としている。
① 投資ユニット証券の発行時に，証券の保有者はその証券の満期時に保有者の購入義務を履行することを保証するため証券の当初価格に等しい一定額の現金をエンロンに最終的に預金する。
② 投資ユニット証券の満期まで，エンロンはその証券の期間中，現金預金をエンロンが使用することに対する証券保有者への対価として7％の利子を支払う義務がある。
③ 投資ユニット証券の満期時，現金預金はエンロンによって無条件かつ最

終的に先渡契約に基づき保有者の義務の履行に充てられ，エンロンは保有者が証券の満期時に受け取ることができるA普通株式の株数を保有者に引き渡す。

さらに，エンロンは，証券の期間中にオファーする投資ユニット証券の現金収入を分離せず，代わりに，その現金と年当り5.15％の加重平均金利をもつ既存のエンロンの短期債務をリタイアする際に用いる他の資産と混合する。

投資ユニット証券の1995年および1999年発行に関連して，エンロンはこの取引のリード・アンダーライターとしてのBにそれぞれ660万ドル，667万5,000ドルの手数料を支払った。

（4） JCTによるスキームの検討

多段階優先証券取引の税務上の結果は主として特別目的事業体の納税者へのローンまたは特別目的事業体が投資家に発行した優先証券が税務上負債として認められるかどうかに依存しているが，投資ユニット証券の意図した税務上の取扱は，基本的に，この取引に埋め込まれた要素（割引のない通常の債務証書と発行者が保有する株式の購入に係る先渡契約）が独立の経済実体を有するものとして認められるかどうかに依存する。

投資ユニットの発行のオファー資料は，証券のみせかけの要素の独立性を補強するよう試みている。他の法人の類似の取引で，基本的なDECS（debt exchangeable for common stock）の構造変化は主としてこの意図した税務上の結果を先渡契約要素を債務証書要素から切り離すことによって確実にするように設計される特徴の追加に関係する。例えば，このような特徴としては，先渡契約要素に関する加速および取消権や明示のイールドのリセット，先渡契約の満期日と残余取引との間の分離などがある。

A 投資ユニットの分類

DECSその他類似の投資ユニット証券に関する確たるガイダンスがないので，このような証券の潜在的かつ代替的な税務上の分類は次の三つがあると一般的

に考えられている。
　① ユニタリー不確定払債務証書
　② ユニタリー前払先渡契約
　③ 前払以外の先渡契約と明示の定期的利子付の通常の割引のない債務証書から成る投資ユニット

　①と②のオプションは，この証券を多様な要素から成る投資ユニットでなく，単一の証書とみなしているが，③のオプションは，この証券を債務証書要素と先渡契約要素から成るものとみなしている。この点，代替的分類によると，金融商品の発行者と保有者の双方の税務上の結果が劇的に異なるので，これらの金融商品の分類は重要である。しかし，各代替の分類には，そのいずれもがこのジャンルの金融商品の適正な分類のための明白な候補となることを妨げる欠点がある。

　①は，DECSその他の類似の証券には債務証書の典型的な特徴（満期時に一定額を支払う無条件の約束）が欠けているので，不十分であり，適正に不確定払債務証書として分類することはできない。②は，このような金融商品は負債として取り扱われる必要はないが，発行者が保有者に行う定期的利子の支払を明瞭に考慮することを怠り，保有者による当初の投資が金銭の時間価値を考慮に入れて現在価値として割り引かれないという事実から，同様に不十分である。③は，取引の基礎となる経済実体を最も明瞭に反映し，一般に納税者によって決められた分類であるが，単一の金融商品を税務上その構成要素に分ける権限がないという難点がある。

B　みなし売却の取扱[注67]

　DECSやエンロンが発行したものなどの投資ユニット証券は，これらの証券の発行者が参考株式の持分を実質的に清算しまたは現金化し，参考株式を所有する実質的なベネフィットと負担を証券の保有者に譲渡したという理由で，適正に参考株式の売却として取り扱われるべきである。事実，類似の取引を課税売却として取り扱う目的で法定みなし売却ルールが制定された（IRC 1259)。し

かし，これらのルールは，資産の実質的な固定額および実質的な固定価格の引渡を定める先渡契約のみに適用される。

このルールは，契約条件により重要な変化を受ける資産の額の引渡を定める先渡契約に適用されない。したがって，満期時の払戻金額が参考株式の価値に基づいて変化する典型的な DECS 取引の支払パターンが，一般にこのような取引が法定みなし売却として取り扱われることを妨げる。

それにもかかわらず，財務省は，一般に変動しやすい先渡契約および特に DECS などの投資ユニット証券の発行が法定みなし売却を生ずる状況をより正確に定義する権限を有する。理想的には，財務省は，投資ユニット証券のみなし売却の取扱を，損失の経済的リスクと収益の機会を譲渡する他の取引のみなし売却の取扱と同様に扱うであろう。しかし，財務省はまだこのようなガイダンスを公表していない。

(注67) 第1編第1章4(21)を参照。

C 不適格負債の取扱[注68]

DECS やエンロンが1995年および1999年に発行したものなどの投資ユニット証券をユニタリー（不確定払）債務証書として取り扱うことは，このような証券には債務の典型的な特徴（満期時に一定額を支払うという無条件の約束）が欠けているので，負債の分類に関する一般的な租税原則により妥当でない。結果として，納税者は，この証券は全体として負債に該当せず，この証券の債務証書要素は先渡契約要素と異なり，エクイティに支払われないという理由で，不適格負債に係る利子控除否認ルール（interest disallowance rules）を適用されるべきでないというポジションをとっている。しかし，投資ユニット証券の発行者が参考株式を構成する発行済株式の（価値または議決権の）50％超を所有することを条件として，財務省がこのような証券に明白に埋め込まれた債務証書が随伴する先渡契約の基礎となる参考株式を参考に債務証書の払戻を生じると合理的に見込まれるアレンジメントの一部であると認める範囲で，これらの利子控除否認ルールは一定の投資ユニット証券に適用される。しかし，財務省も

IRSも，このポジションを採用する前例となるガイダンスやルーリングを公表していない。

　エンロンの投資ユニット証券の1995年発行は，不適格負債ルールの適用日より前であったが，これらのルールが発行時に適用されていたならば，この発行はEOG普通株式を参考に証券の払戻を生じると合理的に見込まれるアレンジメントと考えられたであろう。

　対照的に，エンロンの発行した1999年投資ユニット証券は，不適格負債ルールの適用日の後であった。しかし，エンロンは同時にA子会社のスプリット・オフ取引およびまたはパブリック株式市場でのA普通株式の発行を考慮に入れ，エンロンのA普通株式の所有がエンロンとAを不適格負債ルールに基づき関連者とみなす50％所有基準を下回ったことを理由に，不適格負債ルールが適用されないと結論を下した。さもなければ，1999年発行はA普通株式を参考に証券の払戻を生じると合理的に見込まれるアレンジメントとみなされ，不適格負債として取り扱われる可能性がある。

　（注68）　第1編第1章4(22)を参照。

D　ストラドルの取扱(注69)

　近年，IRSのポジションは，DECSやエンロンが発行したものなどの投資ユニット証券にストラドル・ルールを広範に適用する方向に展開してきた。1999年，IRS本庁は，エクイティ・リンク証券を発行した納税者の調査に関するガイダンスを発行し，このような証券は債務証書でなく，プット・オプションとコール・オプションの組合せを構成すると決定した。IRS本庁は，証券の発行が参考株式に帰すべき損失のリスクを著しく減じるという理由で，この証券の基礎になる参考株式についてストラドル・ルールに基づき損失の繰延の対象となると結論した。しかし，IRS本庁は，そのガイダンスにおいて，納税者がストラドル・ルールに基づき利子および取引の運用コストを資本化する必要があるかどうかを示さなかった。それゆえ，このガイダンスは，このような証券の債務要素が参考株式を購入または運用するために生じたものでないとの理由

で，ストラドル・ルールの利子および運用コスト資本化要件は DECS および類似の証券の明示の利子の支払に適用されないという納税者の一般的な見解を否定するか，または是認するのに役立たないものであった。

DECS および類似の証券に対するストラドル・ルールの資本化要件の適用について，2001 年 1 月に財務省が公表した規則案は，このような証券の発行者がその証券について行う明示の利子の支払を資本化することを要求する広範な権限を明確にする。これらの規則により，IRS は，一般に，DECS および類似の金融商品の発行者にその金融商品の明示の利子の支払を当期に控除するのでなく資本化することを要求する権限を有する。

規則案の公表後，IRS 本庁は，明らかに DECS と同一とみられる金融商品に関する特定納税者の調査に関するガイダンスを作成した。このガイダンスにおいて，IRS 本庁は，問題の金融商品が，満期時に支払う元本額が参考株式の価値に付随するので，満期時に一定額の払戻を定めていないと認め，この金融商品は税務上負債に該当しないと結論した。その代わりに，IRS 本庁は，この金融商品が次のいずれかに該当すると認めた。

① 参考株式に係るカラーを含むプット・オプションとコール・オプションの組合せ
② 定期的支払を表わす明示の利子付の参考株式に係る想定元本契約
③ 参考株式に係る前払先渡契約
④ それ自体のユニークな課税ルールの対象となる独自の金融商品

IRS 本庁は，問題の金融商品が発行者にその金融商品の発行を通じて参考株式の「ショート・ポジション」の保有を理由として参考株式の「ロング・ポジション」の保有からの損失のリスクを著しく減少するので，ストラドル・ルールの損失繰延規定の対象となると結論した。

また，IRS 本庁は，金融商品がその満期時に投資家に参考株式を引き渡すため参考株式をその義務の担保に入れないとしても，発行者は参考株式の業績に付随した義務を負う証書の発行を通じて参考株式における経済的持分の相当部分を現金化することによって，現実に処分するのでなく引続き参考株式を運用

する意図を有するものと認め，この金融商品および特にその証書に明示の利子の支払は，ストラドル・ルールの資本化要件の対象となると結論した。

（注69）　第1編第1章4(23)を参照。

3　商品前払取引(注70)（Commodity Prepay Transactions）

　1992年，エンロンは，多様な金融商品によってアレンジされたいくつかのストラクチャード・ファイナンス取引を行った。エンロンは，原油や天然ガスなどの特定の商品の将来の引渡と交換に前払（upfront payments）を受け取った。この取引はエネルギー産業では普通であるが，エンロン商品前払取引はユニークであり，それはエンロン，金融機関および特別目的事業体の間における循環的キャッシュ・フロー・アレンジメント（循環金融）であった。当事者は，基礎となる商品の実質的に同額の多様な商品取引を行うことによってこの「循環性」（circularity）を作り出す工夫をした。この取引が全部終了したとき，基礎となる商品の額は現実に全く移転されない。この取引が開始したとき，金融機関（または外部投資家）から始まるエンロンへの最初のキャッシュ・フローは，この取引が終了するとき（エンロンが資金を金融機関または外部投資家に返済するとき），リバースされる。

　一般に，この取引の全体の経済効果は，エンロンがこの取引の未済中提供された金銭を使用することができ，この取引の決済時にプレミアムとともに金銭を返済することであった。しかし，取引が仕組まれた方法のために，財務会計上債務でなく営業活動の一部として取引を報告することによって，信用格付および市場評価の立場から，エンロンはその財務状態をより有利に描いた。

　これらの取引の大部分を行った目的は，明らかに，①IRC 29（通常でない源泉からの燃料生産に関する税額控除）を利用するために課税所得の認識を加速すること，または②財務諸表報告期間の末日直前に，財務会計上，債務ファイナンスからの収入でなく営業活動からの現金として報告されるキャッシュ・フローを生じること，という二つである。

エンロンは、1992年と1997年の間、年当り一ないし二の商品前払取引を行ったが、1998年と2001年の間、年当り数件行った。この期間にわたり、エンロンは合計約37億ドル、12件以上の商品前払取引をXと行い、合計約49億ドル、12件以上の同様の取引をYと行った。

(注70)　第1編第1章4(24)を参照。

(1)　スキームの狙い

財務会計上、エンロンは、商品前払取引を営業契約として取り扱った。エンロンはこの取引からの収入を営業(価格リスク管理)活動からのキャッシュ・フロー、この取引を手仕舞いする義務を営業(価格リスク管理)債務として報告した。その財務会計の所得を報告する際、エンロンはその取引からの収入を繰延収入として取り扱った。基礎となる商品(または金融機関のために商品を売却することからの現金収入)がエンロンと金融機関との契約に基づく債務に従ってエンロンによって引き渡されたとき、所得が認識された。

エンロンの商品前払取引に対する税務上の取扱は、この取引を行うエンロンの目的による。エンロンの目的がIRC 29の税額控除を利用するために当期の課税所得を生ずることである場合、エンロンはこの取引を課税ルールにより棚卸資産の売却として取り扱い、前払を受取年度の課税所得として認識する。これらの取引を税務上商品の売却として分類するために、エンロンは、契約のセツルメント日に基礎となる商品のスポット価格に基づくノン・フィジカル・キャッシュ・セツルメントでなく、基礎となる商品の物質的な引渡により契約のセツルメントを定める前払先渡契約を仕組んだ。しかし、金融機関が推定的に基礎となる商品の物質的引渡を行うことを望まなかったので、当事者は、エンロンに金融機関のためにスポット価格で基礎となる物質的な商品を販売し、この販売からの現金収入を金融機関に送金することを約束することによってキャッシュ・セツルメントと同様の実際的な効果を達成するよう取引を仕組むことにした。

逆に、エンロンの意図が財務報告上はキャッシュ・フローを生じるが当期の

課税所得を認識しないことであるならば，エンロンは当初棚卸資産に係る課税所得認識の繰延制限を規定する課税ルールに依存していた (Reg. 1. 451-5)。しかし，このような繰延は税務会計方法であるので，エンロンは，IRC 29 を利用するために当期の課税所得を生じる目的でこれまで取引を行ったことのないエンティティを利用してこれらの取引を実行しなければならなかった。

　商品前払取引では，エンロンは物質的にセツルされる契約でなくキャッシュでセツルされる商品契約で取引を仕組んだ。エンロンは物質的セツルメントを含むこれまでの取引で金融機関のために基礎となる商品を販売するので，後の取引におけるキャッシュ・セツル契約の使用は，取引全体の経済実体をさほど変えるものでなかった。しかし，物質的にセツルされた契約からキャッシュ・セツルされた契約への変更は，商品の前払販売に対する課税ルールがこの取引にはもはや適用されないことを意味する。さらに，商品前払取引の一部が「クレジット・リンク手形」の発行を通じて外部投資家（取引をアレンジする金融機関でなく）によって資金供給される。これらの取引については，エンロンは税務上商品前払取引の分類を変更し，この取引を開始するときにエンロンへの前払を非課税ローン収入として取り扱い，この取引の終了をローンの払戻として取り扱い，この取引を税務上ローンとして取り扱った。

（2）　商品前払取引の概要

A　基本的ストラクチャー

　一般に，これらの取引は，取引をアレンジする金融機関によって組成された特別目的事業体に関係する。特別目的事業体は，特定の将来の日に一定量の商品（典型的に原油または天然ガス）を金融機関に引き渡すという特別目的事業体の約束と交換に金融機関の特別目的事業体への現金払を提供する金融機関と前払先渡契約を締結する。金融機関が特別目的事業体に行う現金支払金額は，将来の引渡日に参考商品の予定将来価格（先渡価格）に等しい。

　同時に，特別目的事業体は，特定将来日に一定量の商品を特別目的事業体に引き渡すというエンロンの約束と交換にエンロンに対する特別目的事業体の現

金支払を行うエンロンと同一の前払先渡契約を行う。この契約の条件(エンロンと特別目的事業体との間の契約に関する特別目的事業体のエンロンへの現金支払の額, 参考商品の量と種類, 引渡日)の全部は, 特別目的事業体と金融機関との間の契約条件と同じである。

これらの前払先渡契約の実施と同時に, エンロンと金融機関は, 金融機関のエンロンへの変動する現金の定期的支払と交換に金融機関へのエンロンの一定額の現金定期的支払について定める商品スワップ契約を締結する。スワップは, さもなければエンロンが取引から生じる残余価格リスクを排除する効果を有していた。

この取引の終わりに, 特別目的事業体は, エンロンから参考商品の引渡を受けることによってエンロンとの先渡契約を手仕舞いし, 金融機関は特別目的事業体から参考商品の引渡を受けることによって特別目的事業体との先渡契約を手仕舞いし(先渡契約に従って同一の商品がエンロンによって特別目的事業体に引き渡される), 金融機関はスポット市場で(しばしばエンロン関連事業体に)商品を販売する。しかし, 取引の一部は参考商品の現実の引渡を通じて物質的セツルメントを定めるが, 取引の多数は金融(またはノン・フィジカル)セツルメントを定めた。

B クレジット・リンク・ファイナンス取引

上記X自体はエンロンとの商品前払取引のためにファンディングを提供したが, その後シティグループがエンロンと締結した商品前払取引はオフバランス・シート・トラストを通じて発行された手形収入でファンディングされた。明らかに, さもなければ取引の外部の投資家に対する手形の発行を通じてこれらの取引のファイナンスは, シティグループの内部クレジット・ポリシーがエンロンへの追加的クレジットの拡大を妨げるので, 必要であった。これらの取引は, 一般に「ヨセミテ取引」として知られている。

外部ファイナンス(ヨセミテ取引)に関する上記Yとの取引では, 手形発行収入は, 信託によって特別目的事業体にローンされた。特別目的事業体は, 特

別目的事業体とエンロンとの間で締結された前払先渡契約の一部として前払を行うための資金として用いた。信託による手形の払戻は，エンロンのクレジット格付によって決まる。エンロンのクレジットにリンクした手形を発行することによって，その基礎にある商品前払取引におけるエンロンの債務不履行の危険（クレジット・リスク）は，究極的にはこの手形の外部投資家が負担することになる。

C ヨセミテ取引

1999年と2001年との間に，エンロンは四つの信託（ヨセミテI，ヨセミテII，ヨセミテIII，ヨセミテIV）を通じ，商品前払取引のためにクレジット・リンク手形を発行した。これらの取引で，エンロンはYおよび特別目的事業体と現金セツル商品契約（エンロンに対する多額のイニシャル・プレミアム・ペイメントを含む）を締結した。さらに，Y（その特別目的事業体を通じ）と信託は，クレジット不履行スワップ取引を締結し，エンロンの部分にクレジットの問題（イベント）（例えば取引における債務不履行や破産）がない場合，信託は，その信託が外部投資家に発行したクレジット・リンク債務の収入とともに，信託が組成した特別目的事業体に対するローンについて信託が受け取ったイールドに等しい金額の半年ごとの定期的支払をシティグループに行う。Yは，信託がクレジット・リンク債務と信託証書につきイールドを支払うのに十分な半年ごとの定期的支払を行う。

ヨセミテ取引では，エンロン，Yおよび特別目的事業体の間の循環的商品前払取引は，現金セツル商品スワップに関係する。これによって，エンロンは（エンロンとYとの間のスワップの場合）Yからの前払を，半年ごとの定期的変動支払（基礎となる商品の相定額のスポット価格に基づいて）およびスワップの終りに最終支払と交換に，受け取った。

最初に，エンロンとYは，エンロンとYによる信託（および信託の発行した債務）の財務諸表の開示を回避するためにヨセミテIのエクイティ証書の均等持分を所有した。エンロンは，信託のエクイティ所有割合が財務諸表開示を回避

することが許される額を超えると判断した後，エンロンはLJM2を通じそのエクイティ所有の必要な部分を関係事業体ホワイトウイングに売却した。類似のことが，ヨセミテⅡについても起こった。

　これらの取引には次のキャッシュ・フローが含まれる。

(A)　ヨセミテ信託のキャッシュ・フロー

① ヨセミテ信託はクレジット・リンク手形をオファーして数十億ドルを受け取る。

② 信託はこのオファー収入を特別目的事業体（この収入を前払取引スワップを通じてYに移転する）に貸し付ける。

③ ヨセミテ信託は，信託が特別目的事業体に行ったローンのイールドおよびクレジット不履行スワップを行うことにつきYから受け取ったプレミアムから，クレジット・リンク手形の利子を支払う。

④ ヨセミテ信託は，信託が特別目的事業体に行ったローンの満期時の払戻の収入から，クレジット・リンク手形の元本を返済する。

(B)　クレジット不履行スワップのキャッシュ・フロー

① ヨセミテ信託は，Yとクレジット不履行スワップを締結することからプレミアムを受け取る。

② エンロンの部分でクレジット問題（例えば取引における債務の不履行または破産）が起こる場合，ヨセミテ信託はYにそれが特別目的事業体に行ったローンにつき手形を移転し，交換にエンロンのシニア，無担保の債務証書を受け取り，次いで，信託は，Yから受け取ったエンロンの債務証書の売却またはワークアウトから信託が受け取った収入の中からクレジット・リンク手形の返済を行う。

(C)　エンロンのキャッシュ・フロー

① Yは，エンロンと，YがエンロンにYがエンロンに数十億ドルの前払を行う商品スワップ契約を締結する。

② エンロンは，この商品スワップ契約に従ってYに半年ごとの定期的支払を行う。

(3) JCTによるスキームの検討

　エンロン商品前払取引の基本的ストラクチャーに関する主たる租税政策の問題は，取引を実行するエンロンの目的に基づいて実質的に類似の取引の税務上の結果を決定する際に，エンロンが行った選択に関係する。これまでの商品前払取引では，エンロンはこの取引を「商品の前払売却」として取り扱った。「商品の前払売却」の取扱に関する課税ルールにおいては，エンロンは，本質的には，商品の前払売却に関する事業体の税務会計の方法に基づいてこの取引を実行するためにエンロン連結納税グループ内の事業体を選択することにより，一部の取引の前払を当期に認識し他の取引の前払の繰延を制限する税務上の取扱を選択した。

　その後，エンロンは，商品前払取引をローンとして分類する方法で税務上取り扱われることを選択した。その結果として，当期の課税所得の不認識と翌期の控除との相殺が行われる。これらの取引は，物質的にセツルされる契約でなく，現金でセツルされる契約に関係するものとなり，アレンジする金融機関でなく外部投資家によって資金供給されることになるが，重要なことは，経済的にはこれまでの取引と相違がないことである。しかし，そのローン（具体的にはヨセミテ信託のエンロンへのローン）としての分類は，代替的な分類に比して，一定のタイミングや源泉徴収税に係る利点をもつ。

　商品前払取引は終了時に相殺控除を生じるので，この取引は一般に恒久的タックス・ベネフィットを生じなかった。エンロンがこの取引の税務上の取扱について行った選択は，エンロンによる課税所得の認識のタイミングに影響した。

A ヨセミテ取引

　エンロンが追加的な商品前払取引のために効果的に信用力を創造するためヨセミテ取引におけるクレジット・リンク手形に依存したことは，主として法人ガバナンスや財務会計に関する問題を引き起こす。租税対策の観点から，ヨセミテ取引は，大部分のクレジット・リンク・ファイナンス取引に共通の問題に

関係する。それらの最近の出現のため，多様な種類のクレジット・リンク・ファイナンス取引に対する税務上の取扱が不明確である。実際，この取引は次の記述に類似した条件で表現される。

「このような取引では，相手方は特定の発行者の不履行に対する保護を買うことを意図する。この保護は，単純化すれば，不履行保険として考えられる。この種のクレジット・デリバティブは，通常，プット・オプションの保有者が参考事業体（不履行に対する保護が求められる事業体）の債務証書をクレジット・デリバティブ保護の売主に金銭その他の資産と交換に移転する権利を保有する不履行またはクレジット・プット・オプションと考えられる」

実際には，クレジット・リンク・ファイナンス取引は，随伴するクレジット・リスクを引き受けずに金銭を貸し付けたい当事者と金銭を貸さずにクレジット・リスクを引き受けたい相手方を束ねる。経済的には，これらの取引は，表面的な貸主からクレジット・リスクを引き受ける当事者が現実の貸主となる合成ローンとして表現される。

税務上，クレジット・リンク手形を分類する際，クレジット問題が起こらないときの払戻が，金融商品が税務上適正な負債として分類される必要がある満期時に特定額を支払う約束に該当するかどうかは，不確実である。クレジット・リンク手形に関する取引で，債務分類の損失によって引き起こされる利子控除の損失はこの取引全体の経済的合理性を損なうので，この手形を税務上負債として分類することが重要になる。

たとえクレジット・リンク手形が税務上負債として分類することができるとしても，DECSに関してこれと類似の問題がクレジット・リンク手形の負債としての性質に関して生じる。コメンテーターのなかには，クレジット・リンク手形（例えばDECS）が標準的な不確定でない債務証書とクレジット・リンク手形の基礎にある特定のクレジット問題に基づく支払を定めるスワップとの組合せとみられるという者もいる。しかし，この分析では，クレジット不履行スワップに関するものに対する妥当な税務上の取扱や金融商品の構成部分となる能力について問題を指摘するだけである。一般にハイブリッド金融商品の税務上

の取扱については不満足な状態にある。

　ヨセミテ取引では，エンロンは，これらの取引が商品の前払売却でなく税務上貸付取引に該当するとの結論に達するよう「経済実体」分析を用いたことは，明白である。この取引のローンとしての分類のほかに，どの当事者が貸主として取り扱われるべきかを決めることは，これらの取引の可能性にとって重要である。エンロンは，ヨセミテ取引におけるオフショア特別目的事業体を貸主として取り扱うことは，この取引を不経済にする源泉徴収義務を生じることを心配し，クレジット・リンク手形の取扱の不確実性がある側面を利用し，この取引においてヨセミテ信託を貸主として取り扱った。

B　エンロン商品前払取引の税務上の取扱の選択

　エンロン商品前払取引に関する問題は，DECSファイナンス取引に関する問題と同じである。具体的に，同一または実質的に類似の経済的取引の異なる分類に基づいて劇的に異なる税務上の結果が生じる。このような状況とそれから生じる分類の選択が可能であるという唯一の理由は，金融取引の税務上の結果が問題の取引の経済事実を反映しないという烙印をその取引に伝統的に押してきた課税ルールによって決められるという事実に帰することができる。

　多様な金融取引間で区別するために費やされた努力とこの努力で用いられた分析のテクニックは，これらの取引の間のストラクチャーの相違が，近代的ファイナンス技術を通じて排除されたことを示唆する。ファイナンス取引の集中（一部の取引は伝統的に商品の前払売却など金融以外のものと考えられている）は，このような取引の税務上の結果はもはやその割り当てたレッテルによって決められるということを示唆している。

《第2編》
タックス・シェルター対抗措置

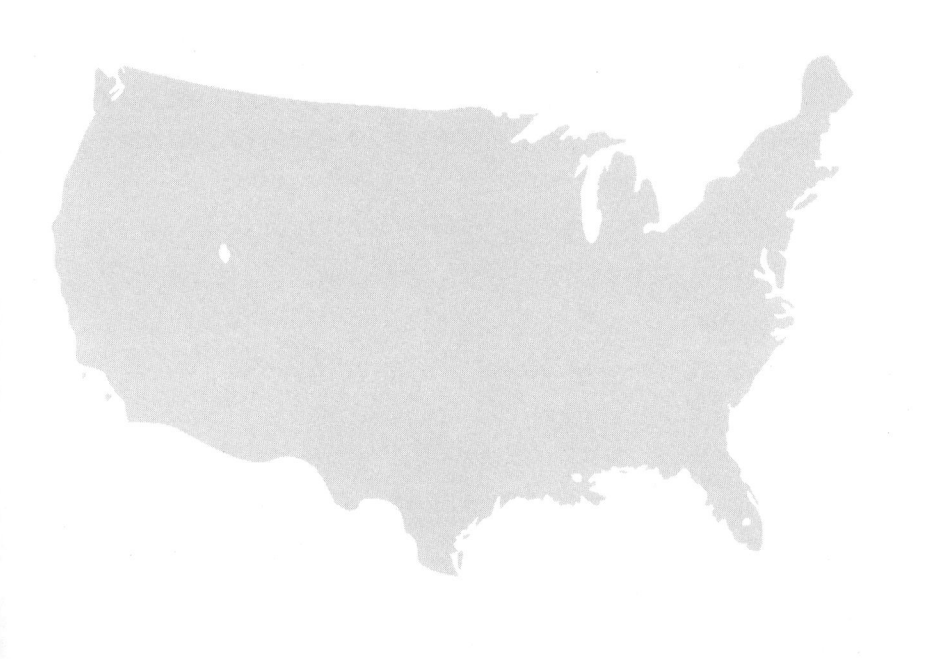

第1章

実体法における
タックス・シェルター対抗措置

1 租税法律主義と租税回避取引の否認理論

(1) 個別的否認規定の立法の意義

　租税法律主義は，権利の請願（Petition of Right, 1628）および権利章典（Bill of Rights, 1689）によって英国で確立したといわれるが，米国も租税法律主義をその憲法（Constitution of the United States, 1787）の原理とし，すべての歳入調達法案は下院が発議すべきであり（Article I Section 7），租税（Taxes）を課し徴収する権限は議会（The Congress）がこれを有するものとし（Article I Section 8），1913年修正憲法において源泉のいかんを問わず「所得に対する租税」（Taxes on incomes）を課し徴収する権限は議会がこれを有するものと規定している。租税法律主義は，歴史的には行政による恣意的な課税から納税者を保護することを目的とする憲法原理であったといえるが，現代のように国際化した複雑な経済活動が常態化してくると，この原理はそのような消極的機能を越えてその国内で経済取引を行うに際してその課税上の効果について法的安定性と予測可能性を保障することを要請するものであると解すべきである。

　そのように解すると，租税回避（tax avoidance）について否認する場合には，税法を構成する実体法および手続法において否認という課税上の効果について法的安定性と予測可能性を保障しなければならないと考えられる。米国では，租税の複雑さを利用して多彩な節税（tax saving）スキームや租税回避スキーム

がタックス・シェルターとして相次いで開発され，販売されている。これらは，成文法のメカニカル・スタンダードに抵触しないようにデザインされていることが多いため，課税庁は税法の目的論的解釈や趣旨解釈で対抗することがあるが，これを無制限に容認すると，明確な根拠条文なしに否認が恣意的に行われる危険性を伴う。米国では新しい濫用的タックス・シェルターの出現には財務省としても個別的否認規定の立法によってこれに対抗しつつある。

（2） 租税回避取引の否認の方法

A 個別的否認規定による否認

米国では，個別的否認規定の立法後は同一または類似の租税回避取引については，この規定の定める要件に基づいて否認することができる。また，内国歳入法典は，広範な個別的否認規定を定める財務省規則の制定権を財務長官に付与している（法律の委任）ので，米国では財務省規則により迅速に各種の租税回避取引を規制することが可能である。

B 仮装行為の認定

納税者の租税回避取引が「仮装行為」（sham transaction）であると認定される場合には，その取引は私法上も無効であり，また，真実には存在しないので，その法的効果は生じないから，納税者の期待した租税回避の効果は発生しない。「仮装行為」の認定の結果は「租税回避取引の否認」と同じようにみえるが，これは本来の「租税回避取引の否認」と本質的に異なるものである。

C 事実認定

個別的否認規定がない場合，または仮装行為の認定ができない場合，納税者の租税回避取引について，米国の判例原則に適合した方法で，実質主義，事業目的の有無，利益動機の有無，経済実体，当事者の意思を追及することにより，納税者の「租税回避取引」が①表面的・形式的な法形式とは実質的に異なる法形式の取引であること，②事業目的がないこと（すなわち租税回避のみを目的と

する取引であること), ③利益動機がないこと（すなわち租税回避のみを目的とする取引であること), ④経済実体がないこと, ⑤真実の当事者の意思が表面的・形式的な契約と異なる契約であること（すなわち「虚偽表示」であること）など事実認定を行い,「私法上の真実の法的関係」や「真実の当事者の意思」に即した課税を行う方法がとられる。事実認定に当事者の意思の認定の結果として否認と同じ結果を生じるが, このような認定については, 裁判で争われることが少なくない。

D 税法の目的論的解釈・趣旨解釈

税法の解釈は法的安定性の要請から原則として文理解釈によるべきものとされるが, タックス・シェルターは税法の複雑さとそのメカニカル・ルールを利用するものが多く, 文理解釈では各ステップ取引とも常に合法的な取引となるようデザインされている。税法の拡張解釈や類推解釈は許されないが, 個別的否認規定がない場合, 税法の規定の文理解釈によってその規定の意味内容を明らかにすることが困難であるとき, その規定の趣旨目的に照らしてその意味内容を明らかにすることが認められる。このような目的論的解釈・趣旨解釈の結果として否認と同じ結果を生じるが, 課税庁の解釈・適用については, 裁判で争われることが少なくない。

2 税務会計の基本原則

租税回避取引の目的は, いうまでもなく税負担の軽減であるが, 具体的には単体企業ベースで考案されるスキームと企業グループ・ベースで考案されるスキームでは異なる。後者の場合には, 前者の場合と異なりグループ内のある単体企業の税負担を増加するときでもグループ全体としての税負担を減少させるために有効なスキームとして評価されることがあり得る。この発想の基本には, 単体企業間の「所得移転」(shifting of income), グループの支配者からみれば「所得割当」(assignment of income) という手法が必須の前提とされている[注71]。

したがって，租税法律主義の下で，租税回避取引に対抗するためには，私法自治の原則，契約自由の原則，自主申告納税制度を前提としつつ，私法上の合意，行為・計算を否定する権限を法律において税務当局に付与しなければならない。しかし，法律をもってしても税務当局に一般的否認権限を付与することが，必ずしも否認要件を明確に法定しているとは言い難く，法律の委任により政令・省令において否認基準を明確に規定しない限り，税務当局の否認が恣意的な判断で行われることがないとは言い難い。アメリカでは，法律をもって会計方法について自主申告をする納税者に「所得を明瞭に反映すること」を要求するとともに，税務当局に「所得を明瞭に反映するために」私法上の行為・計算を否認し，所得再計算を行う包括的な権限を付与しているほか，必要に応じて単体企業または企業グループとして行う「所得移転」または「所得割当」に対抗するための個別的否認規定を設けている。

　(注71)　第1編第2章4および第2編第2章2(7)を参照。

（1）　会計方法の一般原則

　法律は，課税所得の計算は，納税者はその帳簿上，規則的に所得計算を行う基礎とする会計方法に基づいて行うことを原則とする（IRC 446(a)）。

　①納税者が規則的に用いる会計方法がない場合または②納税者が用いる会計方法が明瞭に所得を反映しない場合，課税所得の計算は，財務長官の意見により「明瞭に所得を反映する方法」に基づいて行うものとされる（IRC 446(b)）。

　この法律上の例外規定の中に租税回避否認規定の原則が含まれている。それが「明瞭な所得の反映」（clear reflection of income）原則である。ここでいう「会計方法」には①包括的な会計方法（over-all methods of accounting）のみならず，②特定項目の会計上の取扱（accounting treatment of special items）方法も含まれる。納税者はその選択により，自己の最適と考える会計方法を用いることができるが，財務長官がその会計方法が明瞭に所得を反映すると認めない場合には，いかなる方法も課税上受け入れられない（Reg. 1. 446-1(a)(2), (b)(1), (c)(1)(ii)(C)）。

(2) 会計方法の変更

　法律は，納税者が課税所得の計算の基礎として，①現金主義(cash receipts and disbursements method)，②発生主義（accrual method）③内国歳入法典により認める他の方法，④財務省規則により認められる上記の方法の組合せ，のいずれかを用いることを認めている（IRC 445(c)）。

　納税者が用いている会計方法を変更する場合には，事前に財務長官の承認を得なければならない（IRC 446(e)）。「会計方法の変更」には，①総所得もしくは所得控除に関する包括的な会計プランの変更または②この包括的な会計プランで用いられる重要項目の取扱の変更が含まれる（Reg. 1. 446-1(e)(2)(ii)）。

(3) 利子に関する会計方法

　財務省規則は，発生期間中に発生する利子または支払のうち，発生利子の部分を算定するルールを定めている（Reg. 1. 446-2(a)(1)）。「利子」には割引債の償還差益，貸付金の利子または延払取引の利子とみなされる部分が含まれる。発生利子は，納税者が規則的に用いる会計方法に基づいて算定される。このルールは，次の諸規定を適用される利子には適用されない（Reg. 1. 446-2(a)(2)）。

　① 割引債に関する所得および所得控除（IRC 1272(a),1275 および 163(e)）
　② 資産またはサービスの利用の対価（IRC 467(a)(2)）
　③ マーケット・ディスカウント（IRC 1276 から 1278 まで）
　④ 一定の短期債権の割引料（IRC 1281 から 1283 まで）
　⑤ 一定の低利ローン（IRC 7872(a)）
　⑥ 債務証書のすべての利子を，割引債の償還差益として扱う保有者の選択（Reg. 1. 1272-3）

　適格明示利子（qualified stated interest）は，その帰属する発生期間にわたり明示利率で比例的に発生する（Reg. 1. 446-2(b)）。それ以外の利子は，割引債の償還差益の発生に関するルール（IRC 1272 および 1275）に類似のルールに基づいて算定される（Reg. 1. 446-2(c)）。ローンに基づく支払は，期日において発生し

たが未払の利子の範囲で，利子の支払として取り扱われる (Reg. 1. 446-2(e)(1))。

ポイントの支払が借主によって控除できる場合 (IRC 461(g)(2))，借主はこの支払を利子の支払として扱う (Reg. 1. 446-2(e)(2))。発生したが未払の利子は，発生したが未払の割引債の償還差益をプロラタで前払に配分するルール (Reg. 1. 1275-2(f)) に類似のルールにより，プロラタで前払に配分される (Reg. 1. 446-2(e)(4))。単一貸主と単一借主との間の同一取引，または一連の関連取引から生じる延払契約のすべては，単一の取引として扱われる (Reg. 1. 446-2(f))。

（4） 想定元本契約の会計方法

A 想定元本契約の会計方法を定める目的

財務省規則は，想定元本契約の「経済実体」(economic substance) を反映する会計方法を規定することによって，想定元本契約からの所得および所得控除の明瞭な反映を可能にすることを目的とする (Reg. 1. 446-3(b))。

B 想定元本契約の定義

「想定元本契約」(notional principal contract) とは，特定の間隔で，一方の当事者が他方の当事者に想定元本の額に特定の指数を乗じて計算した金額を，特定の対価または同額の支払の約束と交換に支払うことを定める金融商品である。

納税者とその適格事業単位との間の合意，または同一納税者の適格事業単位間の合意は，自己との契約は認められないため，想定元本契約とは認められない。想定元本契約には金利スワップ，通貨スワップ，ベーシス・スワップ，金利キャップ，金利フロア，商品スワップ，エクイティ・スワップ，エクイティ・インデックス・スワップ，その他類似の取引が含まれる。カラーそれ自体は想定元本契約ではないが，カラーを含む一定のキャップとフロアは，単一の想定元本契約として扱われる。マークド・トゥ・マーケット契約 (IRC 1256(b))，先物取引，先渡取引またはオプション取引，税法の一般原則により負債を構成する契約は，想定元本契約ではない (Reg. 1. 446-3(c)(1))。

第1章 実体法におけるタックス・シェルター対抗措置　185

C　想定元本契約の損益計上時期

当期における想定元本契約からの純所得および純所得控除は，当期の総所得に算入されまたは控除される。当期における想定元本契約からの純所得または純所得控除は，当期の想定元本契約からの定期的支払として認識されるすべての額と，非定期的支払として認識されるすべての額との合計額に相当する（Reg. 1. 446-3(d)）。

D　定期的支払

定期的支払とは，契約全体の期間中の1年以下の間隔で支払うべきであり，特定の指数と単一の想定元本の額，または他方の当事者の支払を算定する想定元本の額と同じ割合で，契約期間にわたり変動する想定元本の額のいずれかに基づいて授受される支払をいい，キャップまたはフロアの売買のための支払は，定期的支払ではない。すべての納税者は，その会計方法を問わず，当期の定期的支払のうち日数計算で関係する比例部分を認識しなければならない（Reg. 1. 446-3(e)(1), (2)）。

E　非定期的支払

非定期的支払とは，想定元本契約について授受される支払で，定期的支払および解約支払以外のものをいう。非定期的支払の具体例としては，キャップまたはフロア取引のプレミアム，オフマーケット・スワップ取引の支払，スワップ・レッグの全部または一部の前払およびスワップを行うオプションのプレミアムがある（Reg. 1. 446-3(f)(1)）。

すべての納税者は，その会計方法を問わず，当期の非定期的支払のうち，日数計算で関係する比例部分を認識しなければならない。非定期的支払の認識は，想定元本契約の期間にわたり，その契約の「経済実体」を反映する方法で行われなければならない（Reg. 1. 446-3(f)(2)(ii)）。

(A)　スワップ

スワップに係る非定期的支払は，契約期間にわたり，特定の指数と想定元本

の額を反映する，一連の現金先渡契約のフォーワード・レートに従って配分することにより，認識されることとされる。この配分に当たって，非定期的支払の額を計算するために用いられるフォーワード・レートや価格は，合理的である場合には認容される (Reg. 1. 446-3(f)(2)(ii))。損益計上時期の決定のために，スワップにつき授受される非定期的支払は，代替方法を利用するスワップ契約の各期間に配分される。

スワップの一時前払金は，非定期的支払が，スワップ契約の期間を通じて一連の均等支払（想定元本の額の増減を考慮に入れて妥当な調整を行ったもの）の現在価値を表わすと想定して償却される。一時前払金の配分は，各均等支払を元本の回収と時間価値要素に分割することによって行う。

均等支払の元本回収要素は，スワップ契約が非定期的支払の支払者による定期的支払を定める日，またはスワップ契約が非定期的支払の受取人による定期的支払を定める日になされるものとみなされる定期的支払として取り扱われる。

一時前払金以外のスワップの非定期的支払は，契約が単一の一時前払金と当事者間のローンを定めるものとして，当該契約を取り扱うことにより償却される。単一の一時前払金は，元利均等払法 (level payment method) により償却される。ローンの時間価値要素は，利子として扱われないが，みなし一時前払金の償却額と合わせて，定期的支払として認識される (Reg. 1. 446-3(f)(2)(iii))。

(B) **キャップおよびフロア**

キャップおよびフロアの売買のための支払は，契約期間にわたり，特定の指数と想定元本の額を反映する一連の現金オプション契約の価格に従って，それを配分することによって認識しなければならない。この配分のため，当事者が，キャップまたはフロアにつき支払った合計額の算定に用いたオプション価格は，合理的である場合には認容される。購入価格のうち，特定期間中に満了するオプション契約に配分すべき部分のみが当時期に認識される。したがって，キャップ・プレミアムの定額法または加速度償却は一般に認められない (Reg. 1. 446-3(f)(2)(iv))。損益計上時期の決定上，キャップまたはフロアの主目的が，納税者が保有しまたは発行する特定の債務証書または一グループの債務証書に

係るリスクを減らすことである場合，納税者は代替方法を用いて，キャップまたはフロアの売買のための支払を償却することができる。

キャップまたはフロアの一時前払金以外の非定期的支払は，契約が単一の一時支払金および当事者間ローンを定めるものとして，この契約を取り扱うことにより償却される。元利均等払法に基づき，契約時期にわたり均等年間分割払のキャップまたはフロア・プレミアムは，比例的に所得に算入または控除される (Reg. 1. 446-3(f)(2)(v))。

(C) カ ラ ー

納税者は，カラーを含むキャップおよびフロアを単一の想定元本契約として扱い，キャップおよびフロアを締結するための非定期的支払を，カラー期間にわたり代替方法に従って償却することができる (Reg. 1. 446-3(f)(2)(v))。

(D) その他の方法

IRS長官は，インターナル・レヴェニュー・ブルテインにおいて公表するレヴェニュー・ルーリングまたはレヴェニュー・プロセデュアにより，想定元本契約に係る非定期的支払を，同契約の各年に配分する代替方法を定めることができる (Reg. 1. 446-3(f)(2)(vi))。

F 偽装想定元本契約

IRS長官は，取引または一連の取引の効果が財務省規則 (Reg. 1.446-3) の適用を回避することである場合，その取引の全部または一部の性質を，再分類することができる (Reg. 1. 446-3(g)(1))。これは，偽装想定元本契約 (disguised notional principal contracts) に対抗する権限を，内国歳入庁に付与する想定である。

G ヘッジされる想定元本契約

納税者が直接または関連者を通じ，他の想定元本契約，先物契約，先渡契約，オプション契約その他の金融契約により想定元本契約に係るリスクを減らす場合，納税者はスワップの代替方法やキャップおよびフロアの代替方法を用いることはできない。このようなポジションが，これらの契約からの所得の妥当な

計上時期または性質を回避するために得た場合には，IRS 長官は想定元本契約の下に納税者が支払いまたは受け取る金額を，その取引全体の「経済実体」に合致する方法で取り扱うことを要求することができる (Reg. 1. 446-3(g)(2))。

H 想定元本契約を締結するオプションおよび先渡契約

ある者が想定元本契約を行うことを可能にしまたは義務づけるオプションまたは先渡契約は，オプションまたは先渡契約の課税ルールを適用される。オプションまたは先渡契約に係る支払は，その基礎となる想定元本契約の非定期的支払として取り扱われる (Reg. 1. 446-3(g)(3))。

I 相当の非定期的支払のあるスワップ

相当の非定期的支払のあるスワップは，オンマーケット，元利均等払のスワップとローンから成る二つの別個の取引として取り扱われる。この契約の当事者は，このローンをこのスワップと独立のものとして扱わなければならない。このローンに係る時間価値要素は，スワップからの純所得または純所得控除に算入されないが，税法上，利子として認識される。収益の米国資産への投資に関する IRC 956 の適用上，IRS 長官は相当の額であるかどうかを問わず，非定期的スワップ支払を一以上のローンとして扱うことができる (Reg. 1. 446-3(g)(4))。

J 解約支払

想定元本契約に基づき，当事者の権利義務の全部または一部を解消しまたは譲渡するために授受する支払は，これを授受する当事者にとって「解約支払」(termination payment) となる。解約支払には，オリジナル当事者間の支払，一方の当事者と第三者との間の支払，想定元本契約の交換により実現した損益が含まれる。一方の当事者がその権利義務を第三者に譲渡する場合，他方の当事者は，その譲渡が契約のみなし交換となる場合に損益を実現する (Reg. 1. 446-3(h)(1))。

想定元本契約の当事者は，その契約が解消，譲渡または交換される課税年度に解約支払を認識する。解約支払が認識される場合，当事者または想定元本契約により授受されたが，損益計上のため認識されていなかった他の支払も認識する (Reg. 1. 446-3(h)(2))。想定元本契約の譲渡に従って譲受人が授受する解約支払は，譲渡後に効力をもつ想定元本契約の非定期的支払として，譲受人により認識される (Reg. 1. 446-3(h)(3))。当事者が，想定元本契約の一レッグの全部または一部を譲渡するための交換で授受した支払は，他のレッグの相当の部分が譲渡されない時点では解約支払とならない。この支払は，各当事者にとってその取引の「経済実体」を考慮して貸付金，借入金または非定期的支払のいずれかとなる (Reg. 1. 446-3(h)(4)(i))。納税者が解約支払の代わりに授受する経済的利益は，実質主義により，解約支払とされる (Reg. 1. 446-3(h)(4)(ii))。

K 濫用防止規定

納税者が「所得の重要なゆがみ」(a material distortion of income) を生ずることを主たる目的として想定元本契約を締結する場合，IRS長官はこの取引の損益上の妥当な時期を反映するために，必要と認めるときは財務省規則 (Reg. 1. 446-3) によらない取扱を行うことができる (Reg. 1. 446-3(i))。この規定は，想定元本契約の濫用による租税回避に対抗する広範な権限をIRS長官に付与している。

(5) ヘッジ取引

A ヘッジ取引の定義

会計方法に関する財務省規則 (Reg. 1. 446-4(a)) の規定に別段の定めがある場合を除き，キャピタル・ゲインおよびキャピタル・ロスに関する財務省規則 (Reg. 1. 1221-2) の規定により定義されるヘッジ取引が，Reg. 1. 446-4(a)の対象とされる。「ヘッジ取引」(hedging transaction) とは，主として①納税者が保有しまたは保有することとなる通常の資産に係る価格変動または通貨変動のリスクを減らすこと，または②納税者が行いもしくは行うこととなる借入または

生じもしくは生ずることとなる通常の債権に係る金利変動，価格変動または通貨変動のリスクを減らすことを目的として，納税者がその営業・事業の通常の過程で行う取引をいう (Reg. 1. 1221-2(b))。

損益計上時期に関するほかの規則の規定がこの Reg. 1. 446-4 のルールと合致しない場合には，Reg. 1. 446-4 のルールが優先適用される。現金主義を用いる営業・事業については，総収入5,000,000 ドル基準を満たす場合には，ヘッジ取引にこの Reg. 1. 446-4 のルールを適用しない (Reg. 1. 446-4(a)(1))。

B 「明瞭な所得の反映」原則

財務省規則は「明瞭な所得の反映」原則をヘッジ取引について強調する。納税者がヘッジ取引に関して用いる会計方法は，明瞭に所得を反映しなければならない。明瞭に所得を反映するため，会計方法は①ヘッジ取引の損益計上時期と②ヘッジされる項目の損益計上時期とが合理的にマッチングするものでなければならない。一定のヘッジ取引については，損益を実現した期間に計上することによって明瞭に所得を反映することができる (実現主義)。

例えば，ヘッジとヘッジされる項目が同一の課税年度に処分される場合，当該課税年度に双方の項目について実現した損益を計上することにより明瞭に所得を反映することができる (Reg. 1. 446-4(b))。

C 会計方法の選択

すべての種類のヘッジ取引について「明瞭な所得の反映」要件を満たす複数の会計方法が存在するので，納税者は特定の種類のヘッジ取引またはヘッジされる項目ごとの会計方法を選択することが認められる。ただし，一度選択した会計方法は継続的に適用されるものとし，これを変更するには IRS 長官の承認を得なければならない (Reg. 1. 446-4(c))。

D 一定の資産および負債のヘッジに係る要件と制限

財務省規則 (Reg. 1. 446-4(e)) は，一定のヘッジ取引について納税者の選択し

た会計方法が「明瞭な所得の反映」要件を満たすかどうかのガイダンスを定める。その会計方法は，前項Bのマッチング要件を満たすものでなければならない。

(A) 合計リスクのヘッジ

合計リスクのヘッジのために用いられる会計方法は，マッチング要件を満たすものであることを要する。たとえ納税者がヘッジ取引とヘッジされる特定項目を結合することができないとしても，ヘッジ取引の損益計上時期とヘッジされる項目の合計損益計上時期は一致しなければならない (Reg. 1. 446-4(e)(1)(i))。

次のマーク・アンド・スプレッド法は合計リスクの損益を考慮に入れて妥当なものとされる (Reg. 1. 446-4(e)(1)(ii))。

① ヘッジ取引が，納税者が必要なデータを有するが，4半期未満の間隔で行われるマークド・トゥ・マーケット取引であること

② ヘッジ取引の実現または定期的マークド・トゥ・マーケットに帰すべき損益が，ヘッジ取引がリスクを減らすことを意図する期間にわたり考慮に入れられること（この期間が変更されるとしても，その期間が合理的であり，かつ，納税者のヘッジ・ポリシーおよび戦略に一致していること）

(B) マークド・トゥ・マーケット項目のヘッジ

納税者の会計方法によりマークド・トゥ・マーケットの対象項目をヘッジする取引について，当該ヘッジをマーケットにマークすることは，明瞭に所得を反映するものとされる (Reg. 1. 446-4(e)(2))。

(C) 棚卸資産のヘッジ

ヘッジ取引が棚卸資産の仕入れをヘッジする場合，そのヘッジ取引の損益は，棚卸資産の取得原価の要素として扱われる場合に，それを考慮に入れる同一期間に計上することができる。また，ヘッジ取引が棚卸資産の販売をヘッジする場合，そのヘッジ取引の損益は，売上収益の要素として扱われる場合に，それを考慮に入れる同一期間に計上することができる。

あるヘッジが特定の仕入取引または販売取引に結合する場合，ヘッジの損益は，その取引の取得原価または売上収益の要素であったならば考慮に入れられ

るときに計上することができる。ただし，合計リスクのヘッジについては，棚卸資産の仕入または販売のヘッジの損益計上時期とヘッジされる仕入または販売の合計損益計上時期とを一致させるために，そのヘッジをマーク・アンド・スプレッド法で考慮することは妥当であるが，各期間にわたる損益が仕入ヘッジにつき取得原価の要素または売上収益の要素であったならば，当期間中に考慮に入れられるときに計上されるものとする (Reg. 1. 446-4(e)(3))。一定の場合には「明瞭な所得の反映」要件を満たす場合には，他の簡便法を用いることが認められている (Reg. 1. 446-4(e)(3)(ii))。

(D) **債務証書のヘッジ**

納税者が発行もしくは発行することとなる債務証書，または納税者が保有しもしくは保有することとなる債務証書をヘッジする取引の損益は，その債務証書の条件およびヘッジに係る期間を参照して考慮に入れられる。固定金利または適格変動金利で支払うべき利子を定める債務証書は，コンスタント・イールド原則を用いて考慮される。固定金利または適格変動金利の債務証書が未払であると想定して，ヘッジに係る期間にわたり債務証書のイールドを調整したならば考慮に入れられる同一期間にヘッジ損益を計上する。

例えば，全体期間にわたり固定金利の借入をヘッジする取引の実現損益は，この規定 (Reg. 1. 446-4) の適用上，債務証書の発行価格を増減するものとして考慮に入れられる。債務証書の不確定払をヘッジする取引の実現損益は，不確定払が不確定払債務証書に関する財務省規則 (Reg. 1. 1275-4(c)) に基づき考慮に入れられるときに計上される (Reg. 1. 446-4(e)(4))。

(E) **ヘッジされる資産または負債の処分**

納税者がある項目をヘッジしその項目における持分を処分または解約するが，そのヘッジ取引を処分または解約しない場合，納税者はそのヘッジ取引のビルト・イン・ゲインまたはビルト・イン・ロスと処分された項目の損益を適切に一致させなければならない。このマッチング要件を満たすため，納税者はこのヘッジをヘッジされる項目の処分日にマーケットにマークすることができる。ただし，納税者が合理的な期間内にヘッジ取引を処分する場合，ヘッジ取引の

実現損益を処分される項目の損益と一致させることは妥当であるとされる。

納税者が合理的な期間内にヘッジ取引を処分することを意図するが，そのヘッジ取引が当該期間内に現実に処分されない場合，納税者は当該期間の末におけるヘッジの損益を処分される項目の損益と一致させなければならない (Reg. 1. 446-4(e)(6))。

(F) リサイクル・ヘッジ

納税者が別項目のヘッジとするため，特定のヘッジされた項目のヘッジをリサイクルするヘッジ取引を行う場合，納税者はそのリサイクル時のビルト・イン・ゲインまたはビルト・イン・ロスをオリジナル・ヘッジ項目または合計リスクの損益に一致させなければならない (Reg. 1. 446-4(e)(7))。リサイクル後の期間に帰すべき損益は，「明瞭な所得の反映」原則により，新しくヘッジされる項目または合計リスクに一致しなければならない。

(G) 未履行の予定取引

納税者が予定された資産取得，債務証書発行などに係るリスクを減らすためヘッジ取引を行い，その予定取引が完了しない場合，ヘッジ取引の損益は実現のときに計上される。合理的な期間内における予定取引，またはこれと異なるがヘッジが合理的にリスクを減らすために役立つ類似の取引が行われたときに，予定取引は完了するものとされる (Reg. 1. 446-4(e)(8))。

(H) 連結納税グループ構成員によるヘッジ

連結納税グループのヘッジについては①単一事業体方式 (single-entitiy approach) と②独立事業体方式 (separate-entitiy approach) がある。①が原則である。連結納税グループの構成員は，そのすべてが単一法人の個別の部門であるとみなして，ヘッジ取引を扱わなければならない。ヘッジ取引の損益計上時期は，ヘッジされる項目の損益計上時期と一致しなければならず，介在法人取引はヘッジ取引でもなくヘッジされた項目でもないということになる。しかし，連結納税グループが独立事業体の選択 (Reg. 1. 1211-2(d)(2)) を行う場合にはこの原則は適用されず，各構成員は「明瞭な所得の反映」要件を満たす方法でヘッジ取引を考慮しなければならない (Reg. 1. 446-4(9))。

(I) 所得および所得控除の種類と性質

ヘッジ取引に関する財務省規則 (Reg. 1. 446-4) のルールは, ヘッジ取引の損益計上時期に適用されるが, この取引から生ずる所得, 所得控除, 損益の種類または性質には影響しない (Reg. 1. 446-4(f))。

(6) 現金主義の利用制限

法律は, ①C法人, ②C法人をパートナーとするパートナーシップ, または③タックス・シェルターについて, 課税所得計算に当たって現金主義の利用を禁止している (IRC 448(a))。このうち①および②の適用除外が(i)農業事業 (farming business), (ii)適格人的役務法人 (qualified personal service corporation) および(iii)総収入が 5,000,000 ドル以下のエンティティについて認められている (IRC 448(b))。

A　C法人の意義

現金主義の利用制限の対象である「C法人」(C corporation) にはS法人以外のすべての法人 (corporation) が含まれる。例えば, 規制投資会社 (regulated investment company：RIC) (IRC 851) または不動産投資信託 (real estate investment trust：REIT) (IRC 856) はC法人とされる。IRC 511(b)により課税される信託 (trust) は, その活動のうち「非関連事業」(unrelated trade or business) に該当する部分に限りC法人として扱われる。

同様にIRC 501(a)による非課税法人は, その活動のうち「非関連事業」に該当する部分に限り, C法人とされる。また, 上記②のC法人をパートナーとするパートナーシップであるかどうかの判定上, C法人をパートナーとするパートナーシップはC法人として取り扱われる。

B　タックス・シェルターの定義

現金主義の利用制限の対象となる「タックス・シェルター」(Tax Shelter) とは, ①企業の持分が連邦または州の証券当局に登録する必要がある申込により

販売される企業（C法人を除く），②シンジケート，または③IRC 6661(b)(2)(C)(ii)に定義するタックス・シェルターをいう（Reg. 1. 448-1 T(b)(1)）。

(A) シンジケートの意義

「シンジケート」(syndicate) とは，パートナーシップその他のエンティティ（C法人を除く）で，課税年度中のこのエンティティの損失の35％超が，リミテッド・パートナーまたはリミテッド事業主に配分されるものをいう。「リミテッド事業主」(limited entrepreneur) とは，①リミテッド・パートナー以外の資格で企業の持分を有し，かつ②この企業の経営に積極的に参加しない者をいう（IRC 464(e)(2)）。

パートナーシップの持分をリミテッド・パートナーが保有しているかどうか，また，エンティティまたは企業の持分を，リミテッド事業主が保有しているかどうかの判定に当たっては，農業事業については積極的経営に帰すべき保有に関するIRC 464(c)(2)が適用され，その他の場合には，ヘッジ取引に適用されないマークド・トゥ・マーケットに関するIRC 1256(e)(3)(C)が適用される。ここでパートナーシップ，エンティティまたは企業の損失とは，これらのエンティティに認められる所得控除のうち，当該エンティティの会計方法により認識される所得を超える額をいう（Reg. 1. 448-1 T(b)(3)）。

(B) 租税回避の推定

複数の者が，共同経営または共同管理サービスを利用して農業事業を行うマーケット・アレンジメントは，これらの者が農業経営の相当部分を前払するために借入金を利用する場合，その主目的が租税回避であると推定される（Reg. 1. 446-1 T(b)(4)）。

C 農業事業の適用除外

現金主義の利用制限規定は，タックス・シェルターに該当するものを除き，農業事業に適用されない。農業事業と別個の非農業事業の双方に従事する納税者は，たとえ非農業事業につき現金主義の利用を禁止されるとしても，農業事業につき現金主義の利用を禁止されることはない（Reg. 1. 448-1 T(d)(1)）。

「農業事業」とは，①IRC 263 A(e)(4)に定義する農業の営業・事業（育成・栽培農業もしくは芝地の運営または果樹，堅果樹，観賞樹の育成・栽培を含む），②IRC 263 A(c)(5)に定義する樹木の育成・栽培・収穫をいう。農業事業には立木の育成が含まれるが，通常育成・栽培・収穫に付随する活動を超える「商品・製品の加工」は含まれない (Reg. 1. 448-1 T(d)(2))。

D 適格人的役務法人の適用除外

現金主義の利用制限規定は，タックス・シェルターに該当するものを除き，適格人的役務法人に適用されない。この場合，適格人的役務法人は個人として取り扱われる。

法律は，「適格人的役務法人」とは，①その活動の実質的にすべてが保健，法律，技術，建築，会計，保険数理，芸能またはコンサルティングの分野におけるサービス提供に関し，かつ，②その株式の実質的にすべてが直接または1以上のパートナーシップ，S法人または適格人的役務法人を通じて(i)上記の①の分野に係る活動に関して当該法人のために当該サービスを提供する従業員，(ii)当該法人のために当該サービスを提供していた退職従業員，(iii)上記(i)(ii)に定義する個人の遺産財団，または(iv)上記(i)(ii)に定義する個人の死亡を理由に，株式を取得した他の者によって保有される法人をいうと定義している (IRC 448 (d)(2))。財務省規則 (Reg. 1. 448-1 T(e)(3)) は，機能基準と所有基準の双方を満たす法人を，適格人的役務法人と定義している。

(A) 機能基準

法人の活動の「実質的にすべて」が上記①の分野におけるサービス提供に関すると判定されるのは，法人の従業員が，その資格で費した時間の95%以上が上記①の分野におけるサービス提供に充てられる場合のみである。この95%基準が満たされるかどうかの判定においては，適格分野における現実のサービス提供に付随する活動の提供（例えば直接顧客へのサービス提供に従事する従業員の監督，管理支援サービス）は，当該分野におけるサービス提供とみなされる (Reg. 1. 448-1 T(e)(4))。

第1章 実体法におけるタックス・シェルター対抗措置　*197*

(B) 所有基準

法人の株式価値の「実質的にすべて」とは，法人の株式価値の95%以上の額をいう（Reg. 1. 448-1 T(e)(5)(i)）。ある者が当該法人の株式を所有するパートナーシップ，S法人または適格人的役務法人の持分を所有する場合，その範囲内で，当該者が間接的に当該法人の株式を保有するものとみなされる（帰属ルール）（Reg. 1. 448-1 T(e)(5)(iii)）。株式所有基準が満たされるかどうかを判定するに当たって，関連グループの共通の親会社の選択により，グループ構成員のすべての活動の，実質的にすべてが同一の適格分野において行われる場合，このグループのすべての構成員は単一の納税者として扱われる（Reg. 1. 446-1 T(e)(5)(iv)）。

E　総収入5,000,000ドル以下のエンティティの適用除外

現金主義の利用制限規定は，タックス・シェルターに該当する場合を除き，5,000,000ドル総収入基準を満たす法人またはパートナーシップには適用されない（IRC 448(b)(3)）。法人またはパートナーシップは，その前課税年度に終了する3課税年度の平均年間総収入が5,000,000ドル以下である場合，当該前課税年度において5,000,000ドル総収入基準を満たす。単一の雇用主として扱われるすべての者は，この判定上単一のエンティティとして扱われる（IRC 448(c)）。

(7) 割賦方法

A　割賦方法の利用制限

割賦販売からの所得は，割賦方法に基づいて考慮に入れられるものとされる（IRC 453(a)(1)）。発生主義の納税者[注72]については，割賦販売からの所得には割賦方法は適用されない（IRC 453(a)(2)）。「割賦販売」（installment sale）とは，処分が行われる課税年度末後1回以上の支払を受け取ることとなる資産の処分をいう。その例外として①ディーラーの処分，②動産の棚卸資産の処分は，割賦販売から除外される（IRC 453(b)）。

「割賦方法」(installment method) とは、ある処分から課税年度に認識される所得が当該課税年度に受け取る支払のうち、支払が完了したときに実現しまたは実現したこととなる総利益が契約価格合計額に占める部分であるとする方法をいう (IRC 453(c))。

「契約価格」とは、販売価格から買主が引き受けた適格負債のうち、売主の資産ベーシスを超えない部分を減算した額に相当する、すべての契約価格をいう。

「販売価格」とは、資産の負担するモーゲージその他の債務を反映する減算をせず、また、販売費用を反映する減算をしない総販売価格をいう。利子（明示か黙示かを問わない）や割引債の償還差益も販売価格の一部とみなされない。

「適格負債」とは、資産が負担するモーゲージその他の負債およびその資産によって担保されないが、事業または投資の通常の過程で、資産の買主の取得、保有または運用に付随して、買主が生じまたは引き受けた負債をいう。これには資産の処分に付随して生じた、納税者の債務または機能的に資産の処分に取得、保有または運用に関連しない債務は含まれない。納税者の資産取得後に生じ、納税者が生じもしくは引き受け、または資産譲渡を意図して資産の負担として設定した負債は、そのアレンジメントの結果、割賦販売における納税者のベーシスの回収を加速することとなる場合には、適格負債とされない。

「総利益」とは、販売価格から調整ベーシス (IRC 1011) を減算した額をいう。ディーラー以外の者による不動産の売却および動産の臨時売却については、支払のうち処分に帰すべき総利益である部分の決定上、コミッションその他の販売費用は、ベーシスに加算される。

　（注72）　発生主義の納税者に関する割賦方法の廃止
　　割賦方法が租税回避取引に利用されてきたことは広く知られている。米国がこの問題にいかに対抗しようとしたかは、財務省の議会証言"Treasury Tax Legislative Counsel Joseph Mikrut Testimony before House Ways and Means Subcommittee On Oversight" (2002.2.29. LS-426) により次のように確認される。
　　発生主義は現金主義に比較して経済的所得をよりよく反映し、一般に受け入れられる会計原則によりよく調和すると考えられている。割賦方法は、支払を受け取るまで一定の資産の処分からの所得の認識を繰り延べることを認める点で、一般的な認識原則の例外である。割賦方法は、最初1918年に財務省規則でディー

ラーにつき認められ，その後1926年に議会でディーラーおよび非ディーラーにつき認められた。

割賦方法は，本来，納税者が事実販売価格の僅かな部分しか受け取っていないが，販売の行われた課税年度に，予定利益の全額に基づいて課税される発生主義の納税者を救済するために立法化された。しかし，1986年税制改革で割賦方法の利用は制限され，そのベネフィットは相当減殺されている。例えばリボルビング・クレジット販売や一定の公開取引資産の販売，およびディーラーの不動産または動産の処分について，割賦方法の利用は禁止されている。

1987年歳入法では，一定の割賦債権に帰すべき税額の繰延に利子課税を行い，一定の割賦債権の担保を支払とみなして所得の認識の引き金を引くなど，割賦方法の利用のベネフィットを著しく制約した。2000会計年度予算では，「割賦販売」からの所得について発生主義の納税者による割賦方法の利用を禁止することが提案された。同時に，プットその他の類似のアレンジメントが担保と同様の扱いを受けることを明確にし，担保ルールの不完全性を払拭することも提案された。この提案理由は，割賦方法の利用は発生主義に合致せず，これを許せば，発生主義の納税者が一定の資産の販売からの所得を現金主義を利用して認識することを事実上許すことになり，課税年度中の事業の経済的な業績を反映することができないからである。

割賦方法の正当化は，納税資金があるときに課税することであるが，この方針と，現金の受取前に受取債権に課税する発生主義とを一致させることは困難である。今回の改正は，1999年12月17日以後の販売その他の処分に適用されるが，小事業は，発生主義の納税者に関する割賦方法の廃止が小事業の販売に悪影響を及ぼすとの懸念を表明している。

しかし，確かに発生主義の納税者による割賦方法の廃止は一定の事業の処分のストラクチャーの柔軟性を減じたが，このような取引における割賦方法の利用が全く排除されたわけではない。例えば発生主義の事業の株式を現金主義の納税者が売却する場合，引続き割賦方法が利用できる。現金主義の納税者が発生主義のパートナーシップの持分を売却する場合も，引続き割賦方法の利用が可能である。

資産や株式の売却について，買主と売主との間に課税上の結果に関する緊張が高まっている。買主は，一般に株式に伴う不確定債務を回避し，時価まで資産ベースのステップ・アップを行うために資産を購入し，売主は，二段階課税を回避し，有利なキャピタル・ゲイン取扱を受け，株式に伴う不確定債務を移転することを意図するからである。

B 財務省規則制定権の付与

割賦方法が租税回避取引のため利用されることを防止するため，法律は割賦

方法について，必要かつ妥当な規則を定める権限を財務長官に付与する（IRC 453(j)(1)）。総利益または契約価格合計額が計算できない取引における比例的ベーシス回収に関する規則の制定権を，個別に財務長官に付与する（IRC 453(j)(12)）。また，非ディーラーの特則，特に課税繰延に係る利子について，不確定払，短期課税年度およびパススルー・エンティティに適用する規則の制定権を財務長官に付与する（IRC 453 A(c)(6)）ほか，関連者，パススルー・エンティティまたは介在者を通じ，課税繰延の利子チャージを回避する取引の全部または一部について割賦方法の利用を否認し，パートナーシップその他のパススルー・エンティティの持分の販売を，当該パートナーシップその他のパススルー・エンティティの資産の比例的シェアの販売として取り扱う規則の制定権を財務長官に付与する（IRC 453 A(e)(1) および (2)）。

C 不確定払販売

納税者が割賦販売を割賦方法で申告しない選択（Reg. 15 A. 453-1(d)）をしない限り，不確定払販売は割賦方法で申告される。「不確定払販売」（contingent payment sale）とは，販売その他の処分が行われた課税年度末までに，販売価格合計額が決定できない資産の販売その他の処分をいう。これは明示の最高販売価格または固定払条件の有無にかかわらず，税法の適切な原則に基づき，割賦債権が取引の対象資産の留保持分，ジョイント・ベンチャーまたはパートナーシップの持分，法人のエクイティ持分または類似の取引を表わす取引は含まれない。財務省規則（Reg. 15 A. 453-1(c)(1)）は，納税者のベーシス（販売費用（不動産ディーラーの販売費用を除く）を含む）を不確定払販売で受け取り，または受け取ることとなる支払に配分されるときに適用されるべきルールを定める。

このルールは，①最高販売価格が決定できる不確定払販売，②最高販売価格が決定できないが支払を受け取る期間を決定できる販売，③最高販売価格も確定的な支払条件も決定できない販売を適切に区分するよう設計されている。また，納税者は，所得見積計算によりベーシスを回収することを認められる。

(A) 明示の最高販売価格

　不確定払販売は、契約条件により、納税者が受け取ることができる売上収益の最高額が、販売その他の処分が発生する課税年度末に決定される場合、明示の最高販売価格を有するものとして扱われる。明示の最高販売価格は、契約の意図するすべての不確実なことが満たされ、または販売価格を最大化し、契約で認められる最も早い日に支払を加速する方法で解決されると想定して、決定される。一定の利子の再計算と相当のゆがみを回避する特則に関する別段の定めを除き、納税者のベーシスは明示の最高販売価格を割賦販売の定義における「販売価格」とすることにより、明示の最高販売価格の合意に基づき、受け取りまたは受け取ることとなる支払に配分される。

　最初に決定した明示の最高販売価格は、その後の修正、支払再分類ルール、その後の出来事によって当該最高額が減額されない限り、「販売価格」として扱われる。その後最高額が減額されるとき、総利益割合は、その減額事由が生じた課税年度以後に受け取る支払について再計算される (Reg. 15 A. 453-1(c)(2)(i))。

(B) 一定の利子の再計算

　不確定払販売契約においてテスト・レート以上の利子が明示され、この明示の利子が合意により支払うべき額のほかに支払うべき場合、この明示の利子は販売価格の一部とみなされない。利子が明示されないこと、テスト・レート以下の利子が明示されること、利子が販売契約の支払再分類条項により明示されることなどを理由に一定の延払の利子に関する IRC 483 が適用される場合、販売価格、契約価格および総利益割合の最初の計算、およびその後の再計算に「価格・利子再計算ルール」が適用される。「支払再分類」とは、「販売価格」の一部として支払うべき額を「利子の支払」とみなす契約上の合意をいう。

　延払利子に関する IRC 483 により決定される明示なき利子の額、または支払再分類アレンジメントにより決定される利子の額は、「内利子」(internal interest) といわれ、納税者が内利子の受取を意図する明示の最高販売価格の合意には「価格・利子再計算ルール」が適用される。このルールにより、明示の最高販売価格は、発生したすべての出来事を考慮に入れ、契約により支払うべき

全額が契約上認められる最も早い日に支払われるものと想定して，販売その他の処分が生じた課税年度末に決定される（Reg. 15A. 453-1(c)(2)(ii)）。

(C) 固定の期間

販売その他の処分が生じた課税年度末に明示の最高販売価格は決定されないが，不確定払販売契約により支払を受け取る最長期間が固定される場合，納税者のベーシス（販売費用を含む）は，契約により均等年間利益ベーシスで支払を受け取る課税年度に配分される。この配分に当たって，買主が十分な明示の利子を支払う必要があるかないかは問わない。

支払を受け取らないかまたは受け取る支払額が当期に配分されベーシス未満である場合には，当期が契約上の最終支払年度であるか，または契約による将来の支払を受ける債権が無価値となった場合に適用されるルールに従って損失が決定される場合を除き，損失は認容されない。損失が認容されない場合，課税年度に配分されるベーシスのうち回収されない部分は，翌課税年度に繰り越される（Reg. 15A. 453-1(c)(3)）。

(D) 明示の最高販売価格も固定期間もない場合

契約上，最高販売価格も固定期間の支払限度も定められていない場合，①販売が実際に行われたのか，②経済的に契約により受け取る支払の性質は賃貸料または使用料でないか，などの問題が生ずる。すべての関連事実（資産の性質を含む）を考慮に入れて，契約が販売に該当する場合，納税者のベーシス（販売費用を含む）は販売日から15年にわたり均等年間利益ベーシスで回収される。支払を受け取らないかまたは受け取る支払額が当期に販売されるベーシス未満である場合，契約により将来の支払を受ける債権が無価値となった場合に適用されるルールに従って損失が決定される場合を除き，損失は認容されない。その代わり，超過ベーシスは当該15年の残年数にわたり均等に再配分される。15年目の末に回収されないベーシスは，翌期に繰り越される。

この15年にわたるベーシスの均等配分ルールは，納税者がその適用によって納税者のベーシスの回収が実質的かつ不等に繰延されることをIRSに対し立証できる場合には適用されず，また，IRSは，15年にわたるベーシスの均

等配分ルールが納税者のベーシスを実質的かつ不当に加速すると認める場合には，15年内にベーシスを再配分することを要求することができる。ただし，IRSはベーシスの15年を超える期間にわたる配分を要求することはできない（Reg. 15 A. 453-1(c)(4)）。

(E) ベーシス回収に関する所得見積法

ベーシスの比例的回収ルールは，不確定販売価格契約の支払条件に関するものであるが，販売される資産の性質や生産性は，支払年度に回収されるべきベーシスに関係がない。しかし，ベーシス回収の所得見積法は，販売される資産の性質や生産性を考慮に入れないと納税者の所得の年度帰属のゆがみを生ずる場合があることを認識する特則である。販売される資産が，所得見積法において通常減価償却の対象となる減価償却資産または将来の生産を推計しなければならない減耗控除の対象となる減耗控除資産であり，かつ不確定販売価格契約による支払がその資産からの収入または生産される単位に基づく場合，納税者のベーシスは所得見積法の利用によって適切に回収される（Reg. 15 A. 453-1(c)(6)(i)）。

販売される資産が，鉱床，映画フィルム，テレビジョン・フィルム，またはテレビショウ・テープその他IRSが特定する類似の性質をもつ資産である場合には，納税者は所得見積法によるベーシス回収を選択することができる(Reg. 15 A. 453-1(c)(6)(ii))。所得見積法では，不確定払契約により当期に受け取る支払（利子を除く）を分子とし，この契約により受け取るべき支払（利子を除く）の見積合計額を分母とする分数を販売される資産のベーシスに乗じて，当期に受け取る支払について回収されるベーシスを算定する。

翌期において生じた状況から，所得見積が過大または過少であると認められる場合には，翌期の所得見積が調整される。この場合，ベーシス回収計算は次の方法（当期以後に受け取る支払（利子を除く）を当期以後に契約により行われる支払合計の修正見積額（利子を除く）で除して当期の期首に残存する未回収ベーシスを乗じる方法）で行われる。

契約が，最初の所得見積計算やその後の再計算を行うに当たって内利子を意

図する場合，契約により支払として扱われない内利子の額は，各将来の不確定販売価格の支払が，見積金額で予定のときに行われると想定して計算される。当期が，契約による最終支払年度であるか，または損失が将来の支払の債権が無価値になったときに適用されるルールに従って決定される場合を除き，損失は認容されない（Reg. 15 A. 453-1(c)(6)(iii)）。

(F) 実質的なゆがみの回避

通常のベーシス回収ルールが，特定の不確定払販売について，納税者のベーシスの回収を実質的かつ不当に繰り延べまたは加速することがある。

 a 実質的かつ不当な繰延

納税者が，最初の支払を受け取る課税年度の申告期限前に，通常のベーシス回収ルールの適用がベーシス回収を実質的かつ不当に繰り延べることになる旨を示すことができる場合には，納税者は代替的なベーシス回収方法を用いることができる。そのためには，納税者は①その代替方法が，比例的にベーシスを回収する合理的な方法であることおよび②その代替方法により，納税者が通常のベーシス回収ルールに基づいてベーシスが回収されるレートの２倍のレートでベーシスを回収すると結論することが合理的であることを示さなければならない。納税者は代替方法を用いる前にIRSのルーリングを得なければならない（Reg. 15 A. 453-1(c)(7)(ii)）。

 b 実質的かつ不当な加速

IRSが，通常のベーシス回収ルールがベーシス回収を実質的かつ不当に加速すると，認める場合，納税者が①IRSの要求するベーシス回収方法が，合理的な比例的回収方法でないこと，または②ベーシスがIRSの要求する方法で回収されるレートの２倍のレートで，通常のベーシス回収ルールに基づきベーシスを回収すると結論することは合理的でないことを示すことができる場合を除き，IRSは代替的なベーシス回収方法を要求することができる（Reg. 15 A. 453-1(c)(7)(iii)）。

 c その後の再計算

不確定払販売は，最初とその後通常のベーシス回収ルールにより申告され，

かつ，契約期間中，諸般の状況により最初の方法で行ってきた申告が，納税者ベーシスの未回収残額の回収を，実質的かつ不当に繰り延べまたは加速する場合，上記aまたはbの特異が適用される（Reg. 15 A. 453-1(c)(7)(iv)）。

D 割賦方法で割賦販売を申告しない選択

割賦販売は，納税者が選択する場合を除き，割賦方法で申告されるべきである（Reg. 15 A. 453-1(d)(1)）。割賦方法で割賦販売を申告しないことを選択する納税者は，納税者の会計方法に従って，その販売の収益を認識しなければならない。割賦債権の公正な市場価値は，以下の固定額債権と不確定債権のルールに従って決定される。

割賦債権の受領は，この債権が金銭等価物であるかどうかを問わず，割賦債権の公正な市場で資産の受領として扱われる。割賦債権は，その債権が手形，契約その他の証券に化体され，または執行可能な口頭約束であるかどうかを問わず，資産とみなされ，評価の対象とされる（Reg. 15 A. 453-1(d)(2)(i)）。

(A) 固定額債権

「固定額債権」(fixed amount obligations) とは，支払うべき金額が固定された割賦債権をいう。割賦債権により支払うべき金額が固定されているかどうかの判定上，延払利子に関するIRC 483の規定および「支払再分類」契約は無視される。

現金主義を用いる納税者は，販売年度に割賦債権の公正な市場価値を実現した額として取り扱うものとする。いかなる場合にも，割賦債権の公正な市場価値は，販売される資産の公正な市場価値未満とみなされない。

発生主義を用いる納税者は，販売年度に割賦債権により支払うべき金額の合計額を実現した額として取り扱うものとする。この場合，利子（明示か黙示かを問わない）も割引債の償還差益も支払うべき金額の一部とみなされない。

支払うべき金額が固定されているが支払をなす期間が不確定であるためその固定額の一部が内利子とみなされる場合には，支払うべき金額は価格・利子再計算ルールを適用して計算される（Reg. 15 A. 453-1(d)(2)(ii)）。

(B) 不確定払債権

固定額債権以外の割賦債権は，不確定払債権である。不確定払債権の公正な市場価値は，販売される資産の公正な市場価値により決定され，いかなる場合もこれを下回ることはない。不確定払債権の公正な市場価値が合理的に決定されない場合には，納税者はその取引がオープンであると主張することができるが，このような取引については，販売が実際に行われたかどうかが問題になる。

現金主義を用いる納税者は，不確定払債権の公正な市場価値を販売年度に実現した額として申告しなければならない。発生主義を用いる納税義務者は，その会計方法に従って決定されるが，いかなる場合も，不確定払債権の公正な市場価値を下回らない額を，販売年度に実現した額として申告しなければならない (Reg. 15 A. 453-1(d)(2)(iii))。

E 買主の要求払または譲渡性のある債務証書

債権その他要求払債務証書は，将来支払われるべき割賦債務ではなく，受領年度における支払として取り扱われる。法人，政府またはその政治的区画が発行する債務証書で，①利子クーポンが添付されるもの（債務証書が確立された証券市場で取引されるかどうかを問わない），②登録された様式のもの（確立された証券市場で取引されない登録様式で発行された債務証書を除く），または③確立された証券市場で取引できる債務証書を他の様式で提供することを意図するもの，は将来支払われるべき割賦債権でなく，受領年度における支払として取り扱われる。

債務証書が元本，利子またはその双方につき登録され，その譲渡の効力は旧証書の引渡，旧証券の法人による新保有者に対する再発行，または新証券の法人による新保有者に対する発行のいずれかにより生ずる場合，債務証書は登録様式で考慮される (Reg. 15 A. 453-1(e)(1))。債務証書が受領年度における支払として取り扱われる場合，この支払により実現した額は，納税者の会計方法に従って決定される。現金主義を用いる納税者については，この支払につき実現した額は債務証書の公正な市場価値である。

発生主義を用いる納税者については、要求払債務証書の受領につき実現した額は、債務証書の額面であり、利子クーポンの添付された債務証書または譲渡性のある債務証書の受領につき実現した額は、満期のときの明示の償還価格から割引債の償還差益を差し引いた額であり、または償還差益がない場合には、実現した額は満期のときの明示の償還価格（明示なき利子の全額を反映するよう、適切に割引される）である（Reg. 15 A. 453-1(e)(2)）。

F 不動産の販売
(A) 延払による不動産の販売

延払による不動産の販売には、①譲渡が最初でなく販売価格の全額または相当部分が支払われた後に行われるとする売買契約、②所有権の即時移転はあるが、売主が延払につきモーゲージその他のリーエンにより保護されている販売、が含まれる。このような販売は、その条件により2種類に分けられる。

① 割賦方法による不動産の販売、すなわち(i)販売の課税年度に支払がない不動産販売、または(ii)販売の課税年度における支払が販売価格の30%を超えない不動産販売

② 販売の課税年度中に現金または資産（買主の債務証書を除く）で受け取る支払が販売価格の30%を超える不動産の延払販売

担保資産の販売について、この資産がモーゲージの対象になっているか、そのモーゲージが買主によって引き受けられるかどうかを問わず、モーゲージの額はその販売が割賦プランによるかどうかを決める上で、「販売価格」の一部として含まれ、割賦方法に関するIRC 453に規定する「支払」や「契約価格合計額」の決定に当たって、モーゲージの額はそのうち資産のベーシスを超える部分のみがこれらに含まれるものとされる。

「支払」には、売主が販売年度に販売価格の一部として受け取った翌年度以降に支払期日の到来する、買主の手形を第三者に譲渡して受け取った金額は含まれない。また、売主が支払または生じたコミッションその他の販売費用は、支払の額、契約価格合計額または販売価格から減算できない（Reg. 1. 453-4）。

(B) 割賦方法による不動産販売

　上記(A)①の取引において，売主は，当期に現実に受け取った割賦払のうち支払のときに実現し，または実現することになる総利益が契約価格合計額に占める割合に相当する部分を，当期における取引の所得として申告することができる。割賦プランによる不動産の買主がその支払を解怠し，割賦方法により所得を申告する売主が販売した資産を取り戻す場合，売主が所有権を留保していたか買主に移転していたかを問わず，この資産の取戻を行った年度の損益計算は，その取戻のときに履行される買主の割賦債務，または売主がその資産の購入価格に適用する買主の割賦債務に基づいて行われる。この損益の算定は，取戻資産の取戻日における公正な市場価値と履行された買主の債務の売主段階におけるベーシス（取戻に関して実現した他の金額または発生した費用につき適切な調整が行われる）との差額として行われる（Reg. 1. 453-5(b)(2)）。

　資産の取戻時に履行された買主の債務の売主段階におけるベーシスは，当該債務証書の額面のうち，当該債務が全額支払われたならば取得できることとなる所得に等しい金額を超える部分である（Reg. 1. 453-5(b)(4)）。取戻資産がその後販売される場合，損益計算の基礎となるベーシスは，取戻日における資産の公正な市場価値とされる（Reg. 1. 453-5(b)(6)）。

(C) 割賦方法によらない不動産の延払販売

　　a　債務証書の評価

　販売年度中に受け取った支払が，販売価格の30％を超える延払に係る不動産販売において，売主が受け取る買主の債務証書は取引による損益計算上，公正な市場価値の範囲で実現した額として考えられる。売主が受け取る債務証書に公正な市場価値がない場合，現金その他の公正な市場価値のある資産による支払は，販売された資産のベーシスに適用されてこれを減少させ，このベーシスを超える支払は課税される。債務証書が処分され，または履行されるときに損益が実現する（Reg. 1. 453-6(a)）。

　　b　売主が所有権を留保している場合の資産の再占有

　上記aの販売における売主がこの資産の所有権を留保しているが，買主が

第1章　実体法におけるタックス・シェルター対抗措置　209

支払を履行しないので売主がこの資産を占有する場合，①売主が契約時に現実に受け取り留保している支払と，買主がその資産に施した固定改良の再占有時の公正な市場価値の全額，と②これまで所得として受け取った利益とその資産を買主が占有していた期間中の資産の消耗，陳腐化，償却，減耗などの適正な調整の額との合計，との差額はそれぞれの場合に応じて，その資産の再占有年度に売主の損益を構成する (Reg. 1. 453-6(b)(1))。売主段階の資産のベーシスは，販売時のオリジナル・ベーシスおよび買主が，この資産に施した固定改良の再占有時における公正な市場価値である (Reg. 1. 453-6(b)(2))。

c　買主の所有権を移転する場合の資産の再取得

上記 a の販売における売主が，これまで買主に所有権を移転したが，買主が支払を履行しないので，売主が売買価格の未払部分の一部または全部を満足する資産の任意の再取得を受け入れる場合，この再取得資産の受領は，その時点の公正な市場価値の範囲で，割賦債務を満足させる支払の受領とみなされる。この資産の公正な市場価値が満たされた買主の債務証書のベーシスより大きい場合，その超過額は通常の所得とされる。この資産の価値がこの債務証書のベーシスより少ない場合，その差額は徴収できない場合には貸倒損失として控除される。

ただし，満足させられる債務証書が無価値の証券に関する IRC 165(g)(2)(C) に定義された「法人，政府またはその政治的区画が発行する債権，社債，手形，証書その他の債務証書で利子クーポンが添付されるか登録様式のもの」である場合，取引による損失はキャピタル・ゲインまたはキャピタル・ロスとされる (Reg. 1. 453-6(c)(1))。再取得資産がその後販売される場合，損益計算のベーシスは，再取得時のその資産の公正な市場価値（買主がその資産に施した固定改良の公正な市場価値を含む）である (Reg. 1. 453-6(c)(2))。

G　割賦債権の譲渡による損益

(A)　損益の計算

割賦債権の処分または満足から生ずる損益の全額は，その処分または満足の

課税年度において認識され，納税者が割賦債権を受け取った資産の売却・交渉から生じるものとみなされる (Reg. 1. 453-9(a))。この損益の額は，債権のベーシスと①額面価値以外の満足の場合もしくは売却・交換の場合に実現した額，または②処分（売却・交換を除く）時の債権の公正な市場価値，との差額である。割賦債権のベーシスは，当該債権の額面のうち，その債権が全額満足したならば得ることとなる所得に相当する額を超える部分をいう (Reg. 1. 453-9(b))。

(B) **損益が認識されない処分**

子会社の完全な清算プラン (IRC 332) に従って行われる分配を受ける者の段階で，割賦債権のベーシスが IRC 334(b)(1) によって決定される場合，この割賦債権の分配について分配法人は損益を認識しない (Reg. 1. 453-9(c)(i))。子会社の完全な清算において，親会社に分配される資産に係る不認識に関する規定 (IRC 337) の要件を満たす法人の完全な清算プランに従って行われる分配につき，割賦債権の分配について分配法人は損益を認識しない (Reg. 1. 453-9(c)(ii))。

内国歳入法典が一定の処分について損益の認識の例外を規定しているが，法人に対する一定の譲渡 (IRC 351, 361)，パートナーによるパートナーシップへの資産の拠出 (IRC 721)，パートナーシップによるパートナーへの分配 (IRC 731)，などの例外規定に該当する割賦債権の分配については損益は生じない (Reg. 1. 453-9(c)(2))。

H 清算法人から受け取る割賦債権

清算において適格割賦債権を受け取る適格株主は，その債権に係る支払の受領をその債権自体の受領でなく，株主の株式の対価の受領として扱う。この株主は，受け取った支払を割賦方法により申告する。適格割賦債権は，適格株主が分配日に新しく発行したものとして扱われる。適格割賦債権の発行価格は，分配日における債権の調整発行価格と，分配前に発生したが分配後まで支払われない適格明示利子との，合計に相当する。

適格割賦債権が変動金利の債務証書である場合，株主は割引債の償還差益や債権利子の発生額の算定のため，発行日に適格割賦債権に関してみなされた固

定金利の債務証書を用いる (Reg. 1. 453-11(a)(1), (2))。清算に伴い，適格株主に対して分配されまたは分配として扱われる金額 (現金，適格割賦債権の発行価格，他の資産の公正な市場価値を含む) は，株主が清算法人の株主の株式の販売価格として受け取ったものとみなされる (Reg. 1. 453-11(a)(3))。清算の過程で株主が清算法人の債務 (担保の有無を問わない) を引き受け，または，この債務を負う法人から資産を受け取る場合，債務の額は株主の清算法人の株式のベーシスに加算される (Reg. 1. 453-11(a)(4))。「適格株主」とは法人清算における株主の損益に関する IRC 331 の規定が適用される株主をいう。

「適格割賦債権」とは，要求払または清算プランが採用される日に開始する 12 月の期間中に，清算法人が法人資産の売却・交換において取得する割賦債権をいう。

I 割賦方法で申告する未徴収 1250 条の収益の配分

未徴収 IRC 1250 条収益 (一定の減価償却資産の処分からの収益) は，割賦方法が IRC 453 (割賦方法) または IRC 453 A (非ディーラーの特則) により適用される場合に，その割賦方法で申告される。割賦販売収益に未徴収 1250 条収益および調整後純キャピタル・ゲインが含まれている場合，未徴収 1250 条収益は調整後純キャピタル・ゲイン前に考慮に入れられる (Reg. 1. 453-12)。

J 動産のディーラーによる所得を申告する割賦方法

(A) 割賦方法の選択と担保の効果

ディーラーは，割賦プランに基づく販売について動産の販売からの所得を割賦方法で申告することを選択することができる。ディーラーは，買主の不履行による損失に備えるため，次の 4 方法の一つを選択することができる (Reg. 1. 453-A-1)。

① 取引の買主の債務履行が完了するまで売主が所有権を留保するとの合意
② 所有権は即時に買主に移転されるが，販売価格の未払部分のリーエンの対象となる契約形態

③ 買主に所有権を移転するが，同時に買主は売主に動産モーゲージの形で再譲渡するもの

④ 契約の履行を委任する受託者に対する譲渡

ここで「ディーラー」とは，割賦プランで動産を規則的に販売し，その他の処分をする者をいう。

(B) **動産ディーラーの割賦所得**

ディーラーの割賦プランによる販売の所得は，当期に，割賦プランによる販売から受け取った支払合計額のうち，各年度中に行われた割賦プランによる販売合計により実現し，または実現することとなる総利益が，各年度中に行われた割賦プランによる販売の契約価格合計に占める割合に相当する部分を，所得として算定される。

もっとも，ディーラーが割賦プランによる販売からの所得を明瞭に反映することを示し，IRS がこれを認める場合，この所得の計算上，当期に割賦プランによる販売で受け取る支払合計のうち，次のいずれかの部分が所得として扱われる（Reg. 1. 453 A-1(e)(1)）。

① 各年度中に行われたクレジット販売合計で実現し，または実現することとなる総利益が，各年度中のすべてのクレジット販売の契約価格合計に占める割合に相当する部分

② 各年度中に行われたすべての販売で実現し，または実現することとなる総利益が，各年度中に行われたすべての販売の契約価格の合計に占める割合に相当する部分

(C) **リボルビング・クレジット・プラン等**

①リボルビング・クレジット・プランによる動産の処分，または②確立された証券市場で取引される株式・証券，もしくは確立された市場で規則的に取引される種類の資産の売却から生ずる割賦債権については，IRC 453(a)(1)は適用されず，受け取ることとなるすべての支払は，処分年度に受け取ったものとされる。

関連者，パススルー・エンティティまたは介在者の利用により，このルール

第1章 実体法におけるタックス・シェルター対抗措置 213

を回避する取引の全部または一部に対するこのルールの適用については，財務長官に規則制定権を付与している（IRC 453(k)）。しかし，財務省規則（Reg. 1. 453 A-2(c)）の範囲で，リボルビング・クレジット・プランによる販売は，割賦プランによる販売として取り扱われる。

「リボルビング・クレジット・プラン」には，顧客が，顧客勘定の未払残高の一部を，各請求月ごとに支払うことに合意するサイクル予算勘定，フレキシブル予算勘定，継続予算勘定，その他動産販売のための類似のプランまたはアレンジメントが含まれる。

(8) 長 期 契 約[注73]

長期契約の課税所得の計算は，進行基準で行われるものとされる（IRC 460(a)）。

> (注73) 長期契約に関して，IRC 460 の導入前の財務省規則（Reg. 1. 451-3）が詳細なルールを決めていた。この規則において「長期契約」（long-term contract）は，特定の製造契約，および締結した課税年度内に完了しない建築，据付，建設，または製造契約をいうと定義されている（Reg. 1. 451-3(b)(1)）。長期契約の所得計算は，進行基準，完成基準またはそれ以外の方法で行うことができるが，いずれの方法を選択した場合も，IRS 長官の意見により「明瞭に所得を反映する方法」でなければならない（Reg. 1. 451-3(a)(1)）。同じ定義が IRC 460(f) に規定されている。

A 進 行 基 準

規則を除き，進行基準（percentage of completion method）を用いる長期契約について，進行割合は，契約に配分され課税年度末までに発生したコスト，契約コスト見積合計と契約完了時にルック・バック法により計算される利子に比較して決められる。長期契約の所得は，その契約完了課税年度の翌課税年度の総所得に参入される（IRC 460(b)(1)）。

ルック・バック法により計算される利子は，次の3段階により計算される（IRC 460(b)(2)）。

① 第一ステップ：この契約の所得を見積契約価格およびコストの代わりに現実の契約価格およびコストに基づいて契約完了課税年

度前の課税年度に配分する
② 第二ステップ：①の適用により生ずる各課税年度の過不足税額を決定する
③ 第三ステップ：その過不足税額に複利の調整過納レートを適用する

進行基準による長期契約の所得について，納税者は，契約価格合計または契約コスト合計の過大見積，または過少見積の結果，繰延されまたは加速される税額につき利子を支払う必要があり，または利子を受け取ることができる (Reg. 1.460-6(a)(1))。

ルック・バック法により繰延されまたは加速される税額の計算は，仮定計算であって，当初申告，修正申告または調査による更正の調整を生じない。

B コスト配分の簡便法

法律は，IRC 460(c)＜契約に対するコスト配分＞の代わりに，長期契約のコスト配分に関する簡便法を定める権限を，財務長官に付与している (IRC 460(b)(3)(A))。ルック・バック法による利子を計算する簡便法によることを納税者（パススルー・エンティティを除く）は選択できる (Reg. 1.460-6(d)(1))。この場合，納税者はみなし限界税率に基づき前年度の仮定的な過不足税額を計算する。簡便法が用いられる場合には，税務当局は，濫用防止のため，簡便法にかかわらず，現実の方法に基づくルック・バック法により長期契約の利子を再計算することができる。

税務当局がこのような再計算をすることができるのは，更正年度の契約に係る当初申告所得の金額が，当該年度のその契約に係るルック・バック法により再配分される所得の金額を，1,000,000ドルまたは当該年度のその契約に係るルック・バック法により再配分される所得の金額の20％の，いずれか少ない方の額だけ超える場合に限られる。

C パススルー・エンティティに関するルック・バック簡便法

法律は，特に長期契約の規定（IRC 460）の実施のために，必要または妥当な

規則制定権を財務長官に付与するが，この規定の適用を回避するため，関連者，パススルー・エンティティ，介在者，オプションその他の類似のアレンジメントを利用することを防止する規則の制定権を財務長官に付与している（Reg. 1. 460-6(h)）。

パススルー・エンティティについては，①ルック・バック法はエンティティ段階で適用され，②過不足税額の決定上，配分により課税年度の長期契約の所得の増加は，当該年度の最高税率を，この増加額に乗じて決定される過少税額を生ずるものとして取り扱われる。また，配分により課税年度の長期契約の所得の減少は，当該年度の最高税率を，この減少額に乗じて決定される過大税額を生ずるものとして取り扱われる。納税者が支払うことを要する利子は，このエンティティが支払うべきものとされる。ただし，この規定は，閉鎖的保有パススルー・エンティティ，長期契約の所得の実質的にすべてが米国源泉所得である場合を除き外国契約には適用されない（IRC 460(b)(4)）。

ここで「パススルー・エンティティ」（pass–thru entity）は，パートナーシップ，S法人または信託をいい，「閉鎖的保有パススルー・エンティティ」（closely pass–thru entity）は，長期契約の所得がある課税年度に，そのエンティティの実質持分の50％が5人以下によって保有されるパススルー・エンティティをいう。

（9） 経済的パフォーマンス・ルール[注74]

基本的な租税回避防止規定として「経済的パフォーマンス」（economic performance）ルールが適用される。

課税年度に損金控除の金額が発生したかどうかを決める場合，その控除項目について経済的パフォーマンスが発生するときまでは，すべての出来事テスト（all events test）は満たされないものとする（IRC 461(h)(1)）。財務省規則に定める場合を除き，経済的パフォーマンスが発生するときは，次の原則に基づいて決定される（IRC 461(h)(2)）。

① 納税者に提供されるサービスおよび資産

(i) 納税者の債務が，他人により納税者にサービスが提供されることから生じる場合，当該他人が当該サービスを提供するときに経済的パフォーマンスが発生する。
 (ii) 納税者の債務が，他人により納税者に資産が提供されることから生じる場合，当該他人が当該資産を提供するときに経済的パフォーマンスが発生する。
 (iii) 納税者の債務が，納税者による資産の利用から生じる場合，納税者が当該資産を利用するときに経済的パフォーマンスが発生する。
② 納税者により提供されるサービスおよび資産
　納税者の債務が納税者に資産またはサービスを提供することを要求する場合，納税者が当該資産またはサービスを提供するときに経済的パフォーマンスが発生する。
③ 納税者の労働報酬および不法行為債務
　納税者の債務が他人への支払を要求し，労働報酬法または不法行為から生じる場合，当該他人に支払をするときに経済的パフォーマンスが発生する。

次に該当する場合には，反復項目は，例外として課税年度に発生したものとして取り扱われる（IRC 461 (h)(3)）。
① 反復項目についてのすべての出来事テストは，課税年度中に発生したものとして取り扱われること
② 反復項目についての経済的パフォーマンスは，課税年度末後の合理的な期間または当該課税年度末後8.5月の，いずれか短い期間内に発生すること
③ 反復項目が自然に反復し，納税者がこの種の項目を，上記①の要件が満たされる課税年度に発生したものとして，継続的に取り扱うこと
④ その反復項目が重要な項目でないか，上記①の要件が満たされる課税年度に，反復項目が発生した結果として，経済的パフォーマンスが発生する課税年度にこの項目を生じるとするよりも，適切な所得との対応を生じる

こと

「すべての出来事テスト」(all events test) は，債務の事実を決定するすべての出来事が発生し，かつ，その債務の額が，合理的な正確性のある額として決定し得る場合に満たされる（IRC 461(h)(4)）。

(注74) 想定元本契約については，サービス・資産の提供または資産の利用から生じる債務に関する経済的パフォーマンスの規定は適用されない（Reg. 1. 461-4 (d)）。

A 納税者に提供されるサービスまたは資産

納税者が進行基準を用いる長期契約に帰すべき経費の，納税者の債務については，サービス・資産が提供されるとき，または納税者がサービス・資産を提供する者に，債務弁済のため支払をするときに経済的パフォーマンスが発生する（Reg. 1. 461-4(d)(ii)）。

B 納税者に提供される資産の利用

納税者の債務が，納税者による資産の利用から生じる場合，経済的パフォーマンスは，納税者が当該資産を利用できる期間にわたり，比例的に発生する（Reg. 1. 461-4(d)(3)）。例外として，納税者の債務が納税者による資産の利用から生じ，かつ，債務の全部または一部が，当該資産の利用の頻度や数量，または所得を参考に決定される場合，経済的パフォーマンスは，納税者がその資産を利用し，またはその資産からの所得を含む部分について生じる。しかし税務当局が，取引の実体に基づき，その資産の利用に関する納税者の債務が当該資産の利用ができる期間にわたり，比例的に算定した方が適切であると認める場合には，この例外規定は適用しない。

C 納税者により提供されるサービスまたは資産

納税者の債務が納税者に，他人にサービスまたは資産を提供することを要求する場合，経済的パフォーマンスは，納税者が債務の弁済に関してコストを生

じたときに発生する (Reg. 1. 461-4(d)(4)(i))。交換取引について，納税者の債務が納税者にサービス・資産または資産の利用を提供することを要求し，納税者による資産の利用から生じ，また他人による納税者へのサービスまたは資産の提供から生じる場合，経済的パフォーマンスは，納税者が，サービスもしくは資産を提供する債務に関してコストを生じる範囲，またはサービスもしくは資産が納税者に提供される範囲の，小さい範囲で発生する (Reg. 1. 461-4(d)(4)(ii))。

納税者による営業・事業の売却・交換に関して，購入者が経済的パフォーマンス要件がなかったならば，納税者が売却日に発生することができる営業・事業から生じる債務を引き受ける場合，その債務に係る経済的パフォーマンスは，債務の額が，納税者による取引で実現した金額に適正に含められるときに発生する (Reg. 1. 461-4(b)(5)(i))。

この規定は，税務当局が，租税回避が納税者の売却・交換の主目的の一つであると認める場合には適用されない (Reg. 1. 461-4(b)(5)(iii))。

D タックス・シェルターの特則

タックス・シェルターについては，経済的パフォーマンスは，反復項目の例外規定 (IRC 461(h)(3)) にかかわらず決定される (IRC 461(i)(1))。油井またはガス井のドリルに関して課税年度に支払った金額の経済的パフォーマンスは，課税年度末後90日目の前に井戸のドリルが開始する場合，課税年度内に発生したものとして取り扱われる。タックス・シェルター・パートナーシップについて，控除できる項目に帰すべき課税年度の所得控除，または損失にパートナー配分持分に関する損失控除制限規定 (IRC 704(d)) を適用するに当たって，「調整ベーシス」を「現金ベーシス」に置き換えられる。

パートナーシップ以外のタックス・シェルターについては，財務省規則により控除できる合計額は，この制限に類似の制限を課される。パートナーシップにおけるパートナーの現金ベーシスは，①パートナーシップの債務，および②このパートナーシップについてパートナーが借り入れた金額で，パートナーシップまたはそのパートナーシップの組成，売却または経営に参加した者によっ

てアレンジされ、またはパートナーシップの資産によって担保されたもの、にかかわらず決定されるパートナーシップにおけるパートナー持分の調整ベーシスに相当するものとする（IRC 461(i)(2)）。

(10) 危険負担額に制限される控除

個人的に責任のない債務や見せ掛けの損失を作り出して、租税回避のために利用することを防止する、基本的なタックス・シェルター対抗措置の一つとして、アット・リスク・ルールがある。

個人およびIRC 542(a)(2)（同族持株会社の定義規定）の株式所有要件を満たすC法人が活動を行う場合、当期の活動からの損失は、納税者が当期末にこの活動につき危険を負担する金額の合計の範囲内のみで控除される（IRC 465(a)(1)）。この規定が適用される活動からの損失で、当期に控除できないものは、翌期に、この活動に配分される控除項目として取り扱われる（IRC 465(a)(2)）。

A 一定の活動の合計

パートナーシップのパートナーまたはS法人株主は、次のものを単一の活動として合計し、取り扱うことができる（Reg. 1. 465-1 T(a)）。

① パートナーシップまたはS法人による、1以上の映画フィルムまたはビデオ・テープの保有、清算または配給
② パートナーシップまたはS法人による、1以上の農場の農業
③ パートナーシップまたはS法人による、1以上の油田・ガス田に係る石油・ガス資源の調査または開発
④ パートナーシップまたはS法人による、1以上の地熱鉱床に係る地熱資源の探査・開発

B 危険負担額の算定

納税者は、①納税者が活動に拠出した現金および他の資産の調整ベーシスの額、ならびに、②この活動に係る借入金の額を含む金額について、当該活動に

関してアット・リスクとみなされる (IRC 465(b)(1))。納税者は，活動に使用するための借入金について，①この借入金の返済につき個人的に責任がある範囲，または②この借入金の担保として資産（この活動に使用する資産を除く）を提供した範囲で，アット・リスクとみなされる。この資産がIRC 465(b)(1)の資産によって担保される負債によって，直接・間接にファイナンスされる場合には，当該資産は担保とはみなされない (IRC 465(b)(2))。

借入金が活動の持分を有する者，または当該持分を有する者の関連者から借り入れる額である場合，当該借入金はこの活動についてアット・リスクとみなされない (IRC 465(b)(3)(A))。この規定は，この活動における債権としての持分や法人が株主からの借入金について，株主としての持分には適用されない (IRC 465(b)(3)(B))。納税者は，ノン・リコース・ファイナンス，保証契約，ストップ・ロス・アレンジメント，その他の類似の契約を通じて損失補償される額については，アット・リスクとみなされない (IRC 465(b)(4))。

C　危険負担額とされる適格ノン・リコース・ファイナンス

不動産保有活動について，納税者は，この活動に使用される不動産によって担保される適格ノン・リコース・ファイナンスの持分につき，アット・リスクとみなされる(IRC 465(b)(6)(A))。「適格ノン・リコース・ファイナンス」(qualified nonrecoures financing) とは，次のファイナンスをいう (IRC 465(b)(6)(B))。

①　不動産保有活動について納税者が借り入れるファイナンス
②　納税者が適格者から借り入れ，連邦・州・地方政府，もしくはそれらの機関からのローンまたは連邦・州・地方政府により保証されるファイナンス
③　何人も返済に個人的に責任のないファイナンス
④　転換債務でないファイナンス

パートナーシップについては，その適格ノン・リコース・ファイナンスのパートナーの持分は，当該ファイナンスに関して生じたパートナーシップの債務のパートナーの持分に基づいて決定される (IRC 465(b)(6)(c))。アット・リスク

とみなされるためには，適格ノン・リコース・ファイナンスは，不動産保有活動に使用される不動産のみによって担保されることを要するが，この不動産保有活動に付随する資産は無視される。

　不動産保有活動に使用する不動産でなく付随資産でない資産は，その公正な市場価値の合計が，ファイナンスを担保するすべての資産の公正な市場価格の10%未満である場合には，無視される（Reg. 1. 465-27(b)(2)(i)）。この規定の適用上，借主は直接・間接にパートナーシップの鎖を通じて持分を有するパートナーシップの資産の比例的持分を直接保有するものとして取り扱われる（ルックス・ルール）（Reg. 1. 465-27(b)(2)(ii)）。

　1人以上の者がファイナンスの一部について，個人的に責任をもつ場合，このファイナンスのうち何人でも個人的に責任を負わない部分は，適格ノン・リコース・ファイナンスとなる（Reg. 1. 465-27(b)(3)）。ファイナンスの返済についてのパートナーシップの個人的責任は無視され，適格ノン・リコース・ファイナンスの定義に関する上記①②④の要件が満たされることを条件として，次の場合，不動産によって担保される適格ノン・リコース・ファイナンスとして取り扱われる（Reg. 1. 465-27(b)(4)）。

① ファイナンスの返済に個人的に責任を有する唯一の者が，パートナーシップであること
② 個人的に責任のある各パートナーシップが，不動産保有活動に使用する不動産を保有していること
③ 不履行状態のファイナンスの取立のために救済措置を講じるとき，貸主が不動産保有活動に使用する不動産で，パートナーシップによって保有されるもののみに対して手続をとることができること

D　アット・リスク・ルールが適用される活動

　アット・リスク・ルールは，①映画フィルムまたはビデオ・テープの保有，生産または配給，②農業，③IRC 1245資産（一定の減価償却資産）のリース，④石油・ガス資源の探査・開発，⑤地熱鉱床の探査・開発，の活動を営業・事業

としてまたは所得を稼得するために行う納税者に適用される (IRC 465(c)(1))。

納税者の①フィルムまたはビデオ・テープ，②リースされまたはリースのために保有される IRC 1245 資産，③農場，④石油・ガス鉱床，⑤地熱鉱床の活動は，独立の活動として取り扱われる (IRC 465(c)(2)(A))。パートナーシップまたは S 法人について，リースされまたはリースのために保有され，課税年度に用に供される IRC 1245 資産に係るすべての活動は，単一の活動として取り扱われる (IRC 465(c)(2)(B))。

1979 年以後に開始する課税年度について，この規定は納税者が営業・事業を行いまたは所得の稼得のために行う活動で，IRC 465(c)(1) に規定するもの以外のものに適用拡大された。営業・事業を構成する IRC 465(c)(2)(A) の活動は，納税者がその営業・事業の経営に積極的に参加し，またはその営業・事業がパートナーシップまたは S 法人によって行われ，かつ，当期の損失の 65% 以上がその営業・事業の経営に積極的に参加する者に配分される場合，単一の活動として取り扱われる (IRC 465(c)(3))。

E　閉鎖的保有法人による一定の装置リース[注75]の除外

IRC 542(a)(2)＜同族持株会社の定義：株式所有要件＞を満たす法人で装置リースを積極的に行うものについては，装置リースの活動は独立の活動として取り扱われ，アット・リスク・ルールはこの活動からの損失には適用されない (IRC 465(c)(4)(A))。この場合，50% 総収入基準が適用される。当期の法人の総収入の 50% 以上が装置リースに帰せられる場合を除き，その法人は装置リースを積極的に行うとみなされない (IRC 465(c)(4)(B))。被支配法人グループの構成員は，単一法人として取り扱われる (IRC 465(c)(4)(C))。

相当程度のリース活動がある場合には被支配法人グループ・ルールの適用が排除される (IRC 465(c)(5))。「適格リース・グループ」の構成員については，上記の 50% に代えて 80% を用い，IRC 465(c)(4)(C) がないものとして，IRC 465(c)(4) の規定が適用される。「適格リース・グループ」とは，当期およびその直前 2 課税年度に次の 3 要件を満たす被支配法人グループをいう。

第1章　実体法におけるタックス・シェルター対抗措置　*223*

① 3人以上の従業員

グループが，サービスの実質的にすべてが適格リース・メンバー(注76)の装置リース活動に直接関連するサービスである，3人以上の常勤の従業員を有していたこと

② 5以上の別個のリース取引

適格リース・メンバーが，合計5以上の別個の装置リース取引を行ったこと

③ 1,000,000ドル以上の装置リース収入

適格リース・メンバーが，合計1,000,000ドル以上の装置リース総収入を有していたこと

(注75)「装置リース」とは，IRC 1245資産（一定の減価償却資産）である装置のリース，ならびに購入，サービスおよび売却をいう（IRC 465(c)(6)(A)）。

(注76)「適格リース・メンバー」とは，各課税年度に被支配法人グループの構成員であり，かつ，50％総収入基準を満たす法人をいう（IRC 465(c)(5)(C)）。

F　適格C法人の積極的事業の除外

適格C法人については，各適格事業が独立の活動として取り扱われ，この活動からの損失にはアット・リスク・ルールは適用されない（IRC 465(c)(7)(A)）。「適格C法人」とは，IRC 542(a)(2)（同族持株会社の定義：株式所有要件）に該当するC法人で，①同族持株会社（personal holding company），②外国同族持株会社（foreign personal holding company）および③人的役務法人（personal service corporation）以外のものをいう（IRC 465(c)(7)(B)）。「適格事業」とは，次の要件を満たす積極的事業をいう（IRC 465(c)(7)(C)）。

① 適格法人が，課税年度末日に終了する12月中，その実質的にすべてのサービスが事業の積極的経営である，1人以上の常勤従業員を有すること

② 適格法人が，課税年度末日に終了する12月中，その実質的にすべてのサービスが事業に直接関連するサービスである，3人以上の所有者でない従業員(注77)を有すること

③ 課税年度の IRC 162（事業経費）および IRC 404（従業員信託または保険年金プランに対する雇用主の拠出金および延払プランによる報酬の控除）を理由として認められる事業の控除額が，当該課税年度の当該事業からの総所得の 15% を超えること

④ 事業が除外事業(注78)でないこと

(注77)　「所有者でない従業員」とは，納税者の発行済株式価値の 5 % 超を所有しない従業員をいう（IRC 465(c)(7)(E)(i)）。

(注78)　「除外事業」とは，①装置リース，および②マスター・サウンド・レコード，映画フィルム，ビデオ・テープ，または文学上，美術上，音楽上もしくは類似の資産に関連する有形資産もしくは無形資産の使用，利用，売却，リースその他の処分に関する事業をいう（IRC 465(c)(7)(E)(ii)）。

　パートナーシップ，銀行および生命保険会社について特則が定められている（IRC 465(c)(7)(D)）。

G　危険負担額がゼロ未満である場合の取戻

課税年度末にある活動について，納税者の危険負担額がゼロ未満である場合，納税者は，ゼロかその危険負担額を超える額を，その活動からの所得として，当期の総所得に算入しなければならない。この所得算入額は，翌期に当該活動に配分される控除項目として取り扱われる（IRC 465(e)）。

(11)　資産またはサービスの使用の対価

レンタル契約の貸主または借主について，当期に発生する賃貸料の額，および前期に発生したが未払の額に対する利子の合計額が考慮に入れられるものとされる（現在価値ベースの発生主義）（IRC 467(a)）。

レンタル契約に基づき，当期中に発生する賃貸料の額の計算は，①契約によって賃貸料を配分すること，および②現在価値観念に基づく財務省規則で決定される額で当期末後に支払われるべき賃貸料を考慮に入れることによって行われる（IRC 467(b)(1)）。一定の租税回避取引に対抗するため，レンタル契約について，賃貸料のうち当期に発生する部分は，当該契約によるコンスタント・レンタル額のうち当期に配分される部分とする（IRC 467(b)(2)）。このルールは，

レンタル契約が不適格リース・バックまたは長期契約である場合，あるいはこのレンタル契約が上記①の配分を規定していない場合に適用される（IRC 467(b)(3)）。

「不適格リース・バックまたは長期契約」（disqualified leaseback or long-term agreement）とは，レンタル契約が不適格リース・バック取引の一部であるか，または，その契約期間がその資産の法定回収期間の75％を超えるものであり，かつ，その契約による賃貸料の増加分の主目的が租税回避である場合における，IRC 467レンタル契約をいう（IRC 467(b)(4)）。

法律は，物価指数を参考に決定される支払額の変化，借主の収入または類似の金額の一定割合に基づく賃貸料，合理的な賃貸料の不徴収，非関連第三者に対する支払額の変化に関する状況など，「不適格リース・バックまたは長期契約」から除外する状況を特定する財務省規則の制定権を，財務長官に付与している（IRC 467(b)(5)）。

A 一般原則

有形資産の貸主および借主は，その包括的な会計方法にかかわらず，賃貸料を継続的に発生主義で，金銭の時間価値原則（time value of money principles）により取り扱わなければならない。租税回避事案では，貸主および借主は，賃貸料がリース期間の全体にわたり比例的に発生するものとして扱うコンスタント・レンタル発生方法により，賃貸料および明示利子・黙示利子を計上しなければならない（Reg. 1. 467-1(a)(1)）。

IRC 467 は IRC 467 レンタル契約のリースその他の類似の契約のみに適用される（Reg. 1. 467-1(a)(2)）。IRC 467 レンタル契約とは，増減賃貸料または延払・前払賃貸料を定めるレンタル契約をいう（Reg. 1. 467-1(c)）。

(A) 増減賃貸料

あるレンタル期間に配分される年間固定賃貸料が，リース期間の別のレンタル期間に配分される年間固定賃貸料を超える場合，そのレンタル契約は増減賃貸料を有する。増減賃貸料がもっぱらレント・ホリデー条項（リース期間の最初

に3月以下の期間に賃貸料を減免する規定）に帰すべき場合には，レンタル契約は増減賃貸料を有しない（Reg. 1. 467-1(c)(2))。

a レンタル期間に配分される固定賃貸料

レンタル契約が固定賃貸料の特定配分を定める場合，リース期間中のレンタル期間に配分される固定賃貸料の額は，レンタル契約により当該レンタル期間に配分される固定賃貸料の額である。レンタル契約が固定賃貸料の特定配分を定めない場合，レンタル期間に配分される固定賃貸料の額は，当該レンタル期間中に支払うべき固定賃貸料の額である。

b 不確定賃貸料

レンタル契約は，不確定賃貸料の支払を定めている場合には，増減賃貸料を有する。ただし，一定の理由による不確定賃貸料は，無視される。

(B) 延払・前払賃貸料

レンタル契約は，暦年末に配分される賃貸料の累計額が，翌暦年末に支払うべき賃貸料の累計額を超える場合に賃貸料を有し，暦年末に支払うべき賃貸料の累計額が，翌暦年末に配分される賃貸料の累計額を超える場合に，前払賃貸料を有する（Reg. 1. 467-1(c)(3))。

B 十分な利子のない IRC 467 レンタル契約の賃貸料の発生

各レンタル期間の固定賃貸料は，①IRC 467 レンタル契約が不適格リース・バックまたは長期契約でなく，②固定賃貸料の十分な利子を定めていない場合，Reg. 1. 467-2(c)に基づいて計算された比例的賃貸料の額である（Reg. 1. 467-2(a))。

(A) 十分な利子の基準（adequate interest test）

不確定賃貸料を無視して，①レンタル契約が延払・前払賃貸料を有しない場合，②延払・前払賃貸料を有するが，(i)レンタル契約が延払・前払固定賃貸料の利子（明示の金利）を単一の固定レートで定め，(ii)固定賃貸料の明示の金利が適用される連邦レートの110％以下であり，(iii)利付の延払・前払固定賃貸料の額が前回調整日より早い日でなく翌調整日より遅くない日における延払・前

払固定賃貸料の額を反映するよう，少なくとも毎年調整され，かつ，(iv)レンタル契約が少なくとも毎年利子が支払われるか複利計算されることを要求する場合，③レンタル契約が前払賃貸料でなく延払賃貸料について定め，借主が固定賃貸料および利子として支払うべき金額の現在価値が，各レンタル期間に配分される固定賃貸料の現在価値の合計以上である場合，あるいは④レンタル契約が延払賃貸料でなく前払賃貸料について定め，借主が固定賃貸料として支払うべき金額の現在価値と，貸主が前払固定賃貸料につき利子として支払うべき金額との合計額が，各レンタル期間に配分される固定賃貸料の現在価値の合計以下である場合，その IRC 467 レンタル契約は，固定賃貸料の十分な利子を定めているものとする（Reg. 1. 467-2(b)(1)）。

(B) 多様な金利を定める IRC 467 レンタル契約

レンタル契約が多様な金利を定める場合，レンタル契約は，同契約の定める多様な金利の代用固定レートに等しい延払・前払固定賃貸料に係る固定金利を定めるものとする（Reg. 1. 467-2(b)(2)）。

(C) 比例的賃貸料の計算

レンタル期間の比例的賃貸料の額は，レンタル期間に配分される固定賃貸料の額に分数（分子はレンタル契約により固定賃貸料およびその利子として支払うべき額の現在価値であり，分母は各レンタル期間に配分される固定賃貸料の現在価値である）を乗じて計算される（Reg. 1. 467-2(c)）。

(D) 現 在 価 値

十分な利子または比例的賃貸料の決定上，金額の現在価値の計算は適用される連邦レートの110% に相当する割引率を用いて，リース期間の最初のレンタル期間の初日現在で行われる。IRC 467 レンタル契約が，リース期間前に固定賃貸料の支払を要求する場合，現在価値の計算は，当該契約により固定賃貸料に支払を要する初日現在で行われる（Reg. 1. 467-2(d)）。

C 不適格リース・バックおよび長期契約

IRC 467 レンタル契約が，不適格リース・バックまたは長期契約である場合

には，リース期間中の各レンタル期間の固定賃貸料の決定には，コンスタント・レンタル発生方法を用いなければならない。コンスタント・レンタル発生方法は，レンタル契約を不適格とする IRS 長官の決定がなければこれを用いることはできない。IRS 長官の決定は，ケース＝バイ＝ケース・ベースかまたは一定の種類のリース・バック，または長期契約を不適格とし，コンスタント・レンタル発生の対象とすることを規定する。IRS 長官の公表した規則その他のガイダンスのいずれかにより行われる (Reg. 1. 467-3(a))。

(A) 不適格リース・バックおよび長期契約

①増減賃貸料の主目的が租税回避である場合，②IRS 長官が租税回避目的を理由として，不適格リース・バックまたは長期契約として取り扱うと決める場合，③IRC 467 レンタル契約に係る額が 2,000,000 ドルを超える場合のみ，リース・バックまたは長期契約は不適格とされる (Reg. 1. 467-3(b)(1))。

　　a　リース・バック

　IRC 467 レンタル契約は，借主または関連者が，契約日に終了する 2 年間に資産の持分を有していた場合には，リース・バックとなる。資産の持分には，貸主または関連者がその資産の所有者と考えられたか否かを問わず，その資産を購入するオプションや合意が含まれ，サブリース資産については，転貸主としての持分が含まれる (Reg. 1. 467-3(b)(2))。

　　b　長 期 契 約

　IRC 467 レンタル契約は，リース期間が資産の法定回収期間の 75% を超える場合，長期契約となる。「法定回収期間」は，IRC 168（加速度コスト回収制度）の減価償却資産については IRC 467(e)(3)(A) に規定する期間，土地については 19 年，その他の有形資産については，IRC 168 の適用される資産である場合には IRC 467(e)(3)(A) に規定する期間をいう (Reg. 1. 467-3(b)(3))。

(B) 増減賃貸料の主要目的としての租税回避

　増減賃貸料の主目的が租税回避であるかどうかを決めるには，すべての事実と状況を考慮に入れるものとする。ただし，契約がセーフハーバーに該当する場合には，その契約は，不適格リース・バックまたは長期契約として取り扱わ

れない。リース・バックまたは長期契約が，これらのセーフハーバーの一つに該当しないこと自体は，増減賃貸料の主目的が租税回避であることにはならない (Reg. 1. 467-3(c)(1))。

a 租税回避

契約日に貸主と借主の限界税率の相当の差がリース期間中に見込まれる場合，この契約は調査対象となり，増減賃貸料の主目的が租税回避でないことを明瞭な証拠で立証しなければならない (Reg. 1. 467-3(c)(2))。「限界税率」とは，1ドルを追加，1ドルの受取賃貸料，または支払賃貸料から生じる納税者の増減額に分けることによって決定されるパーセントをいう (Reg. 1. 467-3(c)(2)(i))。

「税率の相当の差」は，次の場合に合理的に見込まれる (Reg. 1. 467-3(c)(2)(ii))。

① レンタル契約が増加賃貸料を有し，レンタル契約がすべての暦年に配分される平均賃貸料より少ない年間固定賃貸料を配分するレンタル期間中，貸主の限界税率が借主の限界税率を10％超も超えると合理的に見込まれる場合

② レンタル契約が減少賃貸料を有し，レンタル契約がすべての暦年に配分される平均賃貸料より大きい年間固定賃貸料を配分するレンタル期間中，借主の限界税率が貸主の限界税率を10％超も超えると合理的に見込まれる場合

「特別な状況」については，貸主と借主の見込み限界税率の決定に当たって，純営業損失や税額控除の繰越，その他，納税者の税額に影響すると合理的に見込まれる特別な状況を考慮に入れなければならない (Reg. 1. 467-3(c)(2)(iii))。

b セーフハーバー

次の場合には，租税回避が増減賃貸料の主目的であるとはみなされない (Reg. 1. 467-3(c)(3))。

① 不均衡な賃貸料基準に該当する場合

② 賃貸料の増減が全部次のいずれかによる場合
  (ⅰ) 不確定賃貸料
  (ⅱ) リース期間中の一連続期間賃貸料を減免することを認める単一のレント・ホリデー（ただし、レント・ホリデーがリース期間中の最初の3月以下の期間であり、別の期間がないこと、またはレント・ホリデーの期間が合理的で、資産の使用が行われる場所の商業慣行を参考に決定され、24月またはリース期間の10%の少ない方を超えないこと）

 c 不均衡な賃貸料基準

 各暦年に配分される賃貸料が、すべての暦年に配分される平均賃貸料と10%超の差を生じる場合、不均衡な賃貸料基準に該当する（Reg. 1. 467-3(c)(4)(i)）。レンタル契約が長期契約であり、契約の対象となる資産の90%以上が不動産である場合、上記の10%の代わりに15%を用いた、不均衡な賃貸料基準が適用される（Reg. 1. 467-3(c)(4)(ⅱ)）。

 (C) コンスタント・レンタル額の計算

 コンスタント・レンタル額は、各レンタル期間末に支払われる場合、不適格リース・バックまたは長期契約により、賃貸料および利子として支払うべき金額の現在価値に相当する現在価値を生じる金額である。コンスタント・レンタル額の計算において、現在価値を決定するルールは、比例的賃貸料の計算ルール（Reg. 1. 467-2(d)）と同じである。

 D IRC 467 ローン

 (A) IRC 467 ローン・ルール

 レンタル期間の初日に、初日以前にレンタル契約により支払うべき固定賃貸料の額と、初日前に Reg. 1. 467-1(d)(2) に従って発生する必要がある固定賃貸料の額との差がある場合、IRC 467 レンタル契約に、IRC 467 ローン・ルールが適用される。

 レンタル期間のはじめにおける、IRC 467 ローンの元本残高の計算ルールは、Reg. 1. 467-4(b) によって定められる。IRC 467 ローンの元本残高がプラスで

第1章 実体法におけるタックス・シェルター対抗措置　*231*

あれば，その金額は，貸主から借主へのローンを表わし，マイナスであれば，その金額は借主から貸主へのローンを表わす（Reg. 1. 467-4(a)(1)）。コンスタント・レンタル発生方法の対象となるレンタル契約，Reg. 1. 467-4(a)(4)が適用される場合を除き，Reg. 1. 467-2(b)(1)(i)(延払・前払賃貸料の契約)，または Reg. 1. 467-2(b)(1)(ii)(単一固定レートで十分な明示の利子を定める延払・前払賃貸料を有する契約)により十分な利子を定める IRC 467 レンタル契約には，この IRC 467 ローン・ルールは適用されない（Reg. 1. 467-4(a)(2)）。

　Reg. 1. 467-3（不適格リース・バックまたは長期契約）に基づきコンスタント・レンタル発生方法の対象となるレンタル契約には，IRC 467 ローン・ルールが適用される（Reg. 1. 467-4(a)(4)）。

(B) 元本残金

　レンタル期間のはじめにおける IRC 467 ローンの元本残高は，①前レンタル期間に発生した固定賃貸料に，②前レンタル期間に貸主の総所得に算入される固定賃貸料の利子，およびレンタル期間の初日以前に前払固定賃貸料の利子として貸主が支払うべき額を加算し，③前レンタル期間に，貸主の総所得に算入される前払固定賃貸料の利子，およびレンタル期間の初日以前に固定賃貸料またはその利子として借主が支払うべき額を減算した金額に等しい（Reg. 1. 467-4(b)(1)）。

　IRC 467 レンタル契約が，前払固定賃貸料を要求し，十分な利子を定める場合，レンタル期間のはじめにおける IRC 467 ローンの元本残高は，上記の元本残高にレンタル期間に発生した，固定賃貸料を加算した額である（Reg. 1. 467-4(b)(2)）。

(C) イールド

　IRC 467 ローンのイールドは，借主が，固定賃貸料およびその利子として支払うべき金額の現在価値の合計と，貸主が前払固定賃貸料の利子として支払うべき金額の現在価値の合計が Reg. 1. 467-1(d)(2) に従って発生する，固定賃貸料の現在価値の合計に等しい割引率である。イールドは IRC 467 レンタル契約の期間にわたりコンスタントでなければならない（Reg. 1. 467-4(c)）。

E　多様な利子のある IRC 467 レンタル契約

多様な利子を定める IRC 467 レンタル契約について，IRC 467 賃貸料および利子を計算するルールが，Reg. 1. 467-5 に定められている。レンタル契約に，Reg. 1. 1275-5(a)(3)(i)(A), (B)および(a)(4)＜多様な利率の債務証書に関する明示の利子 (1以上の適格変動レート，単一固定レートおよび1以上の適格変動レート)＞の要件を満たす利率で，少なくとも毎年支払われまたは複利計算される明示の利子が定められている場合，そのレンタル契約は，多様な利子を定めるものとされる。このルールは，Reg. 1. 467-2(b)(1)(i)＜延払・前払賃貸料のない契約＞，または(b)(1)(ii)＜単一固定レートの明示の利子を定めるレンタル契約＞に基づき，十分な利子を定める，IRC 467 レンタル契約には適用されない (Reg. 1. 467-5(a)(2))。

IRC 467 レンタル契約が多様な利子を定める場合，比例的レンタル額，コンスタント・レンタル額，IRC 467 ローンの元本残高およびイールドの計算には，そのレンタル契約で定められた延払・前払固定賃貸料の多様な金利の代わりに，固定レート＜Reg. 1. 1275-5(e)と同様の方法で決定される＞を用いなければならない (Reg. 1. 467-5(b)(i))。

F　処分に係る IRC 467 取戻その他のルール

資産の処分を行う貸主は，取戻額を認識し，これを通常の所得として取り扱わなければならない (Reg. 1. 467-(c)(1))。この規定は，リース・バックまたは長期契約であり，不適格でなく，全レンタル期間に配分される年間固定賃貸料を超える固定賃貸料を，レンタル期間に配分する IRC 467 レンタル契約の対象資産の処分に適用される (Reg. 1. 467-7(a))。取戻額は，①前の過少算入額 (prior understated inclusions) または②実現した額 (売却，交換および強制転換以外の処分の場合には資産の公正な市場価値) のうち資産の調整ベースを超える部分のいずれか少ない方をいう (IRC 467(c)(2))。

G　財務省規則制定権の付与

　法律は，資産またはサービスの利用の対価に関するIRC 467については，不確定払（contingent payments）における適用に係る規則を含めて，これを実施するために妥当な規則の制定権を財務長官に付与している（IRC 467(h)）。また，法律は，個別に，不適格リース・バックまたは長期契約として扱われない状況を定める規則（IRC 467(b)(5)），リース・バックまたは長期契約による前の過少算入額の取戻に関する特則を定める規則（IRC 467(c)(5)），法律の規定するルールに匹敵するルールを定める規則（IRC 467(f),(g)）などの制定権を財務長官に付与している。

(12)　パッシブ活動損失および税額控除の制限

　①個人，遺産財団または信託，②閉鎖保有C法人および③人的役務法人は，①パッシブ活動損失および②パッシブ活動税額控除を認められない（IRC 469(a)）。当期に否認されたパッシブ活動損失，およびパッシブ活動税額控除は，翌期におけるパッシブ活動に配分される所得控除，または税額控除として取り扱われる（IRC 469(b)）。これは，パッシブ・ロス・リミテーション・ルールといわれる，基本的な租税回避防止規定の一つである。これは，「パッシブ活動」（passive activity）に対する個別的否認規定であるが，個別取引をパッシブ活動と非パッシブ活動に分類し，個々の取引を超えて，それぞれのもつ「パッシブ活動」という共通の特性に着目した対抗措置であるため，一般的・共通的な否認規定となっている。

A　パッシブ活動の定義

　パッシブ活動とは，①営業・事業の遂行を含み，かつ，②納税者が実質的に参加しない活動をいい，レンタル活動を含む（IRC 469(c)(1)および(2)）。納税者が，直接または納税者の債務を制限しないエンティティを通じて保有する石油・ガス鉱床の持分は，パッシブ活動に含まれない（IRC 469(c)(3)(A)）。上記①の営業・事業には営業・事業に関する活動が含まれる（IRC 469(c)(5)）。また，

営業・事業には①営業・事業に関する活動または②経費がIRC 212（所得を稼得するための経費）に基づき控除を認められる活動が含まれる（IRC 469(c)(6)）。

上記②の「パッシブ活動がレンタル活動を含む」という規定は不動産レンタル活動には適用されないが、納税者のレンタル不動産における各持分は独立の活動として、パッシブ・ロス・リミテーション・ルールが適用される（IRC 469(c)(7)）。しかし納税者は、レンタル不動産におけるすべての持分を単一の活動として扱うことを選択することができる。

B パッシブ活動損失およびパッシブ活動税額控除の定義

「パッシブ活動損失」(passive activity loss)とは、①当期のすべてのパッシブ活動からの合計損失が、②当期のすべてのパッシブ活動からの合計所得を超える金額をいう（IRC 469(d)(1)）。

「パッシブ活動税額控除」(passive activity credit)とは、①当期に認められるすべてのパッシブ活動からの税額控除の額が、②すべてのパッシブ活動に配分される当期の通常の税額を超える金額をいう（IRC 469(d)(2)）。

C パッシブ活動からの所得または損失の計算の特則

(A) パッシブ活動からの所得として取り扱われない所得

活動からの所得または損失の決定に当たっては、次のものが除外される（IRC 469(e)(1)(A)）。

① 営業・事業の通常の過程で生じない利子、配当、保険年金または使用料からの総所得（ポートフォリオ所得）
② 明瞭かつ直接に①の総所得に配分される経費（利子を除く）
③ 適切に①の総所得に配分される支払利子
④ 営業・事業の通常の過程で生じない損益で、①の種類の所得を生じ、または投資のために保有される資産の処分に帰せられるべきもの（パッシブ活動における持分は投資のために保有される資産として扱われない）

稼働資本の投資に帰すべき所得、収益または損失は、営業・事業の通常の過

程で生じないものとして扱われる（IRC 469(e)(1)(B)）。

(B) **一定の閉鎖保有法人のパッシブ損失は積極的所得を相殺できる（IRC 469(e)(2)）**

閉鎖保有法人（人的役務法人を除く）が純積極的所有を有する場合，そのパッシブ活動損失は，純積極的所得に対する控除項目として認められる（IRC 469(e)(2)(A)）。ここで「純積極的所得」（net active income）とは，パッシブ活動からの所得または損失および上記(A)に定める総所得，経費，損益にかかわらず，算定される課税所得をいう（IRC 469(e)(2)(B)）。

(C) **人的役務の報酬**

パッシブ活動からの所得または損失の計算上，勤労所得（earned income）は除外される（IRC 469(e)(3)）。

(D) **受取配当控除の減算**

上記(A)および(B)において，配当からの所得は，受取配当控除の額だけ減算される（IRC 469(e)(4)）。

D　元パッシブ活動の取扱

ある活動が元パッシブ活動である場合，当該活動に配分される未使用税額控除額は，当期の当該活動に配分される，通常の税額と相殺される。これらのルールの適用後の未使用額は，パッシブ活動から生じたものとして取り扱われる（IRC 469(f)）。

E　パッシブ活動における持分の処分

当期中に，納税者がパッシブ活動における持分全部を処分する場合，次のルールが適用される（IRC 469(g)）。

(A) **全額課税取引**

当該処分により実現したすべての損益が認識される場合，①当期の当該活動からの損失のうち，②当該他のすべてのパッシブ活動からの純所得または収益を超える部分は，パッシブ活動からの損失でない損失として取り扱われる（IRC

469(b)(1)(A))。

　納税者と持分所得者が相互に関連者である場合，この持分を非関連者が取得する課税年度まで，この規定は納税者の損失に適用されない（IRC 469(g)(1)(B)）。

　前課税年度の活動からの所得または収益は，この規定の回避を防止するために必要な範囲で，上記②において考慮に入れられる（IRC 469(g)(1)(C)）。

(B)　持分の割賦販売

　活動における持分全部の割賦販売について，各課税年度の損失のうち，当該課税年度中の割賦販売で実現した収益が，当該割賦販売からの総利益に占める割合を，当該損失に乗じた額に相当する部分について，上記(A)のルールが適用される（IRC 469(g)(3)）。

F　実質的な参加の定義

　納税者は，①通常のベーシス，②継続ベーシス，および③実質的ベーシスで活動の運営に関与する場合のみ，当該活動に実質的に参加する者として取り扱われる（IRC 469(h)(1)）。

　リミテッド・パートナーとして有するリミテッド・パートナーシップの持分は，納税者が実質的に参加する持分として取り扱われない（IRC 469(h)(2)）。

　閉鎖的保有Ｃ法人または人的役務法人は，これらの法人の発行済株式の50％超を表わす株式を保有する１人以上の株主が，実質的に活動に参加し，または閉鎖的保有Ｃ法人（人的役務法人を除く）について，当該活動につきIRC 465(c)(7)(C)＜適格法人の積極的活動の除外：適格事業＞の要件が満たされる場合のみ，実質的に当該活動に参加するものとして取り扱われる（IRC 469(h)(4)）。

G　不動産レンタル活動

　自然人については，当期のパッシブ活動損失，またはパッシブ活動税額控除のうち，当該個人が当期に積極的に参加した，すべての不動産レンタル活動に帰すべき部分には，パッシブ・ロス・リミテーション・ルールは適用されない（IRC 469(i)(1)）。

この規定は，25,000ドルを限度として適用される (IRC 469(i)(2))。すべての納税者について当期の納税者の調整総所得が100,000ドルを超える金額の50%だけ，この25,000ドルから減算された額が，限度額とされる (IRC 469(i)(3)(A))。

当期のパッシブ活動税額控除のうちIRC 47により算定される修復税額控除に帰すべき部分について，この規定は，上記の100,000ドルの代わりに200,000として適用される (IRC 469(i)(3)(B))。

また，当期のパッシブ活動税額控除のうち，IRC 42により算定される低所得層住宅控除に帰すべき部分には，この規定は適用されない (IRC 469(i)(3)(C))。

個人の持分が不動産レンタル活動のすべての持分の10%以下である場合，当該活動について積極的に参加するものとして取り扱われない (IRC 469(i)(6)(A))。

H 公開取引パートナーシップに対する個別適用

パッシブ・ロス・リミテーション・ルールは，各公開取引パートナーシップに帰すべき項目について，個別に適用される (IRC 469(k)(1))。ただし，この個別適用の規定は，税額控除がパートナーシップからの所得に帰すべき通常の税額を超える範囲で，公開取引パートナーシップに帰すべき税額控除には適用されない。「公開取引パートナーシップ」(publicly traded partnership) とは，①パートナーシップの持分が確立された証券市場で取引されるか，または②パートナーシップの持分が，第二市場または実質的にこれに相当するものにおいて，容易に取引されるすべてのパートナーシップをいう (IRC 469(k)(2))。

I 財務省規則制定権の付与

法律は，①活動，実質的な参加または積極的参加を構成する事項を特定し，②活動からの所得または損失の計算上総所得の一定項目を除外することを定め，③リミテッド・パートナーシップその他のパッシブ活動からの純所得または収益を，パッシブ活動によるものとして取り扱われないことを要求し，④支払利

子の配分の決定を定め，⑤婚姻事情の変化，および合同申告と個別申告との変化を取り扱う規則を含め，パッシブ・ロス・リミテーション・ルールの適用に必要または妥当な財務省規則の制定権を，財務長官に付与している（IRC 469(1)）。

第2章

租税回避取引に関する主要法令

1 ルールとスタンダード

　所得税額の算定は一般にルールに基づいて行われる。内国歳入法典（Internal Revenue Code：IRC），財務省規則（Regulations），多数の通達（Administrative Pronouncement）は，多数の取引の課税上の取扱についての詳細かつ多数のルールを定めている。このルール・ベース・システムは，できるだけ包括的・客観的かつ透明なものになるようデザインされる。しかし，このシステムは必ずしも完璧にルールのみによるものではなく，ルールを補完するスタンダードがルールに明白に含まれるかまたは判例によって追加される。スタンダードは，法令・規則の濫用防止ルールや判例原則において具体化され，ルール・ベース・システムにおいて重要な役割を果たしている。タックス・シェルター白書は，スタンダードのもつ三つの機能を挙げている。

① スタンダードの存在によってルールが簡素化され，完全なものである必要が軽減されること

② スタンダードでルールを補完することによって所得計算はより正確なものになること（ルールそれ自体が意図しない不適当な結果を生じるときスタンダードの適用によりルールの文理解釈を克服してより合理的な結果を生ずることができる。その例としては「事業目的要件」がある）

③ スタンダードは全体としてシステムの確実性の程度を低下させ，一つには租税回避行為の制御装置として作用し，スタンダードがオーバーライド

する可能性によってタックス・シェルターの節税効果が否認リスクに晒されることになる

スタンダードは，次の三つの範疇に分類される。

① 法令の濫用防止ルールに基づきIRSは法令・規則の条文の文理上の要件を満たすようデザインされているが当該条文の目的を達成不能にすることが明瞭な取引の節税効果を更正することができること
② IRSは財務長官に所得を明瞭に反映し，かつ租税回避を防止する多様かつ広範な権限を付与していること
③ 法令に明文による権限の付与がない場合でさえ，IRSは多様な判例原則（実質主義，事業目的および経済実体を含む）により取引のタックス・ベネフィットを否認することができること

2 共通かつ重要な租税回避防止規定

米国の税法の規定は，課税要件と非課税要件，および否認要件などから構成されているため，きわめて複雑化し，財務長官をして「暗号」のようになっていると嘆かせるほど難解なものになっている。特に否認要件を定める規定は，税法が法的安定性と予測可能性を十分に備えているかどうかという観点から，納税者にとって重要な意味をもつ。米国税法は，ドイツ租税通則法42条のような一般的否認規定はないが，可能な限り，個別的否認規定を整備する一方，①会計方法，②特定の所得，③特定者間取引などに共通の基本的な否認規定または控除制限規定もしくは減免適用制限規定を整備しつつある。

米国においては，租税回避行為について対抗するため，立法措置としては税制改正，行政措置としてはIRSの執行体制の整備に努めてきた。明瞭に所得を反映しない会計方法にはその否認規定（IRC 446(b)），価格操作に係る租税回避には独立企業原則による「移転価格税制」（IRC 482），投資所得の蓄積の防止には「同族持株会社税」（IRC 541-547），配当課税の回避には「留保収益税」（IRC 531-537），「過少資本税制」（IRC 385），トリーティ・ショッピング防止のために

「支店利益税」(IRC 884)，タックス・ヘイブンへの所得移転や所得留保に対抗するCFCルールとして「サブパートF所得」(IRC 952)，などさまざまな租税回避防止規定が法定されている。近年に着目すると，1971年に投資に係る利子控除の制限規定 (IRC 163(b))，特に1970年代に流行したノン・リコース・ファイナンスを利用した「見せかけの損失」の利用を制限するため，1976年に「アット・リスク・ルール」(IRC 465)，租税優遇措置を最大限に利用するタックス・シェルターに対抗するためタックス・デバイスによるタックス・ベネフィットを得る納税者に最低限の所得税を支払わせるため，1978年に「代替的ミニマム・タックス」(IRC 55-59)，などが定められた。米国では双子の赤字に苦悩する経済再生を期して税制を活用するため，1981年に経済復興税法 (Economic Recovery Tax Act) により多くの租税特別措置を設ける一方で，これを利用する「議会の意図しない租税回避取引」を防止するための一連の対抗措置を整備した。例えば，1981年に「過大評価ペナルティ」(IRC 6659)，1982年には「正確性関連ペナルティ」(Accuracy related penalty) (IRC 6662)，「パートナーシップ調査」(IRC 6221)，「濫用的タックス・シェルター・プロモーター・ペナルティ」(IRC 6700)，1984年には「タックス・シェルター登録制度」(IRC 6111)，「投資家リスト保存義務」(IRC 6112)，および「タックス・シェルター登録の懈怠に対するペナルティ」(IRC 6707)，「投資家リスト保存義務の懈怠に対するペナルティ」(IRC 6708)，1984年に「パッシブ・ロス・リミテーション・ルール」(IRC 469) など基本的なタックス・シェルター対抗措置が整備された。支払利子の控除制限については，1984年に「関連外国法人あてに発行した割引債の利子控除の制限」(IRC 163(e))，「高利回り割引債の利子控除の制限」(IRC 163(e))，「関連者またはパススルー・エンティティを利用した迂回融資による租税回避防止規定」(IRC 7701(f))，1989年に「アーニング・ストリッピング・ルール」(IRC 163(j)) などが定められた。このように，米国のタックス・シェルター対抗措置は，個別的否認規定の法定化によりIRSに広範な権限を付与するものである。税法の濫用に関する租税事件については，「実質主義」(substance over form)，「ステップ取引原則」(step transaction doctrine)，「事

業目的」(business purpose),「経済実体」(economic substance) などの判例理論が発展してきたが，税法が民主的な自主申告納税制度を採用する以上，納税者が申告し，IRS が更正・決定を行うに当たって，否認要件や否認基準ができる限り具体的に法定され，少なくとも法律の具体的な委任規定に基づく財務省規則により明確に定められることが必要である。

米国においては内外資本による活発な取引が行われるには課税における予測可能性と法的安定性の確保が必須の要件であることを考慮に入れて，日本のように税法にある「不当に税負担を減少させる行為・計算の否認」規定の適用・解釈の疑義を実務に疎い裁判所に委ねるのでなく，まず立法と行政のレベルで疑義を生じる余地を少なくする努力が行われている。上記の立法措置のうち，基本的な制度について以下に要約する。

(1) 会計方法(注79)

納税者が規則的に用いる会計方法がない場合または納税者の用いる会計方法が所得を明瞭に反映していない場合，課税所得の計算は財務長官の意見により所得を明瞭に反映する方法に基づいて行うものとする (IRC 446(b))。特にタックス・シェルターについては，税法上明文で次のような特別な会計ルールが定められている。

① C法人，C法人をパートナーとするパートナーシップまたは「タックス・シェルター」については，課税所得の計算は現金主義会計ではなく，発生主義会計で行わなければならない (IRC 448(a))。

② 経済的パフォーマンス・ルール (IRC 461(h))

たとえ発生主義会計によるとしても，タックス・シェルターは，経済的パフォーマンスルール（経済的パフォーマンスが発生する前に債務は発生しないというルール）により，納税者による資産もしくはサービスの提供，または納税者に対する資産もしくはサービスの提供もしくは納税者による使用が行われるまでは債務が発生しないとされるため控除は認められない (IRC 461(i))。ここで，「タックス・シェルター」とは，企業 (C法人を除

く）の持分が証券規制当局に登録するオファーで販売のためにオファーされた企業，IRC 1256(e)(3)(B)のシンジケート（パートナーシップその他のエンティティでその損失の35％超がリミテッド・パートナーまたはリミテッド・事業主に配分されるもの）およびIRC 6662(d)(2)(C)(iii)のタックス・シェルター（パートナーシップその他のエンティティ，投資プランもしくは投資アレンジメントその他のプランもしくはアレンジメントであってその主目的は連邦所得税の回避またはほ脱であるもの）をいう。

③ タックス・シェルターのうち所得税の回避またはほ脱をその重要な目的とするものには，正確性関連ペナルティの例外は適用されない（IRC 6662(d)(2)(C)(ii)）。

財務長官が納税者の課税所得計算に用いられる会計方法で所得を明瞭に反映しないと判断した場合これを指定することができるが，この権限の行使の事例としては，一定のデリバティブ取引があり，例えば財務省規則1.446-3は，スワップ取引から生じる所得と損失の計上期限について定めている。

（注79） 第2編第1章2を参照。

（2） 代替的ミニマム・タックス[注80]

代替的ミニマム・タックスは，すべての納税者に適用されるが，タックス・シェルター投資は，損失，所得控除および税額控除を利用することによって当期の所得税の軽減または回避を図るデバイスであり，そのタックス・ベネフィットは「租税優遇項目」（tax preference items）とされるので，代替的ミニマム・タックスを課される可能性が高い。代替的ミニマム・タックスが所得の繰延から生じる限り，当期に支払う代替的ミニマム・タックスは一般に通常の税額に対する税額控除として無期限に繰り越すことができる。

（注80） 第2編第2章7(8)を参照。

（3） 投資利子控除の制限

タックス・シェルター投資の特性として「借入金」「レバレッジ」の利用が

あるが，投資家が投資目的のために保有する資産の購入・運用のために借り入れた金銭につき利子を支払うとき，利子の所得控除は投資家の純投資所得の額に制限される（IRC 163(d)）。

「純投資所得」には，営業・事業の通常の過程では生じない利子，配当，年金または使用料などの「ポートフォリオ所得」が含まれる。この「ポートフォリオ所得」にはこの種の所得を生じる資産または投資のために保有される資産（株式・債権など）の売却または営業からの純ゲインが含まれる。

（4） 減価償却の取戻

定額法を超える減価償却は，資産が処分されるとき，通常の所得として取り戻される。資産の取得価額を超える譲渡益は，通常，キャピタル・ゲインとして課税されるが，このゲインのうち加速度償却に帰すべき部分は通常の所得として課される。その結果，投資家に対する課税は，キャピタル・ゲイン税率と通常の所得に対するマージナル・レートとのスプレッドだけ増加することになる。

（5） アット・リスク・ルール[注81]（At—risk limitation on losses）

投資家のタックス・シェルターが投資からの損失を控除するとき，投資家が現実にアット・リスクに有する投資から生ずるものに限定するため，ノン・リコース・ローン（個人的に払戻の責任を負わないローン）を通じてタックス・シェルター投資にファイナンスを受ける投資家を標的として，アット・リスク・ルールまたはアット・リスク・リミテーション・オン・ロスが導入された（IRC 465）。このルールは，投資家の損失控除の可能性を，投資したベンチャーが失敗した場合に現実に蒙る損失に限定する。

「投資家がアット・リスクに有する投資額」とは，通常，①投資家が拠出した金額，②投資家が拠出した資産の調整ベーシス，③投資家が借入金で拠出した金額であったそのローンにつき個人的に責任を負うもの（リコース・ファイナンス）をいう（IRC 465(b)，暫定規則 7.465-2）。アット・リスクは，営業・事業の

一部または所得の稼得のために従事するすべての活動に適用される（IRC 465(c)(4)）。アット・リスク・ルールは，不動産には適用されない。個人，S法人の株主，人的役務法人および閉鎖保有法人は，アット・リスク・ルールを適用されるが，他の法人は適用外とされる。アット・リスク・ルールは，特にノン・リコース・ファイナンスへの適用を狙った制度であり，タックス・シェルター投資に大きな影響を与えた。

　（注81）　第2編第1章2(10)および第2章7(7)を参照。

（6）　パッシブ活動ルール(注82)（Passive Activity Rule）

　パッシブ活動とは，一般に投資家がマネジメントに実質的に参加しないが，他の者がマネジする活動に単に資金を投資する活動をいう。投資家は，パッシブ活動損失とパッシブ活動税額控除をそのパッシブ活動所得のみから控除することができる（IRC 469）。投資家は，控除しきれないパッシブ活動損失を翌年度以降に繰り越すことができる（IRC 469(g)）。未使用のパッシブ活動税額控除は，投資家が活動の持分の全部を処分するとき，これを控除することはできない。しかし，投資家は，パッシブ活動ルールによる制限のために控除できない範囲で，税額控除の減少額をその活動の持分のベーシスに加算することができる（IRC 469(j)(19)）。パッシブ活動ルールは，個人，遺産財団，信託（グランター・トラストを除く），人的役務法人および閉鎖保有法人に適用される。パッシブ活動ルールは，グランター・トラスト・パートナーシップおよびS法人には適用されないが，これらのエンティティの投資家には適用される。

　大部分のタックス・シェルター投資は，パッシブ活動に該当するが，「油井・ガス井の稼動持分の所有」は例外であり（IRC 469(c)(3)），投資家の責任を制限しないエンティティを通じまたは直接に持分を保有することは，パッシブ活動に当たらない。1993.5.13後に用に供された賃貸不動産タックス・シェルターについては，例外がある。投資家は，その年中のサービスの半分以上を不動産事業への実質的参加に充てる場合でその参加が年中の750時間に達する場合には，パッシブ活動に当たらない。ここで「不動産事業」とは，開発，再開

発，建設，改築，取得，転換，賃貸，運用，経営，リースまたは仲介を含むすべての不動産活動をいう。投資家が他の従業員として遂行する活動は，雇用主の5％を超える持分を有する場合を除き，不動産事業に参加するものとは考えられない。しかし，投資家が上記の参加要件を満たさない場合または1993.5.14前に用に供された不動産を所有する場合，賃貸不動産活動から生じる年当たり25,000ドル未満の損失の控除または税額控除は，積極的に不動産事業を行う個人に認められる。

(注82) 第2編第1章2(12)および第2章7(17)を参照。

(7) 所得移転の原則（assignment—of—income principle）

適正な納税主体は，法的に所得を受け取る資格がある者であり，対価の支払を受けるサービスを提供する者，対価が支払われる資産を所有する者，または所得を生ずる報酬を提供する者である。一般には誰が納税義務者であるかは明瞭であるが，ある所得を複数の者が受け取ると考えられる場合は多い。そのような場合，潜在的な納税主体のうち誰が法的に納税義務を負うかを決定しなければならない。この決定を必要とする場合としては，①家族の一人が低い税率を適用される他のメンバーに自己の受け取る権利がある所得を受領させるよう取り決める場合，②個人が所得を受け取る際代理人として他人を選任する場合，③所得が遺産財団や信託によって集金され最終的に受益者に支払われる場合，④パートナーシップが所得を稼得して留保しまたはパートナーに支払う場合，⑤法人が所得を稼得して留保しまたは株主に報酬または配当として支払う場合などがある。米国では，このような場合，次のように，原則として法的な権利を有する所得の移転を行う者は，なおその所得について所得税の納税義務を負い，また贈与税の納税義務を負うことがあると考えてきた。この原則により適正な納税主体に課税するに当たって，所得を移転した者が自分でその所得を受け取る権利を有していたかという問題に直面する。

（8） 移転価格税制

　同一の者が直接または間接に所有しまたは支配する複数の組織，営業または事業（法人格の有無，設立地が米国内か米国外か，関連の有無を問わない）について，脱税を防止しまたは当該組織，営業もしくは事業の所得を反映するために総所得，控除項目，税額控除または租税の減免を当該組織，営業または事業の間に分配し，配分しまたは割り当てることが必要であると財務長官が認める場合には，財務長官はこのような分配，配分または割当を行うことができる（IRC 482）。IRC 482 は，関連者間の取引における価格操作を通じて行われる①所得移転（shifting of income），②架空売上・架空仕入（making of fictitious sales or purchases），③利益の抜き取り（milking of profits）などによる租税のほ脱を防止し，真正な所得を明瞭に反映するために，私法上の行為・計算を課税上否認し，これを無視して「独立企業間価格」により課税する権限を財務長官に付与している。

　各国の税率の差や税制の差異により，多国籍企業は，全体としての税負担を減少するため，共通の支配下にある事業体間に所得，所得控除，または税額控除をシフトするインセンティブをもつ。この関連者間の租税項目のシフトは，グループ・メンバー間の取引の人為的，独立企業間価格でない価格を設定することによって達成される。

　IRC 482 により，財務省は事業体と関連者との間における不当な所得移転を防止するために必要なとき，米国税を課される事業体の所得を更正する権限を委託されている。成文法は，脱税を防止し明瞭に所得を反映する一般的スタンダードを定める以外に，従うべき個別的配分ルールを定めていない。財務省規則は，再配分が妥当であるかどうかを決定する方法として独立企業間スタンダードの概念を採用している。規則は，一般に，当事者が独立企業原則で取引する非関連者であったならば生じたであろう関連者の課税所得を確認しようと試みる。

　無形資産とサービスは，ユニークであり，第三者の市場取引との比較を困難

または不可能にしているので，これらの取引は，独立企業間スタンダードの執行への特殊な挑戦である。

A 無形資産に関する取引

　無形資産の関連者販売またはライセンスについて，IRC 482 はこの譲渡またはライセンスに係る所得は無形資産によって生じる所得に釣り合っていることを要する。同様に，IRC 367(d) は，無形資産が不認識取引（例えば IRC 351 による譲渡）で関連外国法人に譲渡される場合，この取引は不確定払の売却として取り扱われ，譲渡者は無形資産によって生じた所得に釣り合った所得の算入が必要である。このアプローチは，無形資産が所得を生じるので，現行のベースで無形資産に帰すべき所得を決定する代わりに，この取引のときに単一の独立企業間価格を算定する困難を回避しようとするものである。この方法が納税者にとって不確実であるので，IRC 482 の規則は，関連者グループのメンバー間で無形資産に帰すべき所得を「適格コスト・シェアリング・アレンジメント」の形で配分する代替方法を定める (Reg. 1.482-7)。このアレンジメントによれば，当事者がその合理的に予定したベネフィットに比例して無形資産の開発コストを分担し，このアレンジメントに寄与した以前に開発した無形資産について独立企業間のバイイン支払を行い，さもなければ規則の条件を遵守する場合，IRS は IRC 482 の一般ルールに基づいて再配分することはしない。

B サービスに関する取引

　サービスについては，IRC 482 の規則は，一般に，独立企業間チャージが通常必要とされない，関連者に付随的または間接的で分離したベネフィットを提供するサービスと，独立企業間チャージが必要とされる，関連者により意味のある直接的なベネフィットを提供するサービスとを区別することを要求する (Reg. 1.482-2(b))。しかし，後の場合でさえ，独立企業間チャージの要件は，サービスの受手が供給者のコストを支払う場合（サービスが供給者またはサービスの受手のいずれかの事業の「統合の部分」を構成する場合を除く）に満たされる。サ

ービスは，次の基準に該当する場合に「統合」とみなされる（Reg. 1.482-2(b)(7)）。
① 提供者または受手が同一または類似のサービスを第三者に提供する事業に従事していること
② 関連者にサービスを提供することは，提供者の主たる活動の一つであること
③ 提供者が特にそのサービスを提供することができ，そのサービスが受手の活動の主たる要素であり，かつ，そのサービスの価値が提供者のコストや所得控除よりも著しく大きいこと
④ 受手は当期中関連者からサービスの相当額のベネフィットを受けたこと

(9) 過少資本税制

　財務長官は，法人における持分が株式もしくは負債としてまたは一部は株式一部は負債として取り扱われるべきかを決定するため必要または適当な規則を制定する権限を付与される（IRC 385）。一般に，資金調達をする場合に負債によるか，株式によるか，その組合せによるか，の選択は当事者の自由であるが，通常は負債に対する支払利子は損金に算入できるが，株式に係る配当は損金に算入できないこと，また，投資家からみて負債元金の償還は非課税であるが，株式の消却は通常所得または，キャピタル・ゲインに対して課税されることなどを理由に負債の形式が選択されるとみられてきた。しかし，受取配当の益金不算入を利用するスキームでは株式を選択する傾向もみられる。財務省は，負債と株式の区別に関する規則案を公表したが，論議が多く，最終的には実施されなかった。

(10) タックス・ヘイブン対策税制（サブパートF所得）

　サブパートF所得は，被支配外国法人については，①保険所得，②外国基地会社所得，③当該法人の所得（米国の者の総所得に算入された外国法人の収益・利得に帰すべき所得または除外される米国所得を除く）に国際ボイコット要素を乗じた金額，④当該法人がまたは当該法人のために政府の職員または代理人に直

接または間接に支払う違法な賄賂，キックバックその他の支払の額，および⑤当該法人がIRC 901(j)が適用される外国から生じた所得の合計額をいう（IRC 952）。被支配法人の米国株主は，サブパートF所得のプロラタ部分をその総所得に算入しなければならない（IRC 951）。

(11)　留保収益税

分配する代わりに収益・利得を留保することにより自社株主または他の法人の株主の所得税を回避するために設立されまたは利用されるすべての法人の留保課税所得に対し，39.6％の税率で留保収益税が課される（IRC 531，532）。

(12)　同族持株会社税

すべての同族持株会社に対して未分配同族持株会社所得に39.6％の税率で同族持株会社税が課される。「同族持株会社」とは，その調整通常総所得の60％以上が同族持株会社所得であり，かつ，課税年度後半において5人以下の者が発行済株式の価値の50％超を直接または間接に所有する法人をいう（IRC 541，542）。

(13)　S 法 人

S法人の制度を定めるサブチャプターSは，1958年に制定された。この規定は，企業の法形態の選択肢を整備するとともに，税法上の取扱を明確にする。サブチャプターSの適用を選択した法人（S法人）は，パートナーシップと同様に扱われ，法人の所得または損失は，現実に分配が行われるか否かにかかわらず，原則として，株主の所得または損失とされ，法人段階では課税されない（ただし，IRC 1374（一定のビルト・イン・ゲインに対する課税）およびIRC 1375（留保収益を有するS法人のパッシブ投資所得が総収入の25％を超える場合の課税）による特別な税を除く）。S法人の所得・損失のパススルーとパートナーシップの所得・損失のパススルーは異なり，S法人についてはサブチャプターSの規定で排除されない限りサブチャプターCの規定が適用される。S法人は，法人格を

有するパススルー・エンティティであるという特性を与えられているので、S法人の課税所得は、一定の変更を加えて、個人の課税所得の計算と同じ方法で計算される (IRC 1363(b))。株主は、S法人の所得、損失、所得控除または税額控除等の租税項目についてその持株に応じた部分を申告する (IRC 1366(a)(1))。租税項目は、①個別項目（株主ごとに異なる課税上の結果を生じる項目）と②一括項目に分かれる。①にはキャピタル・ゲイン、IRC 1231（営業・事業用資産等）所得、慈善寄付および非課税所得などがあり、②には営業利益がある。株主のS法人の株式およびS法人に対する債権の取得原価は、税務上重要な意味をもつ。

A 譲渡人が支配する法人に対する譲渡

　IRC 351 は一人または複数の者が法人の株式のみとの交換で資産を譲渡しその直後当該者が当該法人を支配する（「支配」とはすべての種類の株式の 80% を所有することを意味する）場合にはいかなるゲイン・ロスも認識されないと規定している。この IRC 351 により株主が取得した S 法人株式の取得原価は、まず S 法人に出資した現金または資産の取得原価に、引き受けられた債務または資産の負う債務について IRC 358 の調整を行った額とするが、S 法人の所得項目の額が増加し (IRC 1367(a)(1))、S 法人の損失、損金、非課税の IRC 1368 分配等の額を減少する (IRC 1367(a)(2))。

B 損失の控除制限

　株主の損失または損金の額は、株主のS法人株式の取得原価とS法人が株主に負う債務の合計額に制限される (IRC 1366(b)(1))。控除しきれない損失または損金は、翌期以降に無期限に繰り越される。

C 法人に対する債権の取得原価

　株主のS法人に対する債権は、現実の出費を伴う場合には株主は取得原価として計上できるが、S法人が第三者に負う債務について取得原価は計上でき

ない。第三者に対するS法人の債務の保証については，株主の現実の支払や株主の手形への差替えがない限り取得原価の計上はできない。

D アット・リスク・ルール

S法人株主（個人）は，IRC 465（アット・リスク・ルール）を適用される。株主の損失の控除は一定の活動で危険を負担する額に制限される。S法人株主の危険負担額とは，一定の活動に出資した資金と無担保資産の取得原価との合計額をいう（IRC 465(b)(1)）。株主が借り入れてS法人に貸し付けた資金は，株主が返済につき個人的に債務を負い，または当該活動に使用されない資産を担保に供する範囲で，危険負担額に含められる（IRC 465(b)(2)）。S法人株主の危険負担額は，株主にパススルーされたS法人所得だけ増加し，株主にパススルーされたS法人の損失，分配および債務返済額だけ減少する。損失がS法人株主の危険負担額を超える場合，その超過額は，危険負担額が増加するまで無期限に繰り越される。

E パッシブ・ロス・リミテーション・ルール

S法人株主（個人）は，IRC 469（パッシブ・ロス・リミテーション・ルール）を適用される。パッシブ活動による損失は，パッシブ活動による所得とのみ相殺できる。

F S法人の分配

S法人の分配は，①留保収益がない場合，現金の分配は株主のS法人株式の取得原価を超えない限り，非課税であり（IRC 1368(b)(1)），取得原価を超える部分は資産の売却・交換による所得とされる（IRC 1368(b)(2)）が，②留保収益がある場合には，S法人の「留保調整勘定」（accumulated adjustment account）の限度でIRC 1368(b)の分配と同様に扱われ，取得原価の回収または売却・交換による取得とされる（IRC 1368(c)(1)）。分配額のうち留保調整勘定の額を超える場合は，S法人の留保収益を限度として配当として課税される（IRC 1368(c)(2)）。分

配により留保収益が消滅した場合，それ以降の分配は株主のS法人株式の取得原価で非課税とされ，これを超える額は売却・交換による取得とされる（IRC 1368(c)(3)）。

(14) パートナーシップ

パートナーシップ（Partnership）は，各州で採択される統一パートナーシップ法（Uniform Partnership Act：UPA）では「2人以上の者が共有する営利目的の事業を行うための団体」と定義されているが，内国歳入法典では「シンジケート，グループ，プール，ジョイント・ベンチャーその他の法人格のない組織（unincorporated organization）であってこれを通じまたはこれによって事業，金融活動またはベンチャーを行うもの（法人，信託または遺産財団を除く）」と定義されている（IRC 761(a)）。ただし，法人格のない組織が①積極的な事業の遂行（active conduct of business）のためでなく投資目的のためにのみ利用される場合，②サービスまたは生産されもしくは採用された資産の販売のためでなく資産のジョイント生産，採取または使用のために利用される場合，あるいは③特定の証券の発行を引き受け，販売または分配する目的で証券ディーラーによって短期間だけ利用される場合には，財務長官は当該組織の全構成員の選択により内国歳入法典A編第1章サブチャプターKの全部または一部の規定を適用しないことができる（IRC 761(a)）。この②は1978年改正により追加された。パートナーシップは，連邦所得税の課税上，サブチャプターKの適用を受ける法人格のない組織であることから俗に「サブチャプターK組織」といわれる。サブチャプターKの規定は，①パートナーシップを租税項目のパートナーへのパススルーのための「導管」（conduit）とする集合体概念に基づく規定，②パートナーシップをパートナーとの間の内部取引やパートナーシップ持分の処分について「法人」のようにパートナーと分離独立の存在（entity）とする実体概念に基づく規定，②設立や清算について①②の双方の概念の結合に基づく規定の3種の規定を有する。これは，パートナーシップの本来の性質はパススルー・エンティティであると認める一方で，タックス・シェルターの代表的な

ビークルとして利用されている実態に着目すれば，租税回避防止のために実体概念をとらざるを得ないとの考えによる。

A　パートナーシップの非課税とパートナーの直接課税

　パートナーシップはそれ自体としては連邦所得税を課されない。パートナーとして事業を営む者が，パートナーシップから独立した個別の資格でのみ所得税を課される（IRC 701）。このパートナーシップの課税原則においては集合体概念に基づきパートナーシップは「導管」と考えられている。

B　パートナーシップの設立と拠出

　パートナーシップの設立に当たってパートナーは出資して見返りにパートナーシップ持分（partnership interest）を取得する。パートナーシップ持分は，パートナーシップの利益および剰余金についての持分（shares）である。出資は，労務出資と財産出資に大別されるが，出資についての損益の認識については，労務出資は人的役務提供の対価としてパートナーシップ持分を取得したと解されるためパートナーシップ持分の公正な市場価額が出資者の総所得に算入される。財産出資は金銭出資と現物出資に分けられる。金銭出資はパートナーがパートナーシップ持分を得るための投資として損益の実現はないが，現物出資はパートナーシップ持分との交換で金銭以外の資産を出資するものであり，パートナーおよびパートナーシップのいずれも原則として損益は認識されないものとされる（IRC 721(a)）。ただし，パートナーシップが法人化されたと仮定したならばIRC 351に規定する「投資会社」として扱われたであろうパートナーシップに財産出資する場合には，その資産の譲渡により実現した利益が認識される（IRC 721(b)）。パートナーとパートナーシップとの間でメンバー以外の者として取引する場合にはこの取引はパートナーシップと第三者との取引とみなされる。パートナーがパートナーシップに資産を譲渡し，パートナーシップがこのパートナーに直接・間接に金銭その他の資産の譲渡が配分または分配される場合，これらが一体として行われたものとみられるときは，第三者との

取引とみなされ，損益が認識されることになる（IRC 707(a)）。

C パートナーシップ持分のベーシス

労務出資により取得したパートナーシップ持分のベーシスは，その公正な市場価額であり，金銭出資により取得したパートナーシップ持分のベーシスは，投資金額である。現物出資により取得したパートナーシップ持分のベーシスは，金銭および出資時におけるパートナーの資産の調整ベーシスとするが，出資のときにIRC 721(b)により投資パートナーシップに対する出資として認識した利益額を加算することとされる（IRC 722）。

D パートナーシップにおける現物出資された資産のベーシス

パートナーシップにおける現物出資された資産のベーシスは，出資時におけるパートナーの資産の調整ベーシスとするが，IRC 721(b)によりパートナーが利益を認識した場合には認識された利益額を加算する。現物出資された資産の資本資産か通常資産かという属性は，パートナーシップに引き継がれる（IRC 724）。

(A) 未実現債権（unrealized receivables）

現物出資の直前にパートナーの未実現債権であった資産は，パートナーシップにおいても未実現債権とされ，これを処分したとき，パートナーシップは認識した損益を通常所得または通常損失として取り扱うものとされる（IRC 724(a)）。これは，通常所得をキャピタル・ゲインに転換するためパートナーシップを利用することを防止する規定である。

(B) 棚卸資産（inventory items）

現物出資の直前にパートナーシップ棚卸資産であった資産は，パートナーシップにおいて出資後5年間は棚卸資産とされ，これを処分したとき，パートナーシップは認識した損益を通常所得または通常損失として取り扱うものとされる（IRC 724(b)）。これは，通常所得をキャピタル・ゲインに転換するためにパートナーシップを利用することを防止する規定である。

(C) キャピタル・ロスを含む資産 (capital loss property)

現物出資の直前にパートナーの含み損（調整ベーシスが公正な市場価額を超える額）のある資本資産であった資産は，パートナーシップにおいて出資後5年間は資本資産とされ，これを処分したとき，パートナーシップは認識した損失のうち当該含み損の部分に限り，これをキャピタル・ロスとして取り扱うものとされる（IRC 724(c)）。これは，キャピタル・ロスを通常損失に転換するためにパートナーシップを利用することを防止する規定である。

E パートナーシップの課税所得の計算と情報申告

すべてのパートナーシップは，それ自体は納税主体ではないが，租税項目がパススルーされるパートナー段階の課税が適正に行われるように，各課税年度に様式1065によりその総所得と控除項目その他財務長官が要求する情報申告を行わなければならない（IRC 6031）。パートナーシップの課税所得は，次の項目を除き，個人と同様の方法で計算される（IRC 703(a)）。

① IRC 702(a)に定めるパートナーシップの「分配持分」（distributive share）
② パートナーシップには認められない(i) IRC 151に定める人的控除，(ii) IRC 901に定める外国税につき IRC 164(a)に定める公租公課の控除，(iii) IRC 170に定める慈善寄付金の控除，(iv) IRC 172に定める純営業損失控除，(v) サブチャプターBパートⅦに定める個人の追加的個別控除，(vi) 油井・ガス井につき IRC 611に基づく減耗控除

パートナーの所得の計算では，パートナーシップの次の項目に占める分配持分を個別に考慮に入れなければならない（IRC 702）（個別記載項目）。

① 保有期間が1年以下の資本資産の売却・交換からのゲインおよびロス
② 保有期間が1年超の資本資産の売却・交換からのゲインおよびロス
③ IRC 1231（営業・事業用資産等）に定める資産の売却・交換からのゲインおよびロス
④ IRC 170(c)に定義する慈善寄付金
⑤ サブチャートBパートⅧに基づき受取配当控除の対象となる受取配当

⑥　IRC 901 に定める外国税額

⑦　その他財務省規則に定める所得，収益，損失，所得控除または税額控除

個別記載項目以外の項目についてパートナーシップの通常所得または通常損失が算定され，その分配持分をパートナーシップの課税所得または損失としなければならない（IRC 702(a)(8)）。パートナーシップの通常所得または通常損失は，様式 1065 に表示される。

F　租税項目のパススルーと分配持分と分配

　パートナーシップ段階の個別記載項目および通常所得または通常損失の額は，パートナーの分配持分（distributive share）に応じてパートナーに配分される。これを租税項目のパススルーという。「分配持分」は，原則としてパートナーシップ契約（partnership agreement）によって決められる（IRC 704(a)）が，パートナーシップ契約で決めていない場合またはパートナーシップ契約における租税項目のパートナーへの配分が実質的な経済効果（substantial economic effect）を伴わない場合には，すべての事実と状況を考慮に入れてパートナーシップ持分に従って決定される（IRC 704(b)）。パートナーの総所得を算定する必要がある場合，総所得にはパートナーシップの総所得の分配持分が含まれるものとされ，現実の分配が行われなくても，パススルーの時点で，課税される（IRC 702(c)）。その代わり，パートナーは，パートナーシップから金銭その他の資産を分配されたとしても，原則として損益を認識されない（IRC 731(a)）。この分配については，パートナーシップの側でも，損益を認識されない（IRC 731(a)）。パートナーシップの損失が，パススルーされた時点でパートナー段階でこれを控除することができるが，パートナーにおける損失の控除は課税年度末のパートナーシップ持分の調整ベーシスを限度として制限され，その控除しきれない部分は翌期以降に繰り越される（IRC 704(d)）。損失の控除制限としては，アット・リスク・ルールとパッシブ・ロス・リミテーション・ルールの適用がある。

G　パートナーシップ持分の処分

パートナーが投資を回収する方法には，①パートナーシップ持分を売却・交換により処分する方法と，②パートナーシップからの資本償還および剰余金分配を受ける方法がある。①についてパートナーは資本資産の売却・交換からのゲインまたはロスとして認識しなければならない (IRC 741)。ただし，未実現債権および棚卸資産により実現した損益は通常所得または通常損失として認識される (IRC 751)。②についても，分配財産には金銭と現物財産があり，現物財産には未実現債権および相当の含み益のある棚卸資産とそれ以外のものがある。未実現債権および相当の含み益のある棚卸資産については通常損益を認識すべきであるとされる (IRC 751(b))。パートナーシップから分配として現物財産を受け取る場合，パートナーにおけるベーシスは，分配直前のパートナーシップにおける調整ベーシスとされ，損益の認識は行われない (IRC 732(a)(1))。ただし，現物財産のベーシスは，パートナーシップ持分の調整ベーシスから同時に分配された金銭の額を差し引いた残額を超えないものとする (IRC 732(a)(2))。パートナーは，金銭による分配額が分配直前のパートナーシップ持分の調整ベーシスを超過する場合には，その超過部分についてゲインを認識しなければならない (IRC 731(a)(1))。パートナーは，清算分配において分配財産が金銭，未実現債権，棚卸資産のみである場合，パートナーシップ持分のベーシスのうち分配財産のベーシスの合計額を超過する部分について損失を認識することとされる (IRC 732(a)(2))。

(15)　優先株式による利益の抜き取り

IRC 306（一定株式の処分）は，株主が普通株式に対する配当として非課税で優先株式を受領し，これを数年中に償還されることを前提として第三者に売却することにより，元株主は優先株式の売却代金を入手し，優先株式に配分された取得原価を非課税で回収し，この取得原価を超える売却代金をキャピタル・ゲインとして法人に対する支配権には影響を受けないという方法で「優先株式による利益の抜き取り」(preferred stock bailout) を行うことを防止する規定で

ある。この規定は，一定の非課税株式配当をIRC 306株式と定め，その売却その他の処分による受取金の全部または一部を通常所得として課税することにした。306条株式には，①IRC 305(a)（株式配当）により一部または全部につき非課税で取得されたすべての株式，②非課税のIRC 368(a)（法人組織再編成）計画やIRC 355（被支配法人の株式の分配）による分配・交換によって株式を売却その他の処分をする株主が取得する株式，③受取につき株主の損益はパートⅢにより認識されないが取引の効果が株式配当と実質的に同じであるか306条株式と交換に受け取る株式，④取得原価が306条株式の取得原価を参照して決められる株式（IRC 306(c)(1)(C)），⑤株式に代えて金銭を受け取る配当とみなされたであろう場合にIRC 351（譲渡人が支配する法人への譲渡）が適用される交換により取得された株式（普通株式を除く）が含まれる。分配のうち株式に代えて金銭が分配されたならば分配の時点で配当となったであろう部分がない株式は，306条株式には含まれない（IRC 306(c)(2)）。

306条株式の取扱には，例外規定がある（IRC 306(b)）。すなわち，①株主がそのすべての普通株式および優先株式を当該株主の法人に対する持分を消滅させる取引（償還を除く）により処分した場合，②株主の306条株式が完全な清算により償還された場合，③株主が306条株式を非課税取引により移転した場合，④税務当局が納税者の取引が租税回避を主要目的とする計画の一部でないと認める場合には，この規定は適用されない。

(16) 法人分割による利益の抜き取り

IRC 355（被支配法人の株式・証券の分配）(注83)は，事業の所有者が営業を継続しつつ法形態を変更する場合には非課税扱いを認めるべきであるとの考えに基づき，一定の要件を満たすときは被支配法人の株式その他の証券を受け取ることによりいかなるゲインまたはロスも認識されないと規定する（IRC 355(a)(1)）。株主がこの非課税資産以外の資産を受け取る場合には，IRC 356（追加的対価の受領）の規定が適用される。分配法人は，非適格資産の分配についてゲインを認識すべきものとされるが，被支配法人の株式・証券の分配についてはいかな

るゲインまたはロスも認識しない。

分割による利益の抜き取りを防止する規定は，①積極的事業活動要件と②未分配利益の分配の手段要件，③事業目的要件，④持分の継続性要件である。

> （注83） IRC 355 の取引は，①分離（spin-off），②存続分割（split-off），③消滅分割（split-up）を含む。分離は，法人がその株主に子会社の株式を分配するものである。存続分割は，分配法人の株主がその株式の一部を子会社の株式と交換に返還する点を除き，分離に同じである。消滅分割は，分配法人が完全な清算を行い子会社の株式をその株主に分配する。これらは，いずれも IRC 355 の非課税分割とされる。これらの共通性は，①分配法人は分配直前に一以上の法人を支配（総議決権の80％以上を占める株式を所有しかつその他の種類の株式の総数の80％以上を所有すること）していること，②分配直後に分配法人と被支配法人が積極的事業活動を行っていること，③取引前5年間も積極的事業活動要件を満たすこと，④分配法人は被支配法人の株式その他の証券をすべて分配すること，⑤分配が主として未分配利益を分配する手段とされないこと，である。この共通要件を満たす分割の結果，分配法人の株主は，2法人を支配する。

3 タックス・シェルター類型別の個別的否認規定の例

法人は，①所得の認識の繰延，②益金不算入，③所得区分の変更または④タックス・アービトラージを通じ租税回避のために一定の条文のタックス・ベネフィットを請求する（水増しまたは過大な所得控除，損失，ベーシスおよび税額控除を通じて所得を減少させることができる）が，これに対抗するため議会や財務省は当該条文を修正し，または確実に意図したとおりに適用されるよう当該条文を補完する制度を創設してきた。

（1） 所得の認識の繰延（Deferral）

所得の認識の繰延は，経済的に発生した所得に対する課税の繰延であり，政府からの納税者に対する無利息ローンとなる。IRCと規則の条文のなかには実現主義，組織再編税制や現金主義会計など個別に繰延を是認するものがあるが，納税者が所得控除の年度帰属を繰り上げて当期の他の所得を隠すために税法操

作を行うことにより繰延が生じることもある (LILO 取引など)。繰延に対する議会の対抗措置は，IRC 1281 であった。発生主義により課税年度末直後に満期になる短期債権を購入する納税者は，その購入資金を借り入れ，借入金利は発生するが，利子所得は受け取るまで計上しないスキームに対し，議会は IRC 1281 を制定し，発生主義による納税者に発生利子所得と発生支払利子の計上時期の一致を要求することにした。

(2) 益金不算入 (Exclusion)

益金不算入は，経済的な所得に対する課税の排除であり，恒久的な租税回避を生ずる。例としては，法人の有する生命保険金，受取配当控除，パーセント減耗控除，賃貸人に復帰する貸借人の改良費などの非課税がある。益金不算入となるタックス・シェルターは，所得の認識の繰延となるタックス・シェルターより有利である。清算 REIT スキームが，益金不算入タックス・シェルターの最近の実例である。

(3) 所得区分の変更 (Conversion)

納税者が所得の区分を課税上有利な所得区分に変更することができる場合に転換 (conversion) が起きる。納税者は通常所得とキャピタル・ゲインに適用されるルールを操作してある所得・損失を他の所得・損失に転換する。法人についてはキャピタル・ゲインの税率に差はないがキャピタル・ロス・リミテーション・ルールを適用されるので，所得はキャピタル・ゲインとし，損失は通常損失とすることが選好される。例えば，納税者が資産を将来一定の価額で売却することに合意したとき，その売却収益は利子の性格をもつ the time value of money であるが，売主はそれがキャピタル・ゲインであると主張する。この種の金融取引を利用して通常所得をキャピタル・ゲインに転換することを防止するため，1993 年に IRC 1258 を制定した。

（4） 所得源泉の変更（Conversion）

　納税者は所得の源泉を課税上有利な源泉に変更することができる。一般に，米国納税者は所得またはゲインを外国源泉とし，所得控除または損失を外国源泉とする誘因がある。米国納税者は外国源泉所得をこれに係る外国税額控除により米国税から逃避させることができる。外国源泉損失は最大限に利用したい外国税控除限度額を減少させるので，米国納税者にとっては価値がないが，米国源泉損失は米国課税所得を減少させるので，米国納税者にとって価値がある。このため，米国納税者は外国源泉損失を米国源泉損失に転換するスキームを考案する。

（5） 租税裁定取引（Arbitrage）

　同じ取引について異なる課税管轄で課税上の取扱が異なる場合，構造的なループホールが生じ，これがアービトラージの機会を与える。例えば法人が異なる国のルールによるタックス・ベネフィットを生じるように各国で異なるポジションをとる場合，非課税の事業体や異なる会計方法を用いる事業体を利用する場合，課税を考慮に入れなければ不経済な取引のタックス・ベネフィットを得るために税法の条文の組み合わせを利用する場合がこれに当たる。タックス・シェルター白書は次のような例を挙げる。

① 30％の限度税率を適用される納税者が5％の利子を生じる債券を購入するため7％の利率で10,000ドルを借り入れる。受取利子が500ドル，支払利子が700ドルで差し引き200ドルの損失を出すこの取引は表面的には不経済であるが，5％の利付債券の利子が免税であり借入金利子が所得控除できる場合には210ドルのタックス・ベネフィットがあり，納税者は10ドルの純ベネフィットを得ることができる。これに対して議会はIRC 265を定め，免税債券を購入するために生じた負債利子の所得控除を否認することにした。

② 受取配当控除（DRD：the dividends received deduction）による益金不算入

を利用する取引は，他の法人に分配される収益の課税の軽減を図る制度の意図しない方法で行われる。一例を示すと，配当支払の基因である株式を配当支払の直前に DRD を受ける法人に一時的に移転する取引，配当支払日を越えて株式の短期と長期の両方のポジションを有し短期株式の貸手に支払う配当を控除し長期株式につき受け取る配当の少ない部分のみを申告する取引などがある。これに対し，議会は 1958 年に IRC 246(c) を定め，1984 年および 1997 年にこれを強化して短期保有株式について DRD ルールの操作を防止することにした。

4　財務省規則の濫用防止ルールの例

　メカニカル・ルールに依存する複雑な成文法・規則の制度に関してその制度の意図を出し抜く方法でこのメカニカル・ルールを操作する租税回避を防止するため，財務省は広範な濫用防止ルールを定める規則を制定している。これらのルールは，個別の取引を対象とする代わりに租税回避取引のプランニングのトレンドを抑止することを狙い，タックス・シェルター問題の一貫した解決を期するものである。例えば IRC や規則のパートナーシップ規定の文理解釈を利用する多数の取引について，財務省は 1994 年 12 月 29 日に IRC サブチャプター K（Partners and Partnerships）に基づく濫用防止ルールを定める最終規則（Treas. Reg. 1.701-2）を制定し，割引債が不合理な結果を生ずることを主目的として仕組まれる場合に適用される濫用防止ルールを定める最終規則（Treas. Reg. 1.1275-2(g)）を制定した。

（1）　パートナーシップ濫用防止ルール

　この最終規則は，サブチャプター K のルールを意図しない方法で利用する取引の増加に対処するものであった。その取引には，サブチャプター K の意図しない方法でパートナーシップを利用することを意図するものや，取引実体と一致しないタックス・ベネフィットを生じることを意図するもの，がある。

この規則は，納税者が事業体段階で課税されずに柔軟な経済的アレンジメントを通じて合弁事業・投資を行うことができるようにするというサブチャプターKの意図と，納税者がこの柔軟性を利用してサブチャプターKの意図しない税効果を生じることを防止する必要を融合させ，判例で確立した諸原則（事業目的，実質課税，所得の明瞭な反映）に適合するものである。

（2） 割引債（OID：Original issue discount）濫用防止ルール

OIDルール（IRC 1271-1275）は満期日までの経済的利回りベースの債券の未払利子を除き発生主義の計算を定めている。割引債の保有者および発行者は納税者の会計方法にかかわらず発生主義によるものとし，OIDルールには債券の経済的利回り計算のメカニカル・ルールが多数含まれている。納税者は，文理解釈ではメカニカル・ルールの要件に適合するがOID規定の根底にある原則に照らせば不合理な結果を生じる取引を仕組むことができるので，この可能性を抑止するため，財務省は1996年にOID濫用防止ルールを制定した（Reg. 1.1275-2(g)）。

（3） 連結納税（Consolidated Return）濫用防止ルール

IRC 1502の連結納税規則は，多数の複雑なメカニカル・ルールを定めている。この規則には詳細なメカニカル・ルールの補強材とし，かつ，メカニカル・ルールを規則の意図に反する方法で利用することを防止するための一般的な濫用防止ルールが含まれている。

5 法律の委任

議会は，財務長官に所得を適正に反映するため所得および所得控除を再配分する権限を付与する次のような一般規定を制定している。

(1) IRC 269
(欠損法人を購入して購入法人の事業所得と相殺するための外形を仕組む慣行を阻止するために1943年に制定された)

　ある者が直接・間接に法人の支配を取得しまたはある法人が直接・間接に取得法人もしくはその株主によって直接・間接に支配されない法人の資産を取得する場合，この主目的が所得控除，税額控除その他の控除を受けることによる所得税のほ脱または回避であるとき，財務長官はこのほ脱または回避を排除するため必要な範囲でタックス・ベネフィットの全部または一部を否認することができる。ここで「支配」とは，法人の株式の議決権または価値の50％を所有することをいう。取得法人が株式購入を資産取得として取り扱わない場合や被取得法人が取得日後2年以内に採用された清算計画により清算される場合で，その主目的がタックス・ベネフィットを享受することであるときは，法人による他の法人の適格株式購入にもこのルールが適用される。

(2) IRC 446（会計方法の一般ルール）

　財務長官が納税者の会計方法が所得を明瞭に反映しないと判断する場合，財務長官は納税者の課税所得計算に用いられる会計方法で所得を明瞭にしないものを指定することができる[注84]。例えば，この権限は一定のデリバティブ取引について行使されている（Treas. Reg. 1.446-3はスワップ取引から生じる所得と損失の計上時期を定める）。

> (注84) 租税裁判所は，財務長官が納税者の会計方法が所得を明瞭に反映しないと判断する場合，さもなければ法令・規則によって是認される納税者の会計方法を無視することができると判示した（Ford Motor Co., v. Commissioner, 102 T. C. 87 (1994), aff'd, 71 F. 3 d 209 (6[th]Cir. 1995)）。この事件においては，納税者が損害賠償請求者との和解による一連の支払の資金調達のためにシングル・プレミアム購入年金契約を購入したが，このコストは和解金債務の現在価値を超えない。Fordは，和解契約条件により請求者に対する将来の支払金の全額を控除した。裁判所は，Fordの和解契約に基づく債務に関する会計方法が所得を明瞭に反映するものでなく，IRSが購入年金契約のコストのみの控除を認めること

は権限の濫用に当たらないと判示した。裁判所は，成文法は納税者がIRC 446(c)に基づき一般的に認められる会計方法を単に遵守していることをもってIRC 446(b)に基づくIRSの権限を制限するものでなく，IRC 446は会計方法の使用が所得を明瞭に反映する方法に基づくことを条件とするものであると述べている。

（3） IRC 482（移転価格税制）

財務長官は，同一の持分により支配される複数の組織の間の総所得，所得控除，税額控除その他の控除の分配，配分または割当が租税のほ脱を防止しまたは所得を明瞭に反映するために必要であると判断する場合，財務長官はこれらを分配し，配分しまたは割り当てることができる。IRC 482は，利益移転(shifting of profits)，架空売上（making of fictitions sales)，利益の抜き取り（milking）などによるほ脱の防止や真正な税負担を明瞭に反映するために制定された。

（4） IRC 7701(1)
（迂回融資による租税回避の防止に関する規則の制定権）

議会は，租税回避防止のために多数当事者間金融取引を二以上の当事者間の直接取引とみなす規則を制定する権限を財務長官に付与している。この法律の委任により財務長官は取引の当事者を単なる「導管」(a mere conduit) として無視する結果を生じる「取引の実体」(the substance of a transaction) に焦点を当てる判例に即した「ガイダンス」を定めることができる[注85]。例えば，外国法人の米国源泉所得に課税するIRC 881に基づく租税を回避するために介在者を利用することを防止する規則（Treas. Reg. 1.881-3）が制定された。一当事者がリースまたは類似の契約から所得を実現し他の当事者が当該所得に関連するコスト回収やレンタル料などの所得控除を認めるリース・ストリッピング取引などの債務移転取引（obligation shifting transaction）に対抗する規則案（Prop. Reg. 1.7701(1)-2)，米国法人が租税回避取引に参加するため課税所得を作為的に非課税当事者に配分するファスト・ペイ優先株式（fast-pay preferred stock）に対抗する規則案（Notice 97-21, 1997-1 C. B. 407 ; Prop. Reg. 1. 7701-3）が発行された。

(注85) Aiken Industries, Inc. v. Commissioner, 56 T. C. 925 (1971) においては，米国法人（D）が米国との租税条約がないバハマの居住者である関連者（F1）から4％の利子付手形（Sinking Fund Promissory Note）と交換に225万ドルを借り入れた。F1はDの手形を米国の支払利子に対する30％の源泉徴収税を免除する租税条約を締結しているホンジュラスの居住者である関連者（F2）に4％利子付請求払手形9枚（合計額面225万ドル）と交換に譲渡した。租税裁判所は，DからF2への支払利子に対する源泉徴収税について租税条約の免税規定は，F2が自らの計算で利子を受領していないこと，すなわちF2は受取利子をそのまま支払利子とすることを約束しており，自己手形と交換にDの手形を取得することによって利益を生じないので，F2は当該受取利子に対する完全な支配権（complete dominion and control）を有しないことを理由として，適用されないと例示した。F2は，DからF1への支払利子の通路として利用された「単なる導管」（merely a conduit）であるとされ，租税条約に規定する「利子の受取」の解釈についてはトンネル会社が利子を右から左へ通過させる行為は「受取」に当たらないと判断された。

この判断の基準は，①実質主義，②事業目的の有無，③租税回避の目的の有無であった。

第2編第3章4(3)を参照。

6 IRSノーティスの例

最近，IRSは次のようなノーティスを発した。

(1) ノーティス2001-45

IRSは，IRC 302（株式償還における分配）により自己株式を取得する際に帳簿価額の操作を行い，一方の当事者から他方の当事者に不当のベースを移転する取引に挑戦することを警告する。

(2) ノーティス2002-18

連結グループによる損失の二重控除を防止する規則を施行する政府の意思を発表する。

(3) ノーティス 2002-21

　IRS は，資産の過大な取得価額を請求するためローン・アサンプション契約[注86]を利用する取引に挑戦することを警告する。

> （注 86）「債務引受」（Assumption of Liability）（IRC 357）については企業組織再編成税制を利用した租税回避取引が行われていた。この規定は，現物出資の際には「圧縮記帳」を認めて課税の繰延を認め，現物出資を受けた法人が出資法人の債務を引き受ける場合，現物出資をして新株を受け取るとき帳簿価額の引継を認めていた。外国法人や非課税となる法人が現物出資すると同時に帳簿価額よりも多額の債務引受をすると，これらの出資者にはキャピタル・ゲインが認識され，出資を受け入れた米国法人が帳簿価額のステップ・アップをして，これを次に譲渡する段階ではキャピタル・ゲインが発生せず，値下がりするとキャピタル・ロスを生じる。
> 　現物出資の対価として現金を受け取ると「資産の譲渡」として課税されるので，これを回避するために新株発行とともに債務引受を行う取引が行われていた。その債務引受額が現物出資の資産の帳簿価額を超える場合，その超過額はキャピタル・ゲインと認識される（IRC 357(c)）。これは，租税回避の個別否認規定であるが，この租税回避否認規定を利用するタックス・スキームが考案された。財務省と IRS は，これに対し，IRC 357(d)（債務引受額の算定）および IRC 362(d)（債務引受に帰すべきベーシスの増加の制限）を導入してこのタックス・シェルターを閉鎖した（1999 年改正）。

　財務省と IRS は，繰延役員報酬の資金調達のために用いられた投資からの所得に対する繰延を雇用主にさせないために「ヘッジ取引」に関する最終規則を定めた。

A　IRC 901(k) の拡大

　外国源泉徴収税を課される配当以外の所得（利子，使用料を含む）を対象とするため，IRC 901(k) を改正し，その所得を生じる基因となる資産について最低保有期間を要求し，その最低保有期間に満たない場合には源泉徴収された外国税について外国税額控除を適用しないことにする。

B 所得分離取引に対する対抗措置

財務省は，当期の損失を生じまたは当期の通常の所得を繰延キャピタル・ゲインに転換するように仕組まれた「所得分離」取引を抑止するための立法を行う。

これらの取引は，IRC 1286 により禁じられた「債券ストリッピング取引」や IRC 305(e) により禁じられた「優先株式ストリッピング取引」に類似する。納税者は類似の資産（相対的に安定している定期的所得を生じる相当の将来価値をもつ資産）を用いる本質的に同一の取引を行っている。納税者は，定期的所得を生じ，一定の償還価値をもつマネー・マーケットのミューチュアル・ファンドの持分を取得し，「特定の期間に所得を受け取る権利」を「その根底にある持分権」と分離する。この持分に対する将来の権利を売却するとき，当事者は次のことを請求する。

① 納税者が持分に係る将来の権利を売却することにより多額の損失を生じること（これは全課税ベースをその持分の将来の権利のみに配分することによって達成される）

② その持分の将来の権利として定期的に通常の所得を認識するのでなく，買主が将来の売却まで（そのとき買主はその所得がキャピタル・ゲインであると主張する）所得の繰延ができると主張すること

これらの「所得ストリッピング取引」に用いられた他の資産には，リースおよびサービス契約が含まれる。

7 主要な個別的否認規定の立法の歴史

米国では前財務長官が 2002 年の議会で証言したように，政府は「タックス・シェルターを生み出す元区は，複雑で難解な税法である」ことを自認し，タックス・シェルターに対抗する最善の対策は「租税専門家の暗号と化した税法の簡素化」であるが，次善の対策としてさまざまな対応措置を講じる必要があると説明している。米国は，いま財務省，IRS および裁判所の協働により

タックス・シェルターに挑戦している。米国は個別に挑戦した税務行政の成果について隠すことはしない。これを Notice などで納税者に周知することにより，類似の事例について「否認」することを警告する。日本と異なり，これらの公表された課税事例は，当局の「タックス・シェルター白書」や Tax Notes その他の租税専門誌において誰でも読むことができる。ここでは，米国のタックス・シェルターへの挑戦の事例をそのつど立法化してきた主要な個別的否認規定の中から 33 を選び時系列に掲げる方法で検討する。

(1) 投資負債利子の控除制限(注87)

1964 年に IRC 163(d) が制定された。この規定は数次にわたって改正された。1976 年改正前においては，原則として法人以外の納税者について認められる「投資利子」の控除額は，①25,000 ドルおよび②「純投資所得」と「純リース資産に帰すべき控除額が当該資産の生ずる賃貸所得を超える金額」との合計額および③純長期キャピタル・ゲインが純短期キャピタル・ロスを超える金額および④投資利子が上記①②③の金額の合計額を超える金額の 2 分の 1，の合計額に制限されることとされた。

1987 年改正前においては，法人以外の納税者について「投資利子」の控除額は，①10,000 ドルおよび②純投資所得と「純リース資産に帰すべき控除額が当該資産の賃貸所得を超える金額」との合計額に限定されることとされた。現行法では，法人以外の納税者について「投資利子」の控除額は，「純投資所得」の金額に限定されている。

　(注87)　第2編第2章2(3)を参照。

(2) 利益動機(注88)

1969 年に IRC 183（利益を得るために従事する活動以外の活動）を制定した。これは，個人や S 法人が行う活動について，その活動が利益を得るために行うものでない場合には，いかなる経費も控除できないことを定める。当期に終了する 5 連続課税年度のうち 3 以上の課税年度の活動から生ずる総所得が当該活

動に帰すべき控除額を超える場合にはこの活動は利益を得るための活動であると推定される。

(注88) 第1編第1章1(1)を参照。

(3) 農業損失の控除制限

1969年IRC 1251(農業損失の非農業所得と相殺される場合の農業資産の処分からのゲイン)(1984年廃止)が改正された。本条は、①当期の「農業純損失」があるか、または②課税年度末に「超過控除勘定」に残額がある場合のみ適用されると定め、課税年度末に「超過控除勘定」に残額がある場合、この勘定から①当期の農業純所得と、②当期または前期の税額を減少させることのない控除のためのこの勘定の調整に必要な金額との合計額、および③「通常の所得」として扱われる金額を差し引くものとする。「農業リカプチュア資産」(農業に用いられるIRC 1231条「事業用資産」のうち①1年を超えて保有する事業用資産、②家畜、③非収穫穀物)が処分される場合、①売却、交換、強制転換により実現した金額、または②他の処分の場合の公正な市場価値が、当該資産の調整取得価格を超える金額は、通常の所得として取り扱われる。ただし、通常の所得として扱われる金額は、課税年度末の「超過控除勘定」の金額を超えないものとする。

① 一定の法人取引については、譲渡人の資産の取得価格がIRC 332(子会社の清算)、IRC 351(譲渡人が支配する法人への譲渡)、IRC 361(法人のゲイン・ロスの不認識)、IRC 371(a)(破産手続等における組織再編成、法人による交換、廃止)またはIRC 374(a)(一定の鉄道再編成で認識されないゲイン・ロス、廃止)の適用により譲渡人の帳簿価額を参照して決定される場合、IRC 1251(c)(1)により譲渡人が考慮に入れるゲインの金額は当該資産の譲渡時に譲渡人につき認識されるゲインの金額を超えないものとする。

② パートナーシップについては、各パートナーはパートナーシップの農業純損失、農業リカプチュア資産の処分からのゲインその他の項目の持分割合相当額を考慮に入れなければならない。農業リカプチュア資産がパートナーシップに拠出され、IRC 721(拠出に係るゲイン・ロスの不認識)により

ゲインが認識されない場合，IRC 1251(c)(1)により譲渡人が考慮に入れる金額は，譲渡された農業リカプチャ資産の公正な市場価値のうち当該資産に帰すべきパートナーシップ持分の公正な市場価値を超える金額を超えないものとする。パートナーシップ契約が当該パートナーシップに拠出された農業リカプチャ資産について拠出したパートナーに対するゲインの配分について定めている場合には，拠出したパートナーのパートナーシップ持分は当該資産に帰すべきものとみなされる。

③ 被支配法人へ譲渡された資産については，譲渡人が交換に受け取る株式・証券は，譲渡人が当該法人に拠出した農業リカプチャ資産の公正な市場価値に帰すべき範囲で，農業リカプチャ資産とされる。

(4) 過少資本税制(注89)

1969年にIRC 385（法人の一定の持分の株式または負債としての取扱）を新設し，法人の負債比率が異常に高い場合に税務当局が課税上「負債」を「株式」として扱うことができるように「負債と株式との区別に関する財務省規則」の制定権を財務長官に付与した。しかし，財務省が発表した規則案には議論が多く，最終的に実施されていない。そのため，負債と株式との区別は，すべての事実と状況を総合勘案して判定されることとされている。1989年改正では，法人の一定の持分を「一部株式，一部負債として取り扱う」規則制定権も財務長官に付与している。また，1992年改正では，法人の一定の持分が負債か株式かの区別については，発行者とすべての持分保有者は発行時に発行者が行った区別に拘束される旨の規定を置き，必要な情報を要求する権限を財務長官に付与した。

(注89) 第2編第2章2(9)を参照。

(5) 株 式 配 当

1969年にIRC 305(b)（株式配当原則の例外）およびIRC 305(c)（配分とみなされる取引）を制定した。株式配当は，法人による株主に対する自己株式の配分で

あり，原則として受領者は課税されない。IRC 305(b)は，次の場合を課税株式配当とする。

① 株主の選択により分配が株主または資産のいずれかで支払われる場合
　　現金を受け取る株主はIRC 301（非清算分配）により課税され，株式を受け取る株主はIRC 305(b)(1)およびIRC 301により現金を受け取ってその現金で株式を購入したものとして課税される。
② 不均等な分配（分配による一部の株主の法人資産や利益に占める持分が増加し他の株主は現金その他の資産を受ける場合）には非課税扱いはされない。
③ 普通株式と優先株式の配分
　　普通株主間の持分割合が変更されるため，課税される。
④ 優先株式に対する分配
　　一定の転換比率の調整を除き，課税される。
⑤ 転換優先株式の分配
　　法人が不均等な分配でないことを証明できない限り，課税される。

IRC 305(c)は，現実に株式配当がない場合でも一定の取引について特定の株主の法人資産または利益に対する持分を増加させるときは株主に対する資産の分配とする。

（6） 一定の農業経費の控除制限

1976年にIRC 464（一定の農業経費の控除制限）を制定した。「農業シンジケート」については，飼料，種子，肥料その他類似の農業供給品のために支払った金額の控除は，現実に使用されまたは消費された課税年度のみに容認される。「農業シンジケート」とは，パートナーシップその他の企業（農業に従事するS法人でない法人を除く）であって，①その持分が連邦・州の証券規制当局に登録を要するオファーにより販売のためにオファーされたもの，または②損失の35％超がリミテッド・パートナーもしくはリミテッド・事業主に配分されるものをいう。

(7) アット・リスク・ルール

A 原則

1976年にIRC 465（アット・リスク金額に制限される控除）を制定した。原則として，①個人と②IRC 542（同族持株会社の定義）(a)（原則）の株式所有要件を満たす法人であって，本条が適用される活動に従事するものについて，この活動からの損失は，当期末に納税者が当該活動につきアット・リスクである金額の範囲のみに限り，控除できる。当期に控除できない損失は，翌期の活動に配分される控除として扱われる。

B アット・リスクと考えられる金額

アット・リスクと考えられる金額は，原則として，①納税者が当該活動に拠出した金銭の額および他の資産の調整ベーシス，②当該活動に係る借入金を含む。活動において使用するための借入金についてアット・リスクと考えられる場合は，①納税者が借入金の払戻につき個人的に責任がある場合または②納税者が借入金の担保として資産（当該活動において使用される資産を除く）を提供した場合である。いかなる資産もそれが納税者の拠出した資産によって担保される負債により直接・間接にファイナンスされている場合には担保とみなされない。借入金が活動に持分を有する者またはその者の関連者から借り入れたものである場合には，その借入金は当該活動についてアット・リスクとは考えられない。

この規定は，ノン・リコース・ローンを通じてファイナンスするタックス・シェルター投資家に焦点を合わせた重要な対抗措置である。

C 適格ノン・リコース・ファイナンス

不動産保有活動については，当該活動において使用される不動産を担保とする「適格ノン・リコース・ファイナンス」の持分について納税者はアット・リスクと考えられる。「適格ノン・リコース・ファイナンス」とは，①納税者が

不動産保有活動につき借り入れるファイナンス，②納税者が適格者から借り入れるファイナンス，連邦政府，州政府，もしくは地方政府もしくはそれらの機関からのローン，または連邦政府，州政府もしくは地方政府によって保証されるファイナンス，③規則において何人も払戻につき個人的に責任を負わないファイナンスと定めるもの以外のファイナンス，および④転換負債でないファイナンスをいう。パートナーシップについては，当該パートナーシップの適格ノン・リコース・ファイナンスのパートナーの持分は，当該ファイナンスに関して生じる当該パートナーシップの負債に係るパートナー持分に基づいて決定される。

D アット・リスク・ルールが適用される活動

アット・リスク・ルールは，営業・事業としてまたは所得の稼得を目的として行う次の活動に適用される。

① 映画フィルムもしくはビデオ・テープを保有し，生産し，配給する活動
② 農業
③ IRC 1245 資産をリースする活動
④ 石油・天然ガス資源もしくは地熱鉱床の深査もしくは開発

これらの活動は，それぞれ別個の活動として取り扱われるが，パートナーシップまたはS法人については特則があり，リースされまたはリースのために保有される IRC 1245 資産で課税年度にその用に供されているものに係るすべての活動は，単一の活動として取り扱われる。

E 閉鎖保有法人による一定の装置リースに関する適用除外

積極的に装置リースに従事する同族持株会社については，装置リース活動は別個の活動として取り扱われ，当該活動からの損失にはアット・リスク・ルールは適用されない。当期の総収入の 50% 以上が装置リースに帰すべき場合を除き，当該閉鎖保有法人は積極的に装置リースに従事するとは考えられない。関連グループの構成法人は単一の法人として取り扱われる。

F 適格法人の積極的な事業の適用除外

適格C法人については，各適格事業が別個の活動として扱われ，当該事業からの損失にはアット・リスク・ルールは適用されない。「適格C法人」とは，IRC 542(a)(2)の株式所有要件を満たすC法人のうち次のものを除くものをいう。

① IRC 542(a)に定義する同族持株会社
② IRC 552(a)に定義する外国同族持株会社
③ IRC 269 A(b)に定義する人的役務法人

(8) 代替的ミニマム・タックス (Alternative Minimum Tax：AMT)

1978年にIRC 55-59（代替的ミニマム・タックス）を制定した。これにより所得控除や免除の利用により多額の節税を行っている高額所得の法人や非法人（遺産財団と信託を含む）が少なくとも最低額の所得税を確実に支払う取戻の仕組（recapture mechanism）が採用されたことになる。通常の税（Regular tax）の対象となるすべての納税者は，AMTの対象となる。非法人のAMTは，仮ミニマム・タックスのうち通常の税を超える部分である。「仮ミニマム・タックス」(Tentative Minimum Tax) は，「代替ミニマム課税所得」(Alternative Minimum Taxable Income：AMTI) を計算し，控除額を差し引き，その残額にAMT税率（175,000ドルには26％，これを超える金額には28％）を乗じる。純長期キャピタル・ゲインには特別な税率が適用される。AMT外国税額控除が適用される。「通常の税」とは，一般に所得税（外国税額控除のみが差し引かれる）であるが，次の税は含まない。

① 代替的ミニマム・タックス
② 自営業者の退職プランからの満期前分配に係るペナルティ
③ 保険年金契約からの満期前分配に係るペナルティ
④ 適格年金からの一括払の分配に課される分離税
⑤ 個人退職勘定（IRA）からの早期分配に対する追加税
⑥ モーゲージ債券およびモーゲージ・クレジット証書の使用からの連邦補

第2章 租税回避取引に関する主要法令　277

　　助金の一部の取戻
　⑦　教育個人退職勘定からの分配に対する追加税
　⑧　保留収益税
　⑨　同族持株会社税
　⑩　外国没収損失の回収に対する税
　⑪　S法人のビルト・イン・ゲインに対する税
　⑫　S法人の超過パッシブ所得に対する税
　⑬　資本コントラクション・ファンドの非適格取崩に対する税
　⑭　非居住外国人および外国法人の一定の所得に対する税
　⑮　一定の住居持分に対する税
　⑯　支店利益税
　⑰　分割証券に関する一定の繰延租税債務の利子
　⑱　高利回り持分の不適格保有者への譲渡に対する税
　⑲　適格医療費に充てられない医療貯蓄勘定の分配に対する追加税
　⑳　非適格ノン・リコース・ファイナンスの増加による税，投資税額控除の取戻，低所得層住宅取戻税

(9) 債務引受における「取得原価を超える債務」

　1978年にIRC 357(c)を追加した。IRC 357(a)は，IRC 351（譲渡人が支配する法人への譲渡）による資産の移転において法人が債務を引き受けまたは債務のある資産を取得する場合に譲渡者は免除された債務額を移転により実現した譲渡益に算入しなければならないという原則（IRC 1001）の例外として債務引受または債務のある資産の取得は「非適格資産」（金銭その他の資産）の受領に該当せず，この取引がIRC 351の非課税扱いを妨げられないと定めている。租税回避については，IRC 357(b)は譲渡者の主目的が租税回避である場合または真正な事業目的がない場合には法人が引き受けた債務または取得した資産の負う債務の金額が課税対象となる「非適格資産」（現金）とすると定めている。IRC 357(b)の目的は，譲渡者が移転直前に資産を担保に借り入れた資金を自己が保有

し，法人にその借入金の返済をさせることにより法人から現金を引き出すことを防止することであった。IRC 357(c) は，IRC 357(a) の例外として，免除された債務額または取得した資金の負う債務額が譲渡者の資産の取得原価を超える場合にはその超過額は移転された資産の売却・交換による所得として扱うと規定している。この規定の目的は，IRC 358（分配受領者のベーシス）により譲渡者が取得した株式その他の証券の代替取得原価がマイナスになることを防止することである。

(10) 米国不動産に対する外国投資税法

1980年に米国不動産に対する外国投資税法 (Foreign Investment in Real Property Tax Act of 1980：FIRPTA) を制定した。外国人・外国法人が所有する米国不動産を米国法人の株式と引換えに当該米国法人に移転する場合，原則として「含み益」に課税することを定めた (IRC 897(e)(2)(B))。本来，IRC 351（譲渡人によって支配される法人への譲渡）は，法人の株式と交換に資産を出資し，その出資直後に出資者が当該法人の株式の議決権および株式数の 80% 以上を有する場合，この現物出資については税務上損益は認識されないと規定する。原則として，資本取引は非課税とされる。株式に加えてその他の資産や金銭が株主に配分される場合には，「含み益」を益金に算入し，「含み損」は損金不算入とする。IRC 1445（米国不動産持分の処分に対する税の源泉徴収）は，外国人・外国法人の所有する米国不動産を処分したとき，その対価として支払うグロス金額の 10% の源泉徴収がなされると規定する。

(11) 所得税の回避・脱税のために組織され
　　 または利用される人的役務法人

1982年に IRC 269 A（所得税の回避・脱税のために組織されまたは利用される人的役務法人）を新設した。これは，税務当局に対し共通の支配下にある関連当事者間において所得，損金，税額控除その他一切の項目を各当事者の所得を適正に反映するように配分する権限を付与する IRC 482（移転価格税制）と同様に，

①人的役務法人のすべての役務が実質的に他の法人，パートナーシップ，その他のエンティティのために提供され，かつ，②人的役務法人の設立または利用の主目的が「従業員―所有者」の所得を減少させ，または経費，控除，税額控除，非課税，その他の軽減措置による連邦所得税の回避または脱税である場合，株主が行う人的役務の回避または脱税である場合，株主が行う人的役務の提供を主たる業務とする「人的役務法人」(Personal Service Corporations) とその「株主―従業員」との間で所得，損金，税額控除，非課税その他の軽減措置等のすべての項目を再配分することが租税回避・脱税を防止しまたは人的役務法人もしくはその「従業員―所有者」の所得を明瞭に反映するため必要であるときは，これらを再配分する権限を財務長官に付与した。「従業員―所有者」とは，人的役務法人の発行済株式の10％超を所有する従業員をいう。

(12) 資産取得として扱われる株式買収

1982年にIRC 338（資産取得として扱われる株式買収）を制定した。この規定の主目的は，買収法人が買収した資産の一部のみの取得原価のステップ・アップを行うことによりゼネラル・ユーティリティ原則を濫用することを防止することであった。濫用防止のために株式および資産につき一貫性要件を定め，法人の株式の買収と法人資産の買収を同様に扱うこととした。適格株式の買収を行った買収法人の選択により，被買収法人は①買収日にその資産全部を公正な市場価額で売却したものとして扱われ，買収日後は当該資産全部を買収した新法人として扱われる。

(13) 受取配当控除
(the dividends―received deduction：DRD) の制限

DRDにより益金不算入を利用する取引は他の法人に分配される収益の課税の軽減を図る制度を本来の意図と異なる方法で行われる。その例としては，配当支払の基因である株式を配当支払の直前にDRDを受け取る法人に一時的に移転する取引，配当支払日を越えて株式に短期と長期の両方のポジションを有

し短期株式の貸手に支払う配当を控除し長期株式につき受け取る配当の少ない部分のみを申告する取引などがある。これに対し，議会は1958年にIRC 246(c)を定め，1984年および1997年にこの規定を強化し，短期保有株式についてのDRDルールの操作を防止することにした。

1984年にIRC 246 A（ポートフォリオ株式がファイナンスされた負債である場合の受取配当控除の制限）を新設した。これは，法人が借入金により取得したポートフォリオ株式について支払利子を損金算入し，IRC 243（法人の受取配当）により受取配当控除を受けるという「税制上の鞘取り」に対抗する措置である。この規定により，ポートフォリオ株式の取得が借入金によって賄われている割合に応じて受取配当控除額が減額される。ただし，この控除額の減少額は，当該株式に係る借入金の支払利息の損金算入額を超えないものとする。この規定は，借入金が株式投資に直接起因しているときのみに適用される。配当を受け取る法人が配当を支払う法人の株式の50％以上を所有しているときは，この規定は適用されない。

(14) 留保収益税の公開会社への適用拡大

1984年にIRC 532(c)を追加し，留保収益税（Accumulated Earnings Tax）が株主の数と関係なく，「公開会社」にも適用されることにした。留保収益税は，過剰に留保している法人の「留保課税所得」（Accumulated taxable income）に対し，通常の法人所得税のほかに，個人所得税の最高税率で課される（IRC 531）。留保収益税は，収益・利得を分配せずに留保することにより自社の株主または他社の株主の所得税を回避する目的で設立されまたは利用されたすべての法人（IRC 532(b)に定める法人を除く）に課される。IRC 532(b)により適用対象外とされる法人は，次のものである。

　① 同族持株会社（IRC 542）
　② 外国同族持株会社（IRC 552）
　③ サブチャプターFによる免税法人
　④ パッシブ外国投資会社（IRC 1297）

株主の所得税を回避する目的の存在は，法人が反証しない限り，法人の収益・利得が合理的な事業上の必要を超えて留保されているという事実によって決定的となる。法人が単なる持株会社または投資会社であるという事実は，株主の所得税を回避する目的の明白な証拠とされる。

(15) 関連外国法人あてに発行した割引債の利子経費の控除制限

1984年にIRC 163(e)(3)を定めた。これは，割引債（Original Issue Discount）の利子経費は，原則として債券発行側では毎年利子相当分を損金算入し，債券購入側ではそれと同額の受取利子を益金に算入することになっているが，発行者は「外国関連者あて発行の割引債の利子経費」については，満期日に実際の支払が発生するまで損金算入を認められないことを定めている。OIDが米国の条約により減免される場合を除き，OIDが外国関連者の米国内の営業・事業の遂行に実質的関連を有する範囲でこの特別ルールは適用されない。

(16) 関連者またはパススルー・エンティティの利用

1984年にIRC 7701(f)（関連者またはパススルー・エンティティの利用）を制定し，関連者，パススルー・エンティティその他の仲介者を利用した①投資のための借入または②リスクの減少について定める税法の回避を防止するため必要な財務省規則を制定する権限を財務長官に付与した。迂回融資による租税回避の防止に関する財務省最終規則は1995年に制定された。この規則は，米国にある関連会社に対し外国親会社その他の関連会社が融資する場合，租税条約締結国の第三者を介入させることにより融資の対価である利子，配当等の支払の際，米国源泉所得税を回避または減少させるための租税回避を封じ込めることを目的とする。

(17) パッシブ・ロス・リミテーション・ルール

1986年にIRC 469(Passive Activity Losses and Credits Limited)を制定した。1981年の経済復興税法（Economic Recovery Tax Act）以後，租税特別措置が増大し，

これを利用する多様なタックス・シェルターが出現したが，1986年税制改革法では各種の租税特別措置を廃止した。この規定により，パッシブ活動からの損失の利用が制限されることになった。「パッシブ活動」とは，投資家がマネジメントに実質的に参加せず，他の者がマネジメントする活動に単に資金を投資する活動をいう。パッシブ・ロス・リミテーション・ルールは，「投資家はパッシブ活動による損失と税額控除をパッシブ活動による所得のみから控除することができる」とし，控除しきれないパッシブ活動損失は翌朝以降に使いきるかまたは持分全部を処分するまで繰り越すことができると定める。このルールは，個人，遺産財団，信託，人的役務法人および閉鎖所有法人に適用される。グランター・トラスト，パートナーシップ，S法人には適用されないが，これらのエンティティの投資家には適用される。

(18) 評価益のある資産の分配に関するゼネラル・ユーティリティ原則の廃止

1986年税制改革法では法人が評価益のある資産を株主に分配するときにゲインが実現しないという「ゼネラル・ユーティリティ原則」(General Utilities & Operating Co., 36-1 USTC 9012) を実体法化したIRCの規定を廃止した。その目的は，清算配当か非清算配当かを問わず，法人の評価益のある資産の売却または分配時に法人段階でゲインを認識することである。清算配当のときにおけるゲインの認識を規定するに当たって，議会は他の現行ルール（取戻規定），タックス・ベネフィット・ルール，所得割当原則を廃止するつもりはなかった。C法人は，S法人に転換することによって清算配当につきゲインを認識しなければならないという要件を免れることはできない。S法人への転換前に生じ転換後10年以内にS法人が実現する純ビルト・イン・ゲイン合計額に対し法人段階で課税される。

非課税エンティティに全部もしくは実質的にすべての資産を譲渡し，または課税法人から非課税エンティティに転換する法人は，当該資産を公正な市場価額で売却したものとしてその取引によるゲインまたはロスを認識しなければな

らない (Reg. 1.337(d)-4)。

　譲渡人が規制投資会社 (Regulated Investment Company : RIC)，不動産投資信託 (Real Estate Investment Trust : REIT) である場合，RIC や REIT は，清算の取扱に代えて IRC 1374 (一定のビルト・イン・ゲインに対する課税) のルールが適用されることを選択することができるが，RIC もしくは REIT の資産となる C 法人の資産または繰越ベーシス取引において C 法人の資産の RIC もしくは REIT への譲渡による純ビルト・イン・ゲインに適用する暫定規則 1.337(d)-5 T を定めた。暫定規則は，法人が，譲渡した資産または RIC もしくは REIT 資産に転換した資産を公正な市場価額で売却し直ちに清算したものとしてゲインを認識するよう要求する。さらに，納税者が RIC，REIT，非課税パートナーシップその他のエンティティを利用してゼネラル・ユーティリティ原則の廃止の結果を回避する計画を防止するために，対抗措置を講じる権限を付与された。

　IRC 332 (子会社の清算) による清算における資産の「80% 分配受領者」(親会社) への分配につき清算子会社はいかなるゲイン・ロスも認識しない。分配の受領者が非課税組織である場合には，その組織が受領した資産を非関連事業で使用しない限り，一般にゲイン・ロスの不認識は否定される。80% 分配受領者が外国法人である場合には一般にゲイン・ロスの不認識は否定される。子会社の親会社に対する清算配当が行われる場合，その資産 (金銭を含む) の受領につき親会社はいかなるゲイン・ロスも認識されない。米国子会社から資産を受領する外国親会社には不認識ルールは適用されない。

　法人が連結納税投資調整ルールを利用してゼネラル・ユーティリティ・ルール廃止の結果を回避することを防止するため，「子会社株式否認ルール」が適用される (Reg. 1.337(d)-1, 1.337-2, 1.1502-20)。このルールは，子会社株式の売却その他の処分からの損失を否認する。ゼネラル・ユーティリティ・ルールの廃止後，法人は評価益のある資産の株主への分配からのゲインを認識しなければならない。連結納税グループのメンバーは連結納税投資調整ルールを利用して要件を回避していた。この連結納税投資調整ルールにより，他の連結納税グループ・メンバーの株式を有する法人は，子会社が認識し連結申告に算入した

所得だけ子会社株式のベーシスを増加する。連結納税投資調整ルールは，一度連結申告に算入された所得が子会社株式の処分のときに再び投資所得として認識されることを防止することを目的としている。投資調整ルールは，連結納税グループ・メンバーが評価益のある子会社の資産の売却その他の処分から認識されたゲインに対する税を回避することを許すことになる。ゲインの認識の結果として親会社の子会社株式のベーシスが増加し，親会社が後に子会社株式を売却するときに生ずる損失との相殺によって，分配に係る税が回避される。このような回避を防止するため，議会は連結納税グループ・メンバーが有する子会社株式の売却からの損失を否認することを規定した。

(19) キャピタル・ゲイン優遇税制の廃止

1986年税制改革法は，法人所得税率（1988年から最高34％）と個人所得税率（最高28％）を逆転させるとともに，キャピタル・ゲイン優遇税率を廃止した。「分配」が配当として「通常所得」とされるか，「株式の売却・交換」による「キャピタル・ゲイン」とされるかによって税負担が異なるため，所得分類をキャピタル・ゲインとする多様なスキームが考案されたが，いずれも同一の税率で課税されることになったため，「株主が法人利益を法人に留保しその法人の株式を売却することにより未分配利益をキャピタル・ゲイン税率による課税で現金化する有利さ」の利用を抑止した。

(20) 関連者間取引の損失・経費の損金算入繰延規定の「人的役務法人の株主従業員」への適用拡大

IRC 267(a)(1) は，一定の関連者間の資産の売却・交換による損失の損金算入を否定し，IRC 267(a)(2) は，発生主義の納税者が現金主義の関連者に対して負う費用や利子の損金算入をその支払を受ける当事者が総所得に計上するまで認めない。「関連者」として個人とその個人が発行済株式の50％超を直接・間接に保有している法人が掲げられている。1986年税制改革法は，この規定を改正し，株式の所有割合と無関係に「人的役務法人の株主従業員」を関連者とす

ることとした。

(21) 支店利益税（Branch Profit Tax）

　1986年税制改革において米国は，「外国法人の米国支店」に対し，法人所得税のほか，支店利益税を課すことにした（IRC 884）。外国法人の米国子会社は，その課税所得に対し法人所得税を課される上に当期利益または残余利益を外国親会社に配当するその配当に対し源泉徴収義務が課される（二段階課税）。しかし，米国支店は，法人所得税を課されるが，税引後利益は米国源泉所得が総所得の50％以上でない限り，米国では課税されず，本国に送金できる。子会社と支店との間で不公平があるので，支店の「配当相当額」に支店利益税を課すこととし，総所得の50％以上が米国源泉所得である外国法人の株式配当に対する米国源泉徴収税は支店利益税に置き換えられることになった。

(22) 一定の短期債券の購入のための借入金利子の計上時期

　1986年にIRC 1281（一定の短期債券の割引額の収益計上）を改正し，発生主義により課税年度末直後に満期になる短期債券を購入し，その購入資金を借り入れて借入金利子は当期に発生するが利子所得は受け取るまで収益計上しないという「所得認識の繰延」スキームに対抗し，発生主義による納税者に対し発生支払利子と発生利子所得の計上時期の一致を要求することにした。

(23) 完全な清算における分配資産につき認識されるゲイン・ロス

　1986年にIRC 336（完全な清算における分配資産につき認識されるゲイン・ロス）を改正し，従来の非課税扱い等を廃止し，法人の所得・損失の計上を要求することにした。従来，完全な清算において法人は名目的な税を払って資産を分配することができ，株主はその分配につき有利なキャピタル・ゲイン税率の適用を認められ，分配資産の取得原価を公正な市場価額までステップ・アップすることが可能であった。実現主義により，未実現の法人の利益は，法人段階では課税を免れ，株主側のみで課税された。改正後，完全な清算における株主への

資産の分配は「売却」とみなされ、ゲイン・ロスが認識されることとなった。IRC 331（非清算分配）においては、法人が損失を生じる資産を恣意的に分配することを防止するため、損失の計上を認めないが、完全な清算では一般に恣意的な分配はないと考えられる。にもかかわらず、IRC 336(d)（損失の控除制限）は①関連者に対する清算分配による一定のもの、②株主に対する分配から生じるビルト・イン・ロスおよび売却・交換から生じるビルト・イン・ロスについて、損失の控除を否定する。第一の控除制限は、①分配が均等でない場合または②分配資産が「不適格資産」（法人が IRC 351 の取引または無償贈与により分配前5年以内に取得した資産）である場合に適用される。この規定の目的は、分配の前5年以内に取得価額が公正な市場価額を上回る資産が出資されるとき、損失の二重計上が行われることを防止することである。第二の控除制限は、分配資産が IRC 351 の交換または無償贈与により取得されたもので、それが清算に当たって清算法人の損失計上を主目的とするタックス・プランニングの一部である場合に適用される。1988年改正により、完全な清算の計画が決定された日前2年以内における資産の取得は、租税回避の目的でなされたものと推定される。

(24) 所有権変更後の営業純損失の繰越とビルト・イン・ロスの制限

1986年に IRC 382（所有権変更後の営業純損失の繰越とビルト・イン・ロスの制限）を全面改正した。この改正の目的は、損失を有する法人の株式の所有関係の変更が営業純損失の繰越やビルト・イン・ロスに中立的であるようにすることであった。法人の租税項目のうち、法人が非課税取引により他の法人の資産を取得した場合、買収法人が被買収法人から引き継ぐものとして重要なものには、①営業純損失の繰越額、②未分配利益額、③キャピタル・ロス繰越額、④会計基準があるが、①が最も重視される。旧法が1954年に導入された目的は、営業損失を利用する租税回避目的の企業買収を防止するため営業純損失の利用を制限することであった。改正法は、旧損失法人の所有関係変更前の損失のうち新損失法人が同変更後の所得から控除できる額を制限している。控除限度額

は，旧損失法人の評価額に税務当局が公表する長期非課税利率を乗じた金額（純資産を非課税証券に投資したと仮定したならば得られるであろう所得相当額）である。この制限を回避しまたは損失利用額を増加することを主目的とする計画の一部として行う所有関係変更前の出資は，偽装出資防止のため損失法人の価額の決定に当たって無視することとされる。また，所有関係変更前2年以内に行われる出資は，租税回避計画の一部と推定される。所有変更の時点で損失法人がビルト・イン・ゲインを有する場合には所有関係変更から5年の期間に計上されたビルト・イン・ゲインだけ損失控除限度額は増額される。IRC 338（資産取得として扱われる株式買収）により生じた所得の額だけ損失控除限度額は増額される。IRC 382 は，ビルト・イン・ロスも純営業損失と同様に控除を制限する。

(25) ビルト・イン・ゲインと相殺するための買収前損失の利用の制限

1987年にIRC 384（ビルト・イン・ゲインと相殺するための買収前損失の利用の制限）を制定した。これにより，法人は一定の株式または資産の取得後5年の計上期間に取得時のビルト・イン・ゲインを他の法人の買収前の損失と相殺することを制限された。

(26) 被支配法人の株式・証券を分配する法人の課税上の取扱

1986年にIRC 355(c)（分配法人の課税）を追加し，分配法人の課税関係を明確に規定した。組織変更計画に基づかないIRC 355 の分配については，分配があたかもIRC 301 ないしIRC 307 に規定されているかのようにIRC 311（分配法人の課税）が適用されることとし，これにより含み益のある資産については非清算分配として法人の所得を計上すべきものと定めた。このIRC 311(b) は被支配法人の適格株式その他の証券の分配には，適用されないこととなる。1988年改正において，組織再編成計画に基づかないIRC 355 の分配については，分配法人にはいかなるゲインまたはロスも認識されないと定められた。

(27) アーニング・ストリッピング

1989年にIRC 163(j)（外国関連会社への支払利子の損金算入の制限）を定めた。これにより，法人の支払利子について受取側が米国税法上その利子所得に課税されない場合，次のすべての条件に該当するとき，その損金算入が制限される。

① 適格利子（ある法人が関連者に対する支払利子を損金に計上するが，受取側がその受取利子に対して米国所得税を課されない場合，不適格利子とされる）
② 超過利子（法人の純利子経費額（支払利子－受取利子）が法人の課税所得の50％および過去3年間の限度額未使用分の合計額を超過する場合）
③ 負債対資本の比率が1.5：1を超える場合

次の項目は，「負債」から除外される。

① 短期負債（未払経費・未払税等発生後90日以内で利子経費を伴わないもの）
② 棚卸資産購入のための融資で購入資産が担保となっており，返済期限が出荷前に設定されているもの

80％以上の株式所有関係により関連会社グループとされる場合には，上記の条件はそのグループ全体を一単位として適用される。控除制限を受けた「超過利子支払額」は，翌期以降に繰り越すことができる。

(28) 関連会社間の「債務保証」に対する　　アーニング・ストリッピング規定の適用

1993年に歳入調整法（Revenue Reconciliation Act of 1993）によりIRC 163(j)の適用を強化し，直接関連会社間の貸借契約に止まらず，銀行等の金融機関が介入した貸借契約であっても，親会社等関連会社が返済保証をしている場合にはアーニング・ストリッピング規定を適用することとした。

(29) 金融取引を利用した所得分類の変更

1993年にIRC 1258（一定の金融取引からのゲインの所得分類の変更）を制定した。納税者は，通常所得とキャピタル・ゲインに適用されるルールの差異を利用し

てある種の所得・損失を他の種類の所得・損失に転換する。法人については，キャピタル・ゲインの税率の差による転換のメリットはないが，キャピタル・ロス・リミテーション・ルールが適用されるので，所得はキャピタル・ゲインとし，損失は通常の損失とすることが，一般に選好される。この規定は，金融取引を利用して通常の所得をキャピタル・ゲインに転換することを防止することを目的とする。

(30) 課税規定を利用した帳簿価額のステップ・アップの防止

1999年にIRC 357(d)（債務引受額の決定）を新設した。これは，帳簿価額のステップ・アップを制限するため，キャピタル・ゲインが認識される資産の帳簿価額は市場価額を超えないものとする。IRC 351（譲渡人が支配する法人への譲渡）の現物出資の際に法人が株主の債務を引き受けた場合，債務引受額は現金と同視されず，非適格資産（boot）とならないので，原則どおりキャピタル・ゲインの認識は行われない（IRC 357(a)）。しかし，この取扱を無制限に認めると弊害があると考えられるので，IRC 357(c)は現物出資の際の債務引受額が現物出資される資産の帳簿価額を超える場合にはその超過額はキャピタル・ゲインとして認識され，課税されるとともに，当該資産の帳簿価額のステップ・アップが行われると定める。このIRC 357(c)は，現物出資の際の債務引受を利用した課税繰延に対抗する規定である。ただし，外国法人が米国子会社を設立する際にこの課税規定を利用して帳簿価額のステップ・アップを行う租税回避が多くなったため，さらにこれに対抗するため，IRC 357(d)を定めたのである。

(31) 外国税額控除の制限

米国は，一般に，納付または発生した外国所得税の税額控除を定める（IRC 901）。外国子会社が納付しまたは発生した外国所得税について，米国親会社は一般にその基礎となる外国子会社からの収益の発生またはみなし分配を受け取るときにこの税の「みなし納付」税額控除を受けることができる（IRC 902, 906）。外国税額控除は，一般に，米国源泉所得に対する米国税と相殺せず

に，外国源泉所得の二重課税を緩和する目的に役立つように，外国源泉所得に対する米国税に限定される (IRC 901, 904)。

この限度により，納税者は外国税額控除の認められる額を決定するために米国源泉と外国源泉との間に総所得と経費を配分しなければならない。現行法では，米国ベースの多国籍法人グループが米国で発生した利子について米国に所在する総資産と外国に所在する総資産との割合に応じて配分される (IRC 864(e), Reg. 1.861-11 T)。その資産の著しい部分を海外に有する米国ベースの多国籍企業は，米国支払利子の重要部分を外国源泉所得に配分し，たとえ米国で生じた支払利子が外国法により現実の税額を計算するに当たって控除できないとしても，認められる外国税額控除を減少させなければならない。

外国税額控除限度額は，税率の高い外国で納付した超過外国税が低税率国の外国源泉所得に対する残余米国税に対して「クロス税額控除」される範囲で減少するために，異なる種類の外国源泉所得に別々に適用される。例えば，納税者が高税率国で稼得した一定の能動的所得に実効税率45％で外国税を納付し，低税率国で稼得した一定のパッシブ所得に対してほとんどまたは全く外国税を納付しない場合，非課税または低税率で課税されたパッシブ所得の収益は，納付した外国税額を増加させずに，外国税額控除限度額を増加することによって，高税率国に納付したさもなければ控除できない超過外国税を税額控除できる能力を拡大することができる。この種の「クロス税額控除」は，カテゴリー別ベースで外国税額控除限度額の計算を要するルールによって強制される (IRC 904(d))。このルールは，パッシブ所得と能動的所得を別々の限度額カテゴリー（バスケット）に入れ，低課税パッシブ所得は，高課税能動的所得から生じる税額控除に適用される外国税額控除限度額を増加することを認められない。現行法は，一般に九つの別個のバスケット，多様な特則が適用される状態では実際により多くのバスケットを定めている (IRC 904(d))。

納税者が，米国課税ルールによる事業損失または経費の配分の結果であるか否かを問わず，当期の包括的外国損失 (overall foreign loss：OFL) を生ずる場合，外国源泉所得がなく，したがって外国税額控除限度額がゼロとなるので，当期

の外国税額控除を行うことはできない。さらに，納税者が後年度に外国源泉所得を生じる場合，この所得の一部が米国源泉として「取り戻される」かまたは再分類され，後年度の外国税額控除限度額を減少させる。OFL取戻の理由は，外国源泉損失が発生年度の米国源泉所得と相殺し，これによって，米国源泉所得について徴収される米国税を減少させることである。米国FISCは，外国源泉所得に対する米国税が外国税額控除によって完全に相殺される場合，納税者がその後外国源泉所得を稼得するとき，全部とされない。

(32) パッシブ外国投資会社の繰延防止

1986年税制改革は，パッシブ外国投資会社に関する繰延防止制度を制定した。パッシブ外国投資会社は，課税年度の総所得の75％以上がパッシブ所得から成り，またはその資産の50％以上がパッシブ所得を生じる資産もしくはパッシブ所得を生じるために保有される資産から成る場合におけるすべての外国法人と定義される (IRC 1297)。法人における所有割合にかかわらず，パッシブ外国投資会社の株主である米国者に代替的所得算入ルールが適用される。第一ルールは，当期に受け取らない所得に対する税の納付を繰り延べ，利子チャージを課されることを別に選択し，選択する米国株主が法人の収益のそれぞれの持分を当期の総所得に算入する「適格選択ファンド」であるパッシブ外国投資会社に適用される (IRC 1293-1295)。第二ルールは，適格選択ファンドでないパッシブ外国投資会社に適用され，米国株主はこの会社を通じて実現される一定の所得または収益に対する税，および繰延の価値に帰すべき利子チャージを支払う (IRC 1291)。第三ルールは，市場性のあるパッシブ外国投資会社の株式に適用され，選択する米国株主は課税年度末の株式の時価とこの株式の調整ベーシスとの差額を当期の損失として考慮に入れる (IRC 1296)。

(33) 総合調整

繰延防止制度間の総合調整に関する詳細なルールは，米国者が多様な制度により同一の所得項目に対して米国税を課されることを防止するために制定され

る。例えば，法人がCFCでありかつ株主がIRC 951(b)に定義する米国株主である場合，特定の株主について法人は一般にパッシブ外国投資会社として取り扱われない。したがって，サブパートFは，パッシブ外国投資会社ルールをしのぐことが認められる。

第3章

判 例 原 則

　タックス・シェルター白書は，租税回避行為の抑止のために判例原則が有効であると評価している。租税回避事件の裁判では，IRS は次の２点について争う。

① 取引の客観的事実が納税者の主張と違うこと

　納税者が述べる「形式的事実」が「実体」(real substance) を誤り伝えるものであり，納税者が「意図した税効果」を実現するために「メカニカル・ルール」を誤って適用していると，「実質主義」に基づいて主張すること

② 法の文理適用の税効果が不合理かつ不当なものであること

　確立された「事業目的」および「経済実体」の原則に基づいて，納税者が「不合理または不当なタックス・ベネフィット」を得るために特定の方法で取引を行っていることが「作為的」(artificial) であると主張すること

1 実質主義（Substance Over Form Doctrine）

　納税者は取引を選択しその税効果を選択するが，一般的にはその取引の税効果は明白で取引の「形式」に基づいて決まるが，稀な場合には個別の取引の「実体」がその「形式」と一致しない税効果を生じることがある。例えば「証券のレポ」は形式上は「売買」であるが課税上は「担保借入」として扱われる (Rev. Rul. 74-72, 1974-1 C. B. 24)。取引の実体が形式に反することが論証できる場合には IRS と裁判所は，「実質主義」の下で取引を実体に従って扱うことが

できる(注90)。その典型例としては、資本（equity）を負債（debt）とレッテルを貼って支払利子の控除を行うことはできない（Notice 94-48, 1994-1 C. B. 357）。

Gregory v. Helvering（293 U. S. 465（1935））において、納税者は全部所有法人から配当課税を回避する方法で含み益のある証券を抜き取るために6日以内に①当該含み益のある証券を出資して新子会社を設立、②納税者への新子会社のスピン・オフ、③新子会社を清算し納税者が清算分配として当該含み益のある証券を受け取るという3段階に分けて証券の分配を行った。この取引の形式を認めるならば子会社の清算によるキャピタル・ゲインの実現とすべきところ、裁判所は、この取引の形式を認めず、この取引は実質的に含み益のある証券の配当であり、通常の所得として課税すべきものと判示した。最近の例としてはASA Investerings Partnership v. Commissioner（76 T. C. M.(CCH) 325（1998））において、損失控除タックス・シェルター（米国税の非課税外国パートナーに配分されるゲインとこれを相殺するため米国パートナーに分配されるロスとを発生する目的で不確定な割賦販売に関するルールを利用するパートナーシップに関するもの）を無価値にするため、実質主義の原則が適用された。ASAにおいて、租税裁判所は、実質主義の原則により外国パートナーが実際の貸主であると判示し、パートナーシップのゲインを米国パートナーに配分した。

(注90) 実質主義の不確実性

タックス・シェルター白書は、実質主義の適用が主観と事実に依存するが故に不確実であることを認め、類似の事実に対する適用例を示している。Waterman Steamship Corp. v. Commissioner（430 F. 2 d 1185（5thCir. 1970））において、同社はその全部所有子会社を350万ドルで売買する申出を、当該子会社の株式の簿価が70万ドルであったので多額のキャピタル・ゲインが実現することになるとの理由で辞退し、その代わりに売却に先立って同社は当該子会社に280万ドルの配当を手形の形式で支払わせ、その後70万ドルで当該子会社を売却した。これを譲り受けた新しい所有者はこの会社に280万ドルを貸し付け、この会社はこの借入金を当該手形の支払に充てた。この取引の形式を認めるならば、同社の受取配当は非課税となり、当該子会社の売却からキャピタル・ゲインは生じない。租税裁判所は、当事者が仕組んだ形式どおりに取引を認めたが、控訴裁判所は、これを覆し、実質的に当該取引はWatermanがその子会社を350万ドルで売却したものとして取り扱うべきであると判示した。これは、一般に「配当ストリッピン

グ」というキャピタル・ゲイン課税回避の典型的な手法である。類似の事実関係を認められる Litton Industries, Inc. v. Commissioner（89 T. C. 1086（1987））において，租税裁判所は，重要な差異があるとして実質主義を適用せず，当事者の仕組んだ形式どおりに取引を認めている。Litton と Waterman との事実の差異は，①Litton の子会社が Litton に手形で配当を支払ったとき子会社の買手が特定されていなかったこと，②子会社の売買が配当の約6か月後に行われたことであった。

　白書は，実質主義の適用の不確実性の例として，Commissioner v. Court Holding Co.（324 U. S. 331（1945））と Esmark v. Commissioner（90 T. C. 171（1988），886 F. 2 d 1318（7 th Cir. 1989））を比較している。前者は，株主に資産を分配し分配された資産をあらかじめ仕組まれたとおり売却することは分配法人が直接売却したものとして取り扱うことを認め，後者は，Mobil が Esmark 株式を購入し含み益のある資産と交換にその株式を償還することは Mobil が Esmark に含み益のある資産を売却したものとして取り扱うことを拒否した。

（1）　ステップ取引原則

　実質主義の適用に当たって採用される一般的な原則としてステップ取引原則がある。形式的には別個のステップごとの取引は，これらのステップを結合することによってその実体をより正確に反映する場合，課税上単一の取引として取り扱われる。判例は，ステップと取引原則の適用の適否を判定するため，①binding commitment test，②end result test，③mutual interdependence test の3基準を明確に示してきた。

　Binding commitment test は，第一ステップで納税者が後のステップに続くことを約束している場合にのみ別個のステップとの統合を認めるという基準であり，Commission v. Gordon（391 U. S. 83（1968））において初めて最高裁が明確に示したものである。

　Gordon 事件では，法人がその株主に全部所有子会社の株式の57%を分配し，株主に対し残りの43%を数年内に分配する意図を通知した。法人は2年後に当該43%を分配した。納税者の主張は，2回分の分配は1ステップとみて全体の取引が IRC 355 による非課税の組織再編となるということであったが，最高裁は「一取引が第一ステップとされるには後のステップをとる binding commitment がなければならない」と納税者の主張を斥けた。

End result test は、ステップが特定の結果を生じたため最初から意図された単一のスキームまたはプランの一部である場合に別個のステップを組み合わせた一つの取引とされるという基準である。当事者の意図を基準とする点であいまいであり、一貫して適用することが困難であるという批判がある。

Mutual interdependence test は、客観的事実の合理的解釈に基づいて一つの取引が作り出す法的関係が一連の取引の完了なくしては効果がないといえるほど相互依存があるか否かを問題とする基準である。

これらの3基準の適用について、一連の取引を一つの取引とすべきか否か不確実な点はあるが、ステップ取引原則は非課税の組織再編成の分野における租税回避に対抗するための効果的な防止措置となっている。

(2) 納税者の実質主義の主張[注91]

納税者が取引をその実体にあわせれば異なる取引であると主張することがあるが、その能力は制限される。裁判所は「納税者はその選択により自己の取引を自由に行うことができるが、一度そうした以上、予期したか否かを問わず、その選択の税効果を受け入れるべきであり、選択できたかもしれないが選択しなかった他のルートのベネフィットを享受することはできない」と繰り返し述べてきた。納税者が実質主義の主張をするには、重い立証責任を負い、自己の行為が正直で一貫して取引の実体を重んじるものであることを示さなければならない。

(注91) 納税者からの実質主義の主張

Danielson v. Commissioner (378 F. 2 d 771, 775 (3 rdCir. 1967) において、納税者は金融会社の普通株の売却と買主との不競争契約について合意した。売買条件として売買代金の約40％を不競争契約に、残りを普通株に割り当てることにした。買主は、不競争契約に配分された金額を償却することにより享受するタックス・ベネフィットを考慮に入れ、売主は、この契約にもかかわらず売買代金全部が普通株に配分され、資本資産の売却からの収益を構成するというポジションをとる。IRSは、不競争契約に配分された金額について納税者がキャピタル・ゲインとする取扱を否認した。租税裁判所は、納税者が①不競争契約が現実に売買されなかったことおよび②この契約に配分された金額が現実に当該株式の売買代

金の一部であったことおよび③この契約に配分された金額が現実に当該株式の売買代金の一部であったことを立証したと認めた。

控訴審においてIRSは契約書が不競争契約の代金を正確に記載しているので、詐欺、脅迫または不当な影響の場合を除き、納税者が自己の契約を覆すことは許されないと主張し、第三巡回裁判所は「一方の当事者が契約の合意を覆すことを禁止することは、当事者が合理的に予想できる契約の税効果を取り消し、IRSが当事者に適正な課税を行う際の執行上の問題を生ずる場合に不正な蓄財を防止するため必要である」と判示した。このダニエルソン・ルールと重い立証責任ルールは、「売買代金の配分」のみならず、多様な取引に適用される。

2 事業目的原則（Business Purpose Doctorine）

納税者は、取引を行う理由（租税回避を除く）を有することが必要である。他の判例原則と同様に、Gregory v. Helvering[注92]（293 U. S. 465（1935））において事業目的原則が最高裁で明確にされた。この原則は、法人課税のみならず、所得課税についても、適用される[注93]。

(注92) Gregory. v. Helveringにおける事業目的原則

最高裁は、「法律が許す方法により税額を減少または税を回避する納税者の法的な権利は、疑う余地がない。しかし、決定すべき問題は、行われたことが租税上の動機を除き、成文法が意図したことであったか否かである」と述べている。この判決後、事業目的原則は多様な法人取引（企業分割、企業買収、非課税の設立、配当、支配権の取得等）の要件とされている。第2編第3章4（1）を参照。

(注93) 個人タックス・シェルターに対する事業目的原則の適用

Goldstein. v. Commissioner（364 F. 2 d 734（2 nd Cir. 1996），385 V. S. 1005（1967））において、賭事師が賞金14万ドルの一部を課税から逃避させるため年利4％で945,000ドルを借り入れ、年利2％の財務省証券100万ドルを購入する方法を用いた。賭事師は、借入金の利子として81,396ドルを前払いし、これを賞金から控除した。裁判所は、「借入金取引には利子控除のタックス・ベネフィットを得たいという納税者の意図を除き、実体も目的もない」という理由で、利子控除を否認した。

1970年代や1980年代には不動産開発や映画制作など早期に純損失を発生させる活動を行うパートナーシップ形態をとる個人タックス・シェルターが出現したが、IRSおよび裁判所は、タックス・ベネフィットの創造以外に事業目的や経済実体がないという理由で対抗している。

3 経済実体原則（Economic Substance Doctrine）

　IRS は，特定のタックス・シェルター取引のタックス・ベネフィットに成文法にないスタンダードとして経済実体原則をもって対抗している。すなわち，IRS は，この原則により，取引の経済実体がその取引から生じるタックス・ベネフィットに比べて取るに足らない場合にこのタックス・ベネフィットを否認する(注94)(注95)。この原則の適用事例は，納税者の意図するタックス・ベネフィットを守りつつ納税者の経済効果を抑制する相殺用の負債と循環的キャッシュ・フローが存在するスキームである。意図したタックス・ベネフィットを除けば，貸付と借入を同時に行う取引(注96)は，納税者にとってほとんど純経済効果を生じない。最近，資産の購入と販売がほぼ同時に行われる取引からの意図したタックス・ベネフィットが経済実体原則で否認された。経済実体原則が適用される場合を列挙することは，困難であるといわれるが，学説のなかには次の三つの判定基準を掲げるものがある。

① タックス・ベネフィットが一連の別々の租税上の動機がある取引から生じること
② これらの取引が納税者の純経済的ポジションを大して変更しないこと
③ タックス・ベネフィットがこれを生じる客観的基準に照らして不合理かつ不当であること

（注94） 債務証書のレバレッジド購入
　　Sheldon v. Commissioner（94 T. C. 738（1990））において，納税者は，借入金で調達した資金で課税年度末後間もなく満期となる財務省証券を購入した。納税者は，第二課税年度まで財務省証券からの利子所得の算入を繰り延べるが，借入金の支払利子の大部分を第一課税年度に発生させる。租税裁判所は，借入と貸付との同時取引は相殺され，タックス・ベネフィットの創造以外に生じる経済効果は取るに足らないという理由でこの取引の意図したタックス・ベネフィットを否認した。
（注95） 資産の譲渡
　　資産の処分が納税者の経済的ポジションを大きく変更しない一連の取引の一部

である場合にその資産の処分から生じるタックス・ベネフィットは，経済実体原則を適用され，無視される。London Metal Exchange 事件において，納税者は第一年度に通常の損失を生じ，第二年度にキャピタル・ゲインを生じるようデザインされた一連のストラドル・転換取引を行った。これらの取引は相互に相殺するので，大きいペーパー・ゲインとロスを生じるが，純経済効果は小さい。したがって，この取引は経済実体を欠くと判定される。

(注96) 資産の購入と販売のほぼ同時取引

ACM Partnership v. Commissioner (73 T. C. M. (CCH) 2189 (1997), 157. 3 d Cir. (1998), 199 S. Ct 1251 (1999)) において，納税者は，私募債を購入しこれを24日後に購入価額と同額で売却した。あわせてみると，この購入と売却の納税者の純経済的ポジションに対する経済的効果は名ばかりで付随的なものにすぎない。それにもかかわらず，この売却に割賦販売ルールを適用すると大きな税効果が生じる。租税裁判所と第三巡回裁判所は，この取引がタックス・ベネフィットの創造以外の経済効果を欠くという理由で納税者はこの取引による意図したタックス・ベネフィットを享受できないと判示した。経済実体は，請求されるタックス・ベネフィットの規模について評価される。

第2編第3章4(5)を参照。

4 租税回避の否認事例

租税回避の否認に関する明文規定がない場合に否認できるか。

政策目的により制定された租税減免規定の解釈・適用上，納税者の私法上の法形式が租税減免規定の適用の範囲外として課税を行う『否認』類似の方法が採用される。

(1) グレゴリー判決

この事例は，アメリカのグレゴリー判決(Gregory. v. Helvering 293 US. 465, 1935)である。

グレゴリーは，A社の全株式を所有している。A社はX社の株式を多数保有している。Xの株価が上昇しているので売り時であるが，AがグレゴリーにX株式を現物配当すると，時価相当額の配当として税負担は大きくなる。AがX株式を売却すると，Aに法人税，グレゴリーに配当課税が行われる。そこで，

AはX株式のすべてを新設のB社に現物出資し，Bは新株をすべてグレゴリーに発行する。アメリカでは現物出資により子会社を設立することは組織再編成として「簿価」引継取引が認められ，キャピタル・ゲインの繰延が認められる。資産の譲渡を受けたBが資産の譲渡をしたAの株主に株式を発行したとき，利得は発生しない。グレゴリーは，X株式をAからBに移転した直後にBを解散する。Bの唯一の資産であるX株式は，清算に際してグレゴリーに交付された。グレゴリーは，Bの清算所得の分配（X株式の時価相当額－取得価額）を長期キャピタル・ゲインとして申告した。その後，グレゴリーは，X株式を譲渡した。

IRSは，この一連の取引は実体のない取引であり，もっぱら租税回避のために行われたと考え，X株式の時価相当額の配当が行われたものとして，課税した。

争点は，AからBへのX株式の移転は，組織再編成に該当するかであった。

連邦最高裁は，グレゴリー敗訴とする理由として，①一連の取引が行われたことは事実であるが，②Bは事業活動を全く行っていない。③IRCは事業活動を前提として課税繰延を定めている。④法は事業目的を欠いた取引を非課税規定の範囲内に置いていないことを掲げた。

グレゴリー判決は，①法の認める法形式を用いて税負担の軽減を図る法的権利があることを認める。②「事業目的の原理」（business purpose doctrine）という将来の基本原則となるものを確立した。③目的論的解釈の結果として「否認」と同じ結果に到達した。

（2） ネシュ判決

この事例は，ネシュ判決(Knetsch v. US, 364 US 361, 1960, aff'g 272 F 2 d 200 (9 th Cir. 1959))である。納税者は，額面400万ドル，金利2.5%の30年物債券を400万4,000ドルで購入し，4,000ドルを現金，400万ドルを当該債券を担保とする金利3.5%の納税者自身のノン・リコース債券で支払った。納税者は，毎年ノン・リコース債券の3.5%の金利を前払し，その控除を行った。最高裁

は，取引全体が偽装であるとして，支払利子の控除を認めなかった。①経済実体と②事業目的という原則から私法上の契約を無視し，当事者間の真実の法関係を「事実認定」することにした。

(3) エイケン判決

　トリーティ・ショッピングについて1995年に財務省規則が最終規則として発効するまでは税法において明文の「迂回融資による租税回避」の対抗措置はなかったが，上記の「事業目的の原理」や「実質主義」(substance over form)などの判例理論で課税を認めた古典的事例として，エイケン判決(Aiken Industries Inc. v. Commissioner, 56 TC 925, 1971)がある。

　エイケン社は，NYに本拠があるデラウエア法人である。IRSは，エイケンが買収したメカニカル・プロダクト社(Mechanical Products Inc.：MPI)というデラウエア法人の買収前の支払利子に対する源泉所得税の未納額を追徴したが，エイケンは租税裁判所に控訴を提起した。買収前のMPIの親会社はエクアドリアン社(Ecuadorian Corp, Ltd：ECL)というバハマ法人である。MPIはECLから借り入れた225万ドルの借入手形(Sinking Fund Promissory Note 年利4％，1983年満期)の利子をECLに直接支払う場合には米国・バハマ間租税条約がないので，米国で30％の源泉徴収税を課される。そこで，ECLはエクアドル法人の子会社を通じ米国条約のあるホンジュラスに孫会社を設け，9枚の請求払手形(額面25万ドル，年利4％)と引換えにMPIの借入手形を譲渡した。米国・ホンジュラス条約では利子の源泉所得税は免除されていた。したがって，法形態としてはこの孫会社という「トンネル会社」を通過させることにより，MPIは借入手形225万ドルの年間支払利子9万ドルを1964年と1965年に米国の源泉徴収なしでホンジュラス孫会社に送金できると考え，実施していた。このホンジュラス孫会社は受取利子(1964年112,500ドル，1965年1700,000ドル)をECLに借入金利子として支払うスキームであった。IRSは，「トンネル会社」の「実体」を認めず，MPIの支払利子は実質的に親会社ECLに直接支払われたものとして，未徴収の米国源泉徴収税54,000ドル(1964年，1965年各27,000ド

ル）と罰金 13,500 ドルを査定した。租税裁判所は，①実質主義，②事業目的，③経済実体，④租税回避の有無，などの原理に基づいて原告敗訴の判決を下した。

トリーティ・ショッピングについては，一連の取引が行われたことは事実であるが，トンネル会社が実体を有さず，事業目的のないものであるとの理由で，租税条約の特典の適用上，私法上の法形式をその適用の範囲外に置くことにより「否認」と同じ結果を生ずる。

（4） シュールマン判決

コーポレイト・ファイナンスの視点からタックス・シェルターはみかけのキャッシュ・フローだけでリスクを遮断した仕組みであるものが多く，そのストラクチャーには「循環金融」(circular financing) のように「仮装行為」(sham transaction) 的な契約が利用される。このような場合には，課税庁は，この契約について当事者の合意を表面的・形式的にとらえず，その経済実体（Economic Substance）を見極めて「真実の意思」を探究し，当事者間の「真実の法関係」を「事実認定」し，「虚偽表示」などによる表面的・形式的な法関係を無視することができる。

シュールマン事件（US v. Schulman 817 F 2 d. 1355（9thCir. 1987））では，シュールマンは，1978 年，1979 年に自分がゼネラル・パートナーとなる 91 のリミテッド・パートナーシップをつくり，米国不動産投資を行うため参加者である投資家を募集した。参加者の出資はその申告において支払利子として控除できると宣伝した。そのスキームでは，アンティール法人 A とパナマ法人 B を用いる。リミテッド・パートナーシップは，A から資金を借り入れ，その借入金を B に一定の条件の下で無利子で貸し付け，B はその借入金を A に貸し付けるという典型的な「循環金融」が，1978 年 10 月 31 日と 12 月 5 日の 2 日間に 91 回も行われ，A はリミテッド・パートナーシップに 2 億 5,200 万ドルを貸し付け，1979 年 12 月 27 日に逆循環により返済が行われた。その結果，リミテッド・パートナーシップは，多額の支払利子を計上した。判例は，循環金融

における「貸付金」「借入金」は実質的には存在せず，リミテッド・パートナーシップはAに負債を負っておらず，支払利子も利子ではなく，その控除は認められないと結論を下している。

　循環金融を利用したタックス・シェルターについて，アメリカの裁判所は「事実認定」の問題として対応している。

　一連の貸付，借入等を「虚偽表示」として無効とする方法も十分に考えられる。

（5） ACMパートナーシップ判決

　この事例は，ACMパートナーシップ判決(ACM Partnership v. Commissioner, 157 F. 3 d 231, 3 d Cir. 1998, aff'g in part, rev'g in part 73 TCM 2189, 1997) である。このスキームは，損失を発生させてこれと無関係な子会社の売却による納税者のキャピタル・ゲイン1億500万ドルを相殺するものである。納税者は，非関連の外国銀行および大手証券会社の関連会社とACMパートナーシップをつくる。ACMパートナーシップへの出資金2億500万ドルの対価として納税者が17.1％，外国銀行が82.6％，大手証券会社の関連会社が0.3％の持分を取得した。ACMパートナーシップは，条件付連続償還債売却取引の媒体としての役割を果たした。①ACMパートナーシップは，米国銀行から2億500万ドルの私募債を購入した。②3週間後にACMパートナーシップは1億7,500万ドルの債券を現金1億4,000万ドルと連続償還債と引換えに売却した。合計現金売却価格は，債券購入価格の80％に相当する。③連続償還債では想定元本に定期的調整をするLIBORベースレートを乗じて算定される均等額を5年間にわたって支払うことが要求されている。条件付支払方式に基づいて将来行われると見込まれた一連の支払の正味現在価値は3,500ドルであった。④この条件付支払方式では収益の70％は当該取引の最初の年度に受領された。⑤ACMパートナーシップは，この売却に係る課税年度後に売却対価の一部を受領したため，この売却を「割賦売却方式」により計上した。条件付償還という性格から売却年度に最大売却価格の特定は不可能であるので，この取引には年間割賦

売却収益の算定には「比例按分回収ルール」の適用が認められる。売却債券の課税対象額1億7,500万ドルが償還取決めに基づいて支払が行われる課税年度に均等に配分された。⑥ACMパートナーシップは，売却年度に合計売却収益の70％を受領したにもかかわらず，税務上は合計課税対象額の6分の1が回収されたにすぎず，1億1,080万ドルのキャピタル・ゲインが発生したが，その大部分は外国銀行に配分された。⑦外国銀行は配分を受けた利益について米国で課税されない。⑧外国銀行の持分はその後一部売却収益で償還され，納税者は99.7％の持分を保有することになる。⑨ACMパートナーシップはその後の課税年度にわたり受領収益の30％が残余の6分の5の課税対象額により相殺され，多額の損失を認識した。⑩この損失のほぼ全部が納税者に配分され，この損失の繰戻により従前に行われた子会社売却のキャピタル・ゲイン1億500万ドルのほぼ全部と相殺した。

　IRSは，この取引が事業目的と経済実体を欠く取引であると認定し，損失の控除を否認した。相当額の取引コストの発生を考慮すると，納税者は現実に収益実現を期待していなかったと判断し，割賦売却方式は経済実体を欠くと判示した。

第4章

手続法における
タックス・シェルター対抗措置

　米国の対抗措置の第一ステップとして IRS（Internal Revenue Service）によるタックス・シェルターの実態把握を確実にするための税法上のインフラ（登録制度，開示制度，投資家リスト保存義務）を整備し，第二ステップとして登録されたタックス・シェルターの IRS による審理により「濫用的タックス・シェルター」（Abusive Tax Shelters）を識別し，一律にタックス・シェルターに「不適正なタックス・シェルター」の烙印を押さないよう納税者を保護するとともに，識別された「濫用的タックス・シェルター」については投資家のタックス・ベネフィットを否認することとし，第三ステップとして IRS は潜在的「濫用的タックス・シェルター」として問題のある取引を調査対象とする特別選考プログラムを定めている。

1　タックス・シェルターの実態把握のための制度

　米国では「議会の意図したタックス・ベネフィット」を利用するタックス・シェルターと「議会の意図しないタックス・ベネフィット」を利用するタックス・シェルターを識別するためにはすべての「タックス・シェルター」を内国歳入庁（IRS：Internal Revenue Service）に開示させ，それが「合法的な事業取引」であるか，「不適当な高度に技術的な方法で複雑な税法の規定を操作する異常なタックス・デバイス」であるかを IRS が公然と審理し評価することを可能にしなければならないと考えられている。
　米国は双子の赤字に苦悩する米国経済の再生を期して議会の意図する多様な

租税特別措置を活用する (1981年 Economic Recovery Tax Act) 一方で，このような租税政策を採用する「議会の意図を越える租税回避取引」を防止するため，1984年に①タックス・シェルターの登録制度 (IRC 6111)，②投資家リストの保存義務 (IRC 6112) および③これらの懈怠に対するペナルティ (IRC 6707, 6708) を導入したが，1997年にこの制度を充実するため，さらに「秘密の法人タックス・シェルター」(Confidential Corporate Tax Shelter) の登録を義務づけた (IRC 6111(d))。

(1) タックス・シェルター登録制度 (IRC 6111(a))

すべてのタックス・シェルター・オルガナイザーは，当該タックス・シェルターの持分 (interest) の販売の最初のオファーをする日以前に財務長官に当該タックス・シェルターを登録しなければならない。ここで「タックス・シェルター・オルガナイザー」とは，次の者をいう (IRC 6111(e))。

① タックス・シェルターの組成に主として責任がある者
② タックス・シェルターの組成に参加した者
③ 投資の販売またはマネジメントに参加する者

登録には次の情報を含めなければならない。

① タックス・シェルターを識別し，説明する情報
② 投資家に提示するタックス・ベネフィットを記述する情報
③ 財務長官が定める情報

(2) タックス・シェルター開示制度 (IRC 6111(b))

A タックス・シェルターの持分の販売者

タックス・シェルターにおける持分を販売するすべての者は，これを購入するすべての投資家に財務長官が当該タックス・シェルターに付した識別番号を通知しなければならない。

B　投資家の申告書におけるタックス・シェルター番号の記入

　タックス・シェルターによる所得控除，税額控除その他のタックス・ベネフィットを請求するすべての者は，当該所得控除，税額控除その他のベネフィットを請求する申告書に財務長官が当該タックス・シェルターに付した識別番号を記入しなければならない。

(3) 投資家リスト保存制度（IRC 6112）

　A　投資家リスト保存義務者

　次の者は，タックス・シェルターにおける持分を購入した投資家の各人の確認リストおよび財務長官が規則により要求できる情報を保存しなければならない。

　①　「潜在的濫用的タックス・シェルター」を組成する者（オルガナイザー）

　②　タックス・シェルターにおける持分を販売する者

　ここで，潜在的濫用的タックス・シェルターとは，次のものをいう（IRC 6112(b)）。

　①　IRC 6111 に基づき登録を要するすべてのタックス・シェルター

　②　財務長官が租税回避またはほ脱の潜在性があると規則で定める種類のすべてのエンティティ，投資プラン，その他のプランまたは契約

　B　IRS 税務調査における利用

　上記Aにおける投資家リスト保存義務者は，財務長官の要求により投資家リストをIRSの税務調査において利用させなければならない。また，投資家リスト保存義務者は，別段の定めがある場合を除き，そのリストに含めることを要するすべての情報を7年間保存しなければならない。

(4) 秘密の法人タックス・シェルター（IRC 6111(d)）

　1997年納税者救済法（The Taxpayer Relief Act of 1997）は，一定の秘密契約をタックス・シェルターとして取り扱い，登録すべきタックス・シェルターとして「秘密の法人タックス・シェルター」（Confidential Corporate Tax Shelters）を

追加した。「秘密の法人タックス・シェルター」とは，次の要件を満たすすべてのエンティティ，プラン，契約または取引をいう。
① 法人である直接または間接の参加者にとってストラクチャーの重要な目的が所得税の回避またはほ脱であること
② 秘密を条件にすべての潜在的参加者にオファーされること
③ タックス・シェルターのプロモーターの報酬が 100,000 ドルを超えること

ここで「プロモーター」とは，タックス・シェルターの組成，マネジメントまたは販売に参加する者またはその関連者をいう。また，次の場合には，「秘密を条件にオファーされる」ことに該当する。
① 潜在的参加者がタックス・シェルターやその課税上の特徴について開示しないことに合意する場合
② タックス・シェルターが(i)請求し，知りもしくは知る理由を有するか，(ii)他の者が請求することを知り，もしくは知る理由を有するか，または(iii)当該タックス・シェルターが当該潜在的参加者以外の者に独占されていることもしくは当該タックス・シェルターが他の者への開示もしくは他の者による使用から保護されていることを他の者に主張させる場合

「ストラクチャーの重要な目的が所得税の回避またはほ脱であるとみなされる取引」として次の三つの範疇が特定されている（暫定規則 301.6111-2 T）。
① IRS が租税回避取引（a tax-avoidance transaction）と決定しかつ指定取引（a listed transaction）として識別した特定の種類の取引と同じかまたは類似する取引
② 参加者が合理的に見込む取引からの税引前利益の現在価値が当該取引から予想されるタックス・ベネフィットの現在価値に比較して取るに足らない取引
③ 取引の意図する結果の重要な部分がタックス・ベネフィットを生ずるように仕組まれた取引で，プロモーターが複数の潜在的参加者に提示すると合理的に見込まれるもの

IRS は，現在「指定取引」として識別した個別取引のリストを発表している (Notice 2001-51, IRB 2001-34, 190, supplementing and superseding Notice 2000-15, IRB 2000-12, 826)。このリストの各取引は，重要な租税回避の目的に関係があると決定されており，取引の意図したタックス・ベネフィットは現行法に基づいて否認の対象とされる。このリストは，租税回避スキームが識別されるつど補完される。

2 タックス・シェルターに対する執行体制

(1) IRS タックス・シェルターの分析室の設置と機能

IRS は，タックス・シェルターに関する情報を収集・分析し，妥当な対応に必要な庁内総合調整を行うために，タックス・シェルター分析室を4ビジネス・ユニットの一つとして大中規模課（LMSD：Large and Medium Sized Division）に設置した（Announcement, 2000-12, IRB, 2000-12, 835)。これは，IRS が新しい形態のタックス・ストラクチャー取引に迅速かつ効果的に対応する必要に迫られていることを示している。IRS は，タックス・シェルターに一律に「不適正なタックス・シェルター」の烙印を押さないよう，納税者の保護を意図している。

IRS は，納税者，租税専門家その他に向けて，タックス・シェルター分析室で分析・評価した特定のタックス・シェルターに関する情報を提供している。

大中規模課は，2002年4月にすべての調査のために使用する強制的な情報文書要求（IDR：Information Document Request）を開発している。

(2) IRS タックス・シェルター・プログラム

IRS は，濫用的タックス・シェルターを一般的タックス・シェルターと区別して識別しこれを調査対象に選定する特別選考プログラムを制定している（Internal Revenue Manual 42(17)4)。このプログラムによれば，IRS は，次のタック

ス・シェルターを調査対象に選定する。

① 純損失の控除が多額であること
② 申告した総所得が低額であること
③ 請求した投資税額控除が多額であること
④ パッシブ投資家を有すること
⑤ ノン・リコース・ローンまたはアット・リスクでない額に関する質問に回答しないこと
⑥ タックス・シェルターの範囲として特定されている活動に従事すること
⑦ 非活動エンティティであること
⑧ タックス・シェルターが不動産活動に従事していない場合に資本勘定がマイナスになること
⑨ 最初の申告書または最終の申告書であること

IRSは，この調査対象の選定のために，①様式W―4（従業員の源泉徴収票），②様式264（タックス・シェルター登録申請），③様式8271（タックス・シェルター登録番号の投資家への通知），④様式8275（IRC 6661による開示文書），⑤連邦・州への有価証券報告書からの情報を活用する。

（3） IRSによる濫用的タックス・シェルターの取扱

IRSは，特定のタックス・シェルターが濫用的タックス・シェルターであると判断する場合，投資家がその申告書において当該タックス・シェルター投資の結果として請求した損失，所得控除および税額控除などのタックス・ベネフィットを否認して所得金額および所得税額を更正することができる。この更正の結果として，利子税のほか，「不正確な申告」（無申告，重大な過少申告または資産の重大な過少評価を含む）に対する20％のペナルティが課される。資産の評価については，申告した評価額がIRSの認定した評価額の200％以上である場合には重大な過大評価としてペナルティが課される。誤った評価については，これにより過少納付税額が5,000ドル（S法人および同族持株会社を除く法人については10,000ドル）を超えない限り，ペナルティは課されない。さらに，IRS

は，濫用的タックス・シェルター投資による還付税については，申告書において請求されたタックス・ベネフィットが最終的に確定されるまで当該投資に係る部分を還付しないこととしている（Rev. Proc. 84-84, 1984-2 CB 782）。

3 タックス・シェルター対抗措置の強化

「大法人や裕福な個人が高価な税務顧問を利用して税を免れるようにみえることは，税制における公平の概念を根底から危うくする。不当な方法で高度に技術的な税法の規定を操作する異常なタックス・デバイスを識別してきちんと対応するには，新しいイニシアチブが必要である。IRS がタックス・デバイスを公然と評価するためには合法的な取引と不当に税法を操作する取引を区別する必要があり，実態把握のために「開示制度」を徹底することにより，一般納税者に不当な負担をかけずに，効果的に濫用的タックス・シェルターに対抗することが可能になる。」

公表された濫用的タックス・シェルター対抗措置（財務省案）について要点をまとめ，今後の方向性を探ることにする。

(1) 濫用的租税回避取引に関する問題意識

現行のタックス・シェルター対抗措置は，開示，登録および顧客リスト保存から成るが，税制を複雑化させ，なお一部の者に抜け道となっている。多くの納税者と実務家は税法の規定とその精神を遵守するため最善を尽くしているが，「議会が意図しないタックス・ベネフィット」を生じるように仕組まれた取引を積極的に促進している者も少なくない。このような取引は，議会の意図に反するものであり，国庫にとって有害であり，一般納税者の公平の意識を腐食するものとして，抑止しなければならない。このように考えて，財務省は税制がより明瞭なルールと厳しい罰則を含むように改正し，滅多に税務調査がないと考えて税法の遵守を怠る納税者に否認リスクとその報いを思い知らせる必要があるとする。（注　ペナルティの改正案については後記(6)を参照）

(2) 透明性と厳格な執行

「透明性」を高めるため，タックス・シェルターの実態把握が先決である。「疑問がある取引」であるタックス・シェルターが IRS に確実に開示されるようにし，濫用的タックス・シェルターに該当するか否かについて IRS のレビューの対象とすることが濫用的租税回避取引に対抗する政府にとっての第一歩である。現行の開示制度にある開示回避に使われる解釈上のグレー領域を除去するため，開示ルールを簡素化し，開示の懈怠についてプロモーターや納税者にも新しい罰則を科すことにする。財務省のターゲットは，主としてプロモーターであるといえる。

財務省は，現行の取引の開示，登録および顧客リスト保存に関するルールを単一化し，解釈の余地を残さないものに改正し，その懈怠を IRS が確実に発見できるよう執行の改善に資するものとする。また，1999 年に公表された「タックス・シェルター白書」は，"The Problem of Corporate Tax Shelters" という題から明らかなように，主として「法人」の租税回避取引に焦点を合わせてきた財務省は，「個人」「パートナーシップ」「信託」などの租税回避取引にも対抗措置の範囲を拡大することにした。

(3) 財務省の立法案 (2002)

上記の基本的な方針に従い，財務省の改正案の要点は，次のとおりである。
① 「報告すべき取引」の開示の懈怠に対し，ペナルティを科すこと
　罰則がなければ納税者にとって開示のインセンティブが少ない。現行法では罰則はないが，新設する。
② 「報告すべき取引」の登録の懈怠に対するプロモーターに対する罰則の強化
③ 「指定取引」の開示の懈怠または開示されない「指定取引」参加に対するペナルティの株主への開示の要求
④ 「投資家リスト」の提出の懈怠に対する罰則の強化

IRS がプロモーターに対して要求する「投資家リスト」を迅速に提出させるために罰則の強化が必要である。

⑤ 登録要件と投資家リスト保存要件を繰り返し無視するプロモーターに対する業務禁止命令

⑥ 外国金融勘定の利子に係る報告の懈怠に対する罰則の強化

現在，多数の納税者が「外国銀行・外国金融機関の勘定の報告書」（Form TD F 90-22.1）による情報申告ルールの遵守を懈怠するため，民事ペナルティが必要である。

⑦ 軽率な申告過誤に対する罰則の強化

財務省は，個人が法律または事実に根拠なしに一定のポジションをとることを抑制するため，軽率な申告過誤のペナルティを 500 ドルから 5,000 ドルに引き上げる。

⑧ プロモーター登録ルールの修正

プロモーターが IRS に登録を要する取引の種類を拡大する。

⑨ 登録，報告すべき取引および投資家リスト保存を要するプロモーターとアドバイザーの数を拡大すること

IRS が濫用的租税回避取引に参加する納税者を容易に識別するために，プロモーターおよびアドバイザーを把握する必要がある。

米国は，合法的な事業としてのタックス・プランニングを妨げる考えはないと再三明言しているが，「議会の意図しないタックス・ベネフィット」を得るために税法の複雑さを利用する「濫用的租税回避取引」「濫用的租税慣行」を抑止しなければならないとする。この目的を達成するため，採用した原則が，「透明性」（疑問のある取引を IRS に開示させ，そのレビューの対象にすること）および「確実性」（納税者とプロモーターが開示し，登録し，投資家リストを保存すべき取引を明瞭に識別するルールを適用され，発見を回避することができないようにし，適切にペナルティが科されるようにすること）である。財務省の提案は，透明性と確実性を備えている。その提案により，疑問のある取引は，取引に参加する納税者とプロモーターの双方に IRS に対する情報申告を要求することによって，相

互に補強するルール・ウェッブの対象となる。すなわち、IRS は納税者の開示によってプロモーターを把握し、プロモーターの開示によってさらに他の納税者を把握することが可能になる。

(4) 財務省の行政措置案

財務省は、上記の立法措置案とともに、次の行政措置案を示している。

A パートナーシップ，S 法人，信託および高額所得者個人に対する「報告すべき取引」の開示要求

開示要求は法人のみに限定されるべきでなく、すべての者に潜在的濫用的租税回避取引の開示が要求されるべきであると考えられる。

ノーティス 2001-45 (ベーシス移転取引) に倣う取引を利用しているし、法人と個人の双方による潜在的濫用的租税回避取引は議会の意図しない効果を狙いパートナーシップや信託などの形態を利用している。結果として「二重報告」を生じるが、開示を確実にし、不適当な取引を抑制する効果があるとみられる。

B パートナーシップ，S 法人，信託および高額所得者個人による開示情報の受取とレビューの集中化

これには、潜在的濫用的租税回避取引を識別するための早期発見メカニズムを IRS に付与する狙いがある。法人、個人、パートナーシップ、S 法人、または信託のすべての開示と審理を集中し、総合調整することによって、財務省と IRS は、取引のトレンドや新しい種類の取引の出現を認識し、開示された取引の一貫性のある評価を確実にし、不適当な取引を抑止することに貢献できる。

C 申告書における開示，登録および投資家リスト保存に関する「報告すべき取引」の共通の定義の確立

IRC 6011, 6111 および 6112 に基づき規則を改正する。

IRC 6011 に基づく現行規則は、納税者が次の取引を開示することを要求す

る。
① 指定取引（公表ガイダンスにおいて IRS が特定した租税回避取引）
② the 2 of 5 filter test を満たす取引

IRC 6111（秘密法人タックス・シェルターの登録）と IRC 6112（投資家リスト保存）に基づく現行規則は，IRC 6011 のスタンダードと異なるスタンダードを用いる。新しい規則では，指定取引のミニマム・タックス効果要件と the 2 of 5 filter test の例外は排除される。この措置により IRS に登録・報告されるべき取引の範囲は拡大される。提案における「報告すべき取引」は，次の範疇に該当する取引として定義される。

(A) **指 定 取 引**
(B) **損 失 取 引**

IRC 165 に基づき損失を生じるすべての取引または損失を生じると見込まれるすべての取引で次の金額以上のもの
① 法人　単一年度に 1,000 万ドル，組み合わせ年度に 2,000 万ドル
② パートナーシップと S 法人　組み合わせ年度に 1,000 万ドル
③ 信託　単一年度に 200 万ドル，組み合わせ年度に 400 万ドル
④ 個人　単一年度に 200 万ドル，組み合わせ年度に 400 万ドル

(C) **短期資産保有期間の取引**

税額控除の基因となる資産の保有期間が 45 日未満である場合における税額控除を生じるすべての取引（250,000 ドルを超える税額控除を生じる取引に制限される）

(D) **重要な帳簿と課税との差異が 1,000 万ドル以上の取引**
(E) **秘密を条件として販売される取引とミニマム・タックス・ベネフィットを提供する取引**

秘密の条件で販売されるすべての取引で次の結果を生ずるものまたは次の結果が見込まれるもの
① 個人，パートナーシップ，S 法人または信託の課税所得が 250,000 ドル以上減少する場合

② 法人の課税所得が500,000ドル以上減少する場合

D 「指定取引」の定義の明瞭化

現行法では,「指定取引」にはIRSが公表ガイダンスにおいて「租税回避取引」として識別した取引と同一または実質的に類似のすべての取引が含まれる。

財務省とIRSは,同一または類似の租税戦略を用い,同一または類似の種類の課税結果を生ずるようにデザインされたすべての取引が「指定取引」に含まれることを明瞭にするため,IRC 6011に基づく規則を改正する。例えば,ノーティス2001-45における状態と類似の状態にある者から他方の者にベーシスを移転するためIRC 318および302に依存する取引は,指定取引となる。

一部の納税者とプロモーターは,開示の回避のために「実質的に類似の」スタンダードを過度に狭く適用してきた。例えば,取引が開示の対象とならないように指定取引に微妙で無意味な変化を加えたり,取引が指定取引に実質的に類似していないというポジションをとる。財務省は,これらの解釈が不適当と考え,定義を変更してそのような実務を抑止することを意図している。

E 「報告すべき取引」の開示の懈怠に対する厳格な義務を課すこと

納税者に「報告すべき取引」の開示を奨励するために「報告すべき取引」の開示を懈怠した納税者で過少申告義務を問われる者に対して厳格なペナルティを科すべきである。

現行法では納税者は開示されない「報告すべき取引」で過少納付を生ずるものに関してさえ,「正確性関連ペナルティ」(accuracy related penalty) について防禦の主張ができる。財務省とIRSは,IRC 6662および6664に基づく規則を改正し,開示されない指定取引について次のとおり定め,IRC 6662(d)(2)(B)および(c)ならびに6664(c)に基づくペナルティに対する防禦は利用できないこととする。

① 納税者は,取引が過少納付を生ずる場合,IRC 6662に基づく正確性関連ペナルティに対して防禦の意見に頼ることはできない。

② 取引から生ずる過少納付は，IRC 6662 の適用上ルールまたは規則の無視，あるいは懈怠に帰すべき過少納付として取り扱われる。

この意味は，開示の懈怠に対するペナルティ 200,000 ドルのほか，正確性関連ペナルティの 25% の増加が適用される。

F　ポジションの開示の懈怠に対する厳格義務を課すこと

ルールを無視して過少申告義務を認定される納税者に対して厳格義務のペナルティを科すべきである。

G　「報告すべき取引」の登録と「投資家リスト」保存を要する者の範囲の拡大

取引の登録とリスト保存を要するプロモーターおよびアドバイザーのリストの拡大により IRS は濫用的租税回避取引に参加する納税者をより容易に識別することが可能になる。

財務省と IRS は，「報告すべき取引」に実質的に関係のあるすべての当事者が取引を登録し，投資家リストを保存しなければならないことを明瞭にするめ，IRC 6111 および 6112 に基づく規則を改正する。「実質的な参加」は，取引または一連の関連取引の結果として受領する報酬または受領が見込まれる報酬により判定される。

① 法人取引　250,000 ドルを超える報酬
② 個人取引　100,000 ドルを超える報酬

申告書作成者または関連者が取引に実質的に関係する場合には，実質的な参加者には申告書作成者を含む。

H　「サーキュラー230」における意見のスタンダードの確立

納税者は租税回避取引に参加すべきか否かを決めるとき専門家の「意見」に依存する。また，最低限度のスタンダードに達しない「法律意見」を出す実務家もあるので，意見のスタンダードを明瞭化し，濫用的租税回避取引を助長す

る意見を提供するプロモーターに対し厳格なスタンダードを課す必要がある。

2001年1月に財務省とIRSは,租税回避取引を支える「意見」に関するサーキュラー230を発行しているが,これを改正する。この「意見」について財務省は,次のような懸念を抱いている。

① 取引の効力について確たる結論に達しないまま取引をプロモートするために書いていること
② 重要な法律問題について議論が不十分であること
③ 疑問のある事実・仮定に基づいて書いていること

租税回避取引に参加する納税者は,その取引に参加する基礎としてまたはペナルティから身を守るために,その取引が合法的であり,かつ,適正なものであるという租税専門家の意見に頼っている点に注目し,この意見の適正化のため一定基準を定めることにした。

I 申告書の開示のための共通の様式の作成

すべての関係情報がIRSに提出されるようスタンダード・フォームの作成が必要である。このフォームにより「報告すべき取引」についてIRSがこれを審理し,評価するために必要となる関連情報(例えば取引,参加者,主たるタックス・ベネフィットおよびプロモーター)の開示が納税者に要求される。

(5) IRSの執行体制の強化

財務省とIRSは,濫用的租税回避取引に対抗するために緊密に協働している。特に取引の評価(ある取引が納税者の開示すべき「指定取引」である租税回避取引として識別されるべきか否かについての決定を含む)を能率的に行うために協働している。最近の重要な執行体制強化には,新しい自発的開示イニシアチブ,新しいペナルティ・ガイドライン,濫用的租税回避取引を個別に閉鎖するガイダンス,税務職員の特別研修の実施と再配置,IRS庁内総合調整,国際金融センターとの情報交換協定の締結の推進,濫用的租税回避取引のプロモーター対策の強化などが含まれる。IRSは,タックス・シェルターが「濫用的タック

ス・シェルター」であるか否かを識別し，調査対象とするために，特別な対象選定プログラムを定めた（Internal Revenue Manual 42(17)4）。このプログラムについては，2(2)を参照。

A 潜在的租税回避取引の早期調査手続の確立

IRS は，濫用的租税回避取引を迅速に識別し，これを閉鎖する必要があると考え，潜在的租税回避取引の早期調査手続を制定する。IRC 7605 に基づくルールにより特定の問題について早期調査ができることとされているが，財務省と IRS は潜在的租税回避取引の早期調査の可能性について明瞭にすべきであると考えている。

B ターゲットの濫用的タックス・シェルター対策

IRS は，濫用的租税回避取引をそれ以外のタックス・シェルターと区別して識別し，これを閉鎖するために，税務職員の再配置を行う。現在，IRS は資本化や R&E 税額控除などに大中規模課の調査要員の約 40% を充当しているが，ターゲットの濫用的タックス・シェルターなどに多くの要員を投入する。例えば，IRS の小事業・自営業課（SBSE：Small Business/Self-Employed Division）は，ターゲットの濫用的タックス・シェルター対策の開発を担当する中央組織を設置するとともに，調査グループと徴収グループに1以上の濫用的タックス・シェルター担当グループを設け，濫用的タックス・スキーム，マネー・ロンダリングおよび租税詐欺のみを専門的に扱う新しい管理職を設ける。主として次の点で努力する。

① 濫用的タックス・スキームの広告についてインターネットその他のメディア・アウトレットのモニターの強化
② 濫用的タックス・スキームの違法性についての教育
③ 濫用的タックス・スキームのプロモーターの撲滅

C　納税者イニシアチブ（自発的開示の奨励措置）

IRSは，2001年12月に発行したAnnouncement 2002-2により疑問のある取引および他の過少納付を生じる可能性のある取引を開示させるため納税者にインセンティブを与えた。これは，2002年4月23日前の「疑問のある取引」を開示する納税者については「正確性関連ペナルティ」を免除する措置であるが，この救済を受けるためには，納税者はその取引についてのすべての関連情報（プロモーターの識別情報を含む）を開示しなければならない。

この開示の奨励とともに，IRSは大中規模事業課で使用する新しいペナルティ・ガイドラインを発表した。このガイドラインにより，税務調査官は一定の取引に対するペナルティの妥当性を考慮することを要し，そのペナルティの決定の適否は実地業務担当部門の審理を受けることとされている。

D　プロモーター・イニシアチブ

IRSは，個人および法人の租税回避取引のプロモーター対策に取り組んでいる。この対策の目的は，次の2点である。

① IRSが潜在的租税回避取引に参加する納税者を把握し，これを調査の標的とすることができるように「投資家リスト」をプロモーターから入手すること
② 劣悪なプロモーターの活動を抑制し，そのノン・コンプライアンスを罰すること

プロモーター対策としては，次の手法が採用されている。

(A)　ソフト・レター

IRSは，プロモーターに対し，「投資家リスト」およびIRC 6111に基づく登録要件の遵守に関する情報の提供をソフト・レターにより要求する。

(B)　召喚状

財務省とIRSは，濫用的租税回避取引に対抗する政府の努力を総合調整し人的資源を節約するため司法省との協力体制を強化している。IRSは，司法省と協力して，プロモーターに対して，「投資家リスト」および租税回避取引の

促進に関する資料を提出するよう強制するために召喚状を使用している。

　(C)　ペナルティ調査

　IRS は，プロモーター・ペナルティ調査を実施している。

　IRS は，法人用のタックス・シェルターのみならず，個人や小事業向けの濫用的租税回避取引や信用詐欺のプロモーターに対抗する措置に努めてきた。最近，司法省は，濫用的租税回避取引のプロモーターに対し，「禁止命令」を発行した。IRS は，濫用的オフショア信託スキームのプロモーターに対するイニシアチブを遂行している。

(6)　タックス・シェルターの開示，登録および投資家リスト保存の懈怠に対するペナルティの強化

　財務省は，「報告すべき取引」の開示を懈怠する納税者に対して相当のペナルティを科す考えを示している(注97)。

　例えば，法人は取引のタックス・ベネフィットが究極的に是認されるか否認されるかにかかわらず，「指定取引」の開示の懈怠につき 200,000 ドルのペナルティを科される。法人が開示を懈怠し，かつ，タックス・ベネフィットを否認される場合には，節税額の 25% に相当する新しい厳格ペナルティを科される。財務省は，この法人が「指定取引」の開示の懈怠に対するペナルティと未開示の「指定取引」に対する正確性関連ペナルティを公表するよう要求する。

　プロモーターに関しては，財務省は取引の登録の懈怠に対する現行ペナルティを引き上げる。例えば，「指定取引」の登録を懈怠したプロモーターは，200,000 ドルまたはその報酬の 50% のいずれか大きい方のペナルティを科される。また，プロモーターは，「報告すべき取引」に投資した納税者を IRS が識別するために要求した「投資家リスト」を IRS に引き渡すことを懈怠する場合，毎日 10,000 ドルずつ増加するエスカレート方式のペナルティを科される。

(注97) 指定取引（「報告すべき取引」としてリストに掲げられたもの）とそれ以外の「報告すべき取引」に対するペナルティ案

	指定取引	指定取引以外の報告すべき取引
法人	開示の懈怠 　　　　　200,000 ドル 正確性関連ペナルティ 　　　　　不納付額の5%	開示の懈怠 　　　　　50,000 ドル 開示の懈怠 　　　　　50,000 ドル
パートナーシップ，S法人，信託個人	開示の懈怠 　　　　　200,000 ドル 開示の懈怠 　　　　　100,000 ドル 正確性関連ペナルティ 　　　　　不納付額の5%	開示の懈怠 　　　　　10,000 ドル 登録の懈怠 　　　　　50,000 ドル
プロモーター	登録の懈怠 　報酬の50% または200,000ドルのいずれか大きい方 　（故意の場合には75% に引上げ） 投資家リストの提出の懈怠 20 事業日経過後1日当り 　　　　　10,000 ドル	投資家リストの提出の懈怠 20 事業日経過後1日当り 　　　　　10,000 ドル

4　国際金融センターとの情報交換の推進

　どのような外国の金融機関であろうと租税詐欺を含む不正な目的のために利用されることは認めないという立場で，財務省はいかなる国であろうと米国IRS から所得を隠匿する者のためにセーフ・ヘイブンとしてサービスすることがないように，必要な情報交換を可能にする協定の締結を進めている[注98]。OECD の勧告により「有害な税の競争」（harmful tax competition）の排除の観点からタックス・ヘイブン国・地域との租税条約を締結しないという考えがあるが，米国は過去においては租税問題について米国と協力することに関心を示さなかった国際的オフショア金融センター（IOFC：International Offshore Financial Center）とこそ情報交換協定を締結する必要があると考え，すでにケイマン諸

島,アンチグア・バーブーダ,バハマなどのタックス・ヘイブンとの情報交換協定に署名した。重要なIOFCとの情報交換協定は,IRSにとって非常に貴重な情報源となる。財務省は,引続き諸外国との情報交換協定のネットワークの拡大を推進する。米国は,OECDにおいても,税法に対するノン・コンプライアンスを防止するために必要な個別情報を外国から入手するため,情報交換についての国際的協力の必要性について国際的コンセンサスを得るようリードしている。

(注98) IRSは,タックス・ヘイブンに所在する銀行に資産を置くことによって米国の租税を免れるため,個人が利用する主要な濫用的タックス・シェルターを調査している。IRSは,裁判所の召喚状を用いてこれらの個人の識別作業を行い,執行活動を開始する。米国の居住者が米国で金銭の支出のためクレジット・カードを利用しているが,資産をタックス・ヘイブンに隠匿することを認めることになるオフショア勘定の利用を阻止することをIRSは考えている。また,IRSはこのようなスキームに参加する納税者を把握するため,一定の売主に召喚状を発行することも計画している。

5 米国議会課税合同委員会スタッフ報告書の税制改正勧告

米国では,相次いで開発され販売されるタックス・シェルターの実態は,行政レベルのノーティス,司法レベルの判例,立法レベルの個別的否認規定の立法化などを通じて公開されているが,最近公表された二つの報告書が米国のタックス・シェルターの実態を明らかにし,その調査分析の結果,タックス・シェルターに対抗するため現行税政の弱点となっている点を指摘し,必要な税制改正について勧告している。

その一である財務省タックス・シェルター白書における勧告については,本章3「タックス・シェルター対抗措置の強化」において述べてきたが,他の米国議会課税合同委員会スタッフ報告書(エンロン・レポート)は,エンロンの利用した租税動機取引を分析した結果,IRSの税務調査とは別に,立法サイドの視点から,自覚した現行税制の弱点を指摘し,改正の必要性を訴えている。この勧告は,今後の米国における税制改正のポイントを示唆するものである。

（1） エンロンの租税動機取引に関する事実認識

　JCT は，エンロンの租税動機取引が税法や行政ルールのテクニカル要件を文理解釈では満たしているが，「タックス・ベネフィット」や「財務諸表上のベネフィット」を得る以外の目的が全くないかまたはほとんどない租税動機取引に対抗する強力な租税回避防止規定が必要であると考え，次の認識を示した。

① 「租税以外の事業目的」（non-tax business purpose）または「経済実体」（economic substance）を欠如した取引を行う納税者のコストを引き上げる強力な措置（例えば制裁の強化）が必要であること
② 「節税」（tax-saving）のみを理由に「財務諸表上のベネフィット」を入手することは税務上の有効な「事業目的」と認められないこと
③ 「タックス・ベネフィット」を得ることを可能にする取引やアレンジメントにおける当事者としてアコモデーション・パーティを利用することに厳格なペナルティを科すべきこと
④ 納税者の申立てが不正，不完全または事実に合致しないことを知りながら，この申立てを信頼してオピニオンを提供した顧問に対する制裁規定を設けるべきこと
⑤ 「財務会計上のベネフィット」を得る目的の取引が多いことから「税務会計に関するルールの変更」の必要性について検討すべきこと
⑥ 多様な事業体を利用した複雑な取引が IRS によるタイミングよい識別と適正な評価を困難にする点を考慮して納税者に租税動機取引の詳細な開示をタイミングよく行わせることが必要であること

（2） JCT の勧告

　JCT は，次のとおり特別勧告を行っている。

① 経済的損失は一度しか控除されるべきではないので「損失の二重控除」を認めるべきではないこと
② 脱税・租税回避のために行う法人の買収を抑止するルールを強化するべ

きこと
③　「異常配当ルール」(extraordinary dividend rules) を強化すべきこと
④　連結納税グループにおける収益・利潤のレプリケーションについてガイダンスを定める必要があること
⑤　パートナーシップ偽装売却 (partnership disguised sales) の開示を拡大すべきこと
⑥　パートナーシップ配分濫用防止ルール (partnership allocation anti-abuse rules) を強化すべきこと
⑦　部分的パートナーシップ持分の移転に関するガイダンスを定めるべきこと
⑧　パートナーシップ・ベーシス・ルール (partnership basis rules) と法人株式不認識ルール (corporate stock nonrecognition rules) との相互関係を定めるルールが必要であること
⑨　サブパートF所得の配分ルールには濫用防止規定を追加すべきこと
⑩　CFCの米国株主に関するパッシブ外国投資会社ルール (passive foreign investment company rules) の例外は，サブパートFに基づき米国株主の潜在的な課税可能性により密接に関連させるべきこと
⑪　アーニング・ストリッピング・ルール (earnings stripping rules) を強化すべきこと
⑫　チェック・ザ・ボックス選択に従って無視される事業体について年間情報を提出させるべきであること
⑬　金融資産証券化投資信託 (financial asset securitization investment trust：FASIT) を廃止すべきこと
⑭　一定の法人所有生命保険のグランドファーザー・ルールを廃止すべきこと
⑮　負債・株式の再分類ルールを修正すべきこと
⑯　不適格負債に関する利子控除否認ルールによる50％関連当事者基準を排除すべきこと

（3） JCTの各タックス・シェルターごとの勧告

A　プロジェクト・ターニャーおよびプロジェクト・バラ[注99]

不確定債務取引の楔は，譲渡者と譲受人の損失の二重控除が生じる法人非課税譲渡ルールと税務上のベーシス・ルールの相互作用であり，税務上考慮されない損失の利用である。この問題に対抗するため，IRC 358(h)を制定したが，類似の問題を生ずる別の取引に対処するには十分でないという事例がある。例えば，債務引受をせずに「ビルト・イン・ロス」のある資産移転による損失の二重控除にはこの規定を適用できない。単一の経済的損失を何回も控除すべきでないと考えて損失の二重控除の問題に取り組む場合，どちらの当事者に損失の控除を認めるべきかという問題に直面する。これに対し，譲渡者は経済的に損失を蒙るので控除を受けることができるという理論がある。この理論に従う場合，JCTは，「非課税譲渡により取得した資産のベーシスを時価に制限すべきである」と勧告する。これと異なる理論として，損失は資産に付随する租税属性であるという考えがある。減価償却資産が非課税譲渡された場合に収益要素がその資産に残るように，減価償却ルールはこの考えを反映している。この理論に従う場合，JCTは，IRC 358(h)のベーシス減額ルールを拡大することを勧告する。

（注99）　第1編第2章3（1）AおよびBを参照。

B　プロジェクト・スティール[注100]

JCTは，「単一の経済的損失の二重控除の制限」を勧告するが，「ベーシス引継取引」（carryover basis transaction）でREMIC残余持分を移転する可能性を制限することが妥当であると考えている。REMIC課税ルールに基づいて，ファントム所得がREMIC残余持分の保有者に配分され，このファントム所得配分がREMIC残余持分の保有者におけるビルト・イン・ロスを生じるので，この持分が単一の経済的損失の二重控除を意図した取引の要素となる。そこで，JCTは，①非課税譲渡または②資本再構成において取得したREMIC残余持分の

ベーシスをその時価に制限するかまたは REMIC 残余持分と交換に受け取る株式の譲渡者のベーシスを REMIC 残余持分の時価に制限することを勧告する。

(注100) 第1編第2章3(2)A を参照。

C　プロジェクト・コチーズ[注101]

脱税または租税回避のために行われる取得については，タックス・ベネフィットを主目的として法人の株式を取得する場合に対する IRC 269 の適用には限界がある。「法人の支配力のない持分」の取得を利用した租税回避は，「法人の支配力のある持分」の取得を利用した租税動機取引ほど有害でなく，実際に広く普及している。JCT は，取得の主目的が脱税または租税回避である場合には法人の持分の取得者がその持分によって支配力を得るか否かを問わず法人の持分の取得に IRC 269 を適用できるようにすることを勧告する。

(注101) 第1編第2章3(2)B を参照。

D　プロジェクト・テレサ[注102]

このスキームの狙いどおりのタックス・ベネフィットを得るためにエンロンは「非関連者であるアコモデーション・パーティ」を利用した。「受取配当控除」を生じる R を一時的にエンロンの連結納税グループから離脱するプランを行うために，第三者 S とプロモーター X がその子会社 Y を通じて R の投資家となり，一役買い，ベーシス・シフトに必須のパートナーシップ・ストラクチャーに参加した。現行税制は，取引を行う非関連者は経済的に利害相反の立場に立つということを暗黙の前提としている。このパラダイムが破れる場合，税法が不当な結果を生ずることになる。プロジェクト・テレサは，形式的には第三者であるが，実質的には納税者と一体になってスキームの遂行を行うプロモーターがアコモデーション・パーティとなる場合，そのアコモデーション・パーティとの取引に対しては租税動機取引に適用される多様なコモン・ロー原則を厳格に適用すべきである。パートナーシップ濫用防止規定は，パートナーシップ課税ルールの意図に合致しない方法でパートナーシップの税負担を減少

することを主目的とするパートナーシップ契約を抑制するために制定された。このスキームでは、Vの主目的は非減価償却資産から減価償却資産に税務上のベーシスをシフトすることを助長することであったと認定し、パートナーシップ濫用防止規定を適用してこの取引を更正すべきであると勧告する。JCTは仮にこのスキームにパートナーシップ濫用防止規定を適用できないということであれば、この規定の改正を検討する必要があると述べている。

支配法人株主が受取配当控除を利用するために関連者との償還取引を仕組むことを防止する異常配当ルールの改正（1997年）をこのスキームはさらに出し抜いた点に注目し、JCTは異常配当ルールのさらなる強化を勧告する。

収益・利潤の不当な除外を防止するためのガイダンスは存在するが、JCTは連結納税グループが連結納税申告規則の趣旨に合致しない方法で収益・利潤を創造しまたはこれを複数計上するスキームにも対処するガイダンスが必要であると考えている。

（注102）　第1編第2章6(1)Aを参照。

E　プロジェクト・トーマス(注103)

課税されずにステップ・アップしたベーシスのリース資産を処分するため、エンロンは取引のアコモデーション・パーティとして役立つパートナーシップを投資銀行とともに組成した。売却前2年以上の間パートナーシップを通じてリース資産を保有する意思はあるが非関連者がいなければ、このストラクチャーの利用により請求する節税と財務諸表上のベネフィットは、可能でなかったであろう。逆の利害関係の当事者を予定した課税ルールに基づく結果を達成するためにアコモデーション・パーティを利用することは、意図しない結果を生じる。合同委員会スタッフは、課税ルールに基づくアコモデーション・パーティの利用に対処することを勧告する。

合同委員会スタッフは、偽装売却ルールにより開示を要求する期間を2年超に延長し、恒久的ブック・タックスの差異の原因のより詳細な開示を要求すべきことを勧告する。議会は、資産の非課税処分の媒体としてパートナーシップ

を利用することを制限する立法を繰り返し行ってきた。しかし，これらのルール，特に事実と状況の決定に関するルールを適用することは，IRS に取引の開示が十分に行われない限り困難である（例えば，偽装売却ルールに基づく開示要件を 7 年に延長すると，拠出前収益ルールに基づく拠出・分配に適用すべき期間は，IRS による事実および状況の決定をより行いやすくし，IRS が執行しやすくする）。納税者の記帳義務にかかわらず，開示期間を長くすれば，合法的なジョイント・ベンチャーを妨げずに，租税動機取引の調査を助長することになる。

　IRS がエンロンの分量の多い税務申告書においてこの取引を確認することは，子会社の資産における高いベーシスが主として減価償却費や当該子会社の保有する手形の支払の受領のときにおける収益認識の欠如として回収されるので，特定の印がついていなければ，困難である。パートナーシップからの拠出と分配の開示の拡大の結果として，恒久的ブック・タックスの差異の原因について IRS により詳細により早く開示することは，調査において疑問のある取引の発見を助長することになる。

　（注103）　第 1 編第 2 章 3（1）を参照。

F　プロジェクト・コンドル(注104)

　同じ関連グループの構成員間のパートナーシップ配分は，非関連パートナー間の配分と同じ経済的な結果をもたない。その結果，関連パートナーは資産間にベーシスをシフトするためにパートナーシップ配分ルールの不当な使用を行うことができる。合同委員会スタッフはプロジェクト・コンドルが生じることを意図したタックス・ベネフィットを防止するためにパートナーシップ配分濫用防止規定を適用すべきであると信じるが，配分ルールが意図しないタックス・ベネフィットを生じるために利用されないように，同じ連結納税グループの構成員であるパートナーの場合には，パートナーシップに拠出された資産に関してパートナーシップ配分に係る濫用防止ルールの強化を勧告する。

　意図しない税務上の結果を得るためにパートナーシップ課税ルールと IRC 1032 を利用する取引は，減らないようにみえる。財務省は，IRC 1032 に基づ

き課税されないパートナーシップ所得に関してパートナーシップ持分のベースを調整することによって損益を不当に発生することができる一定の場合に対処するガイダンスを公表したが，多数の租税動機取引について，これらのアイデアのプロモーターに歩調を合わせることは困難である。この活動に照らして，合同委員会スタッフはパートナーシップ・ベーシス・ルールとIRC 1032に基づく法人収益不認識ルールとの相互作用に対応するにはさらにガイダンスが必要であると信じている。IRC 754により強制されるベーシス下方調整に帰せられるIRC 1032により除外される収益は，特に問題である。

合同委員会スタッフは，①IRC 1032が収益が法人パートナーの発生する経済的ベネフィットに帰せられる範囲に法人パートナーに配分される実現収益の不認識を制限すること，または②相殺するベーシスの引下げがパートナーもしくは関連者の株式に配分される場合に資産ベーシスの引上げを防止するためにパートナーシップ・ベーシス・ルールを変更すべきこと，を勧告する。例えば，パートナーシップが収益を得て株式を売却し，その収益がその株式の価値の含み益によるものではなく，IRC 754によって要求されるその株式のベーシスの引下げによるものである場合，この実現した収益はパートナーに発生する経済的ベネフィット（株式価値の増加）によるものではない。それは，別の資産のベーシスの引上げによって相殺された株式のベーシスの引下げによるものである。その結果として，法人パートナーは，それに配分された実現収益の認識を回避するためIRC 1032を利用すること，または資産のベーシスを引き上げることは，認められるべきではない。

合同委員会スタッフは，法人パートナーの株式のパートナーシップの取得に関するIRC 337に基づく規則案は，納税者がこの種の取引を行うことを妨げることになろうと信じている。そこで，合同委員会スタッフは，この問題について最終規則が迅速に定められるべきことを勧告する。

（注104）　第1編第2章3(2)を参照。

G　プロジェクト・アパッチ[注105]

　JCT は，このスキームによって，租税動機取引に関する①経済実体や事業目的原則の適用，②成文法規の濫用の可能性などの問題への対応を迫られたと考え，①サブパートＦ所得の配分，②パッシブ外国投資会社制度，③FASITルール，④アーニング・ストリッピング・ルールについて，法的対抗措置をとるよう以下のとおり勧告した。

(A)　サブパートＦ所得の配分

　このスキームは，Reg. 1. 951–1(e)(2) の高度のメカニカル・ルール（収益・利潤配分ルール）を利用し，R のサブパートＦ所得全部を税務上非関連者たる外国人に配分することによって，サブパートＦによる合算課税を受けずに，支払利子を膨張させ，これを米国で控除するため，「第三者に対する債務」と「自己に対する債務」を R でブレンドするための決定的な基盤を作る。この取引は，パートナーシップ課税の分野で生じるものに類似した「特別な配分の濫用」が CFC を利用して可能になることを示した (Reg. 1. 704–1(b)(2))。JCT は，このようなテクニックはサブパートＦの目的に合致せず，その取引の意図が適切でないと考え，租税回避のためにこのような配分が行われる場合には税務上の無関係な株主に収益・利潤の配分をするときサブパートＦ所得配分法に例外規定を置くことを勧告する。

(B)　パッシブ外国投資会社制度

　1997 年に議会は外国法人がサブパートＦの CFC ルールとパッシブ外国投資会社ルールの双方の定義に該当するときに生じる複雑性と不確実性を緩和するために，IRC 1297(e) を制定し，株主が同一の投資に関して二つの課税繰延防止ルールを調整することにした。すなわち，IRC 1297(e) は，法人が CFC であり，株主が IRC 951(b) に定義する米国株主である場合にはその米国株主についてはパッシブ外国投資会社とみなされないと定めることによって，サブパートＦ制度とパッシブ外国投資会社制度との間のオーバーラップを排除する。その結果，サブパートＦがパッシブ外国投資会社ルールをしのぐことになり，米国株主は CFC 株式の所有に関してパッシブ外国投資会社ルールの規制を受け

なくなる。エンロンは、この IRC 1297(e) を利用し、CFC の米国株主としてのサブパート F の地位を根拠に R の所有権についてパッシブ外国投資会社ルールの適用除外を主張することができる。さらに、エンロンは、パッシブ資産とパッシブ所得以外には何も有しない外国法人の 60% を有する米国株主であることを根拠に、サブパート F ルールもパッシブ外国投資会社ルールも適用されないというポジションをとる。JCT は、CFC の米国株主に関するパッシブ外国投資会社ルールの例外規定は、サブパート F における米国株主としての地位に反することを認識し、米国株主がサブパート F により CFC 所得を合算しなければならない可能性が少ない場合について IRC 1297(e) に例外規定を追加することを勧告する。

(C) FASIT ルール

エンロンが実際には支配しているが税法上は非関連者として扱われるエンティティを FASIT として FASIT ルールを利用できることが、IRC 163(j) を回避するために介在者を利用することを可能にする。内国歳入法典には関連者間取引について規制する規定が多いが、FASIT を他の目的では実質管理支配の存在を認めながら、税法上は非関連事業体として利用することを認めるならば、FASIT は広範に乱用されるおそれがある。濫用防止ルール (Pro. Reg. 1. 163(j)-1 (f), Pro. Reg. 1. 860 L-2) はこのおそれを多少減らすのに役立つが、なお濫用の余地が残る。そこで、JCT は、FASIT ビークルに付随する濫用の可能性が FASIT ルールの狙うベネフィットを上回ると考え、この際、FASIT ルールを廃止することを勧告する。

(D) アーニング・ストリッピング・ルール

このスキームによって、納税者が望むときには適用するが反対のポジションをとる場合には無視できる一方通行の規則案の取扱のもつ欠点、IRC 163(j) の最終案の欠如の問題を露呈した。JCT は、IRC 163(j) の回避に対抗するため濫用防止ルールを実施する規則の迅速な最終化を勧告する。

(注105) 第1編第2章6(2)A を参照。

H　多段階優先証券(注106)

　税務上，金融商品を債務またはエクイティのいずれかとして適正に分類することは，長年の問題である。この問題は，近年，債務とエクイティの双方の性質をもつハイブリッド金融商品の量の増加と多様化によって誇張されてきた。JCT は，金融商品の税務上の分類（債務かエクイティか）に関するルールを包括的に見直すべきことを勧告する。現行法の改正を考慮する場合，利用できるいくつかの代替案がある。例えば，次の案がある。

① 租税以外の分類が税務上の分類を決定するように，財務会計などの他の報告のために用いられる分類にハイブリッドの金融商品の税務上の分類を適合させる。このアプローチは，ハイブリッド金融商品の性質を決定するために多様な税務上の基準と租税以外の基準をアービトラージする機会を大幅に排除する。

② IRC 385 に掲げられた債務・エクイティ要素を変更またはより正確に明瞭にすることを含む 1996 年および 1997 年の財務省提案のアプローチに類似した債務分類要件を強化する。このアプローチは，一定の特徴を示すかまたは欠如する一定の金融商品が推定によって負債でなくエクイティとして分類されるように，このような要素が適用される方法を変更することに関係する。より明確な債務・エクイティ要素は理想的には財務省規則を通じて行われるのでなくセルフ・エクシキューティングであるが，このような要素の適用の妥当な法的フレームワークを開発することは，きわめて困難である。

③ ハイブリッド金融商品のイールドの比例的金額の利子控除ができる部分を制限する。控除できるイールドの比例的金額は，証書の満期の長さや発行者がイールドの支払を繰り延べることができる月数など一以上の重要な要素を参考にこのようなアプローチに基づいて決定することができる。ハイブリッド金融商品を評価するに当たって信用格付機関によって用いられるアプローチに類似しているが，このアプローチは金融商品の既存の二つの債務・エクイティ分類の代替方法を妥当な状況で提供する。

④　ハイブリッド金融商品の市場を作る発行者と保有者の双方の利子と配当の本質的に異なる課税を減少または排除する。債務とエクイティの税務上の結果をより等しくすることによって，このアプローチは法人がファイナンスを得ることを決定するプロセスから租税の考慮を排除する。このアプローチは，法制が金融商品の分類を定めることに関する議論の有用性を減少することを認める。

（注106）　第1編第3章1を参照。

I　投資ユニット証券(注107)

みなし売却ルールと異なり，不適格負債ルールは，納税者が他の法人の発行済株式の議決権または価値の50％超を所有することにより他の法人を支配する場合，当該他の法人の株式に関する取引に適用される。エンロンが1995年と1999年に行った金融活動は，「ポートフォリオ」（非支配の株式所有割合50％以下の株式所有）ルールの適用が除外される租税政策の合理性について疑義を生じている。エンロンが発行した投資ユニット証券について，1995年発行のときにEOG普通株式の50％超を所有していたが，1999年発行のときにEOG普通株式の50％未満しか所有していない事実は，これらの取引の意図や経済的な結果について認知できる関係はない。各場合に，この証券はEOG普通株式の現金化に関するエクイティ取引を実行するという目的と効果を有するものであった。

JCTは，議会が不適格負債の利子控除の否認ルールにより50％関連者基準を排除するべきことを勧告する。

（注107）　第1編第3章2を参照。

J　商品前払取引(注108)

エンロンが行った商品前払取引は，近年金融技術を通じて起こった伝統的な取引と異なる取引の集中を示している。この集中は，もはや意味のある経済的区別を反映できないカテゴリーによる区別に基づいて発展してきた一定の課税

ルールの合理性に対する挑戦が増加してきたことを表わしている。一般に，課税ルールは，経済的に類似の取引の税務上の結果がその分類によって影響を受ける範囲を縮小しまたは排除するよう努力すべきである。

エンロンが行ったようにストラクチャード・ファイナンスの固有の複雑さとオーダーメイド化を与件として，このような取引の税務上有利な分類の機会は，特に大きく，かつ，一定の範囲では避け難いものである。それにもかかわらず，金融取引や金融商品の税務上の取扱に関する新しいルールの発展のなかで，一度認識されると，是認されないと考えられる納税者の選択性につき新しい機会を無意識に創出する可能性に注目すべきである。例えば，著しい前払の不定期的支払のある想定元本契約，前払先渡契約および担保付貸付取引のすべては，それらがすべて同一または類似の経済的結果を生じる範囲で，同一または類似の税務上の結果をもつべきである。

同様に，金融取引がより有利な課税ルールにアクセスする目的で経済的に類似の金融以外の取引として仕組み直すことができないように，伝統的に金融以外の取引と考えられたものを規律する課税ルールと，金融取引を規律する課税ルールを調整することに注目すべきである。例えば，商品の前払は，同一または類似の経済的結果を生じる範囲で，前払先渡契約や担保付貸付契約と同一または類似の税務上の結果を生じるべきである。

（注108）　第1編第3章3を参照。

K 「無視される事業体」に係る情報申告[注109]

現行法では，「チェック・ザ・ボックス」選択に従って無視される事業体について情報申告は必要ではない（Reg. 301. 7701–1）。IRSは選択が行われるとき，各事業体の存在と分類について警告されるが，これらの事業体について情報申告制度がない。結果として，IRSはエンロンのストラクチャーにおける多様な事業体を追跡することやこれらの事業体が取引においてどのように利用されているかをモニターすることが非常に困難である。エンロンの場合，エンロンは1997年に103の「チェック・ザ・ボックス」選択を行い，1998年には191，

1999年には151, 2000年には97を提出した。これらの選択が行われた後, IRSはこれらの事業体がどのように取引で利用されたかをモニターする非常な困難に当面している。

他方, その事業体が税務上「無視される」と考えれば, 別個の情報申告のないことが妥当とみえるかもしれない。それにもかかわらず, 国際的なセットに「チェック・ザ・ボックス」規則を適用することがIRSがモニターすることに関心の深いことが広く認識される。その一例は, 「ハイブリッド事業体」(米国課税上は無視されるが外国税法上は別個の課税事業体として取り扱われる外国事業体)の利用に関する幅広い問題である (Notice 98-11, 1998-6 I. R. B. 18；Notice 98-35, 1998-27 I. R. B. 35)。さらに, IRSは, 最近, 「チェック・アンド・セル」に注目してきた。これは, 上位のCFCが下位CFCの株式の売却に関してサブパートF所得の創造を回避するためにその下位のCFCについて「チェック・ザ・ボックス」選択を行う実務である。この場合の「チェック・ザ・ボックス」選択によって, 株式の売却 (一般にサブパートF所得を生じる) になるものを営業資産の売却 (一般にサブパートF所得を生じない) に変換することができる (IRC 954(c)(1)(B))。規則案は, この実務を禁止するために発行され, IRSは積極的にこの問題を実地調査しているようにみえる (Pro. Reg. 301. 7701-3(h) (Nov. 29, 1999)；CCA 199937038；FSA 200046008；FSA 200049002)。「チェック・ザ・ボックス」事業体の利用に関するこれらの問題や他の問題は, このような事業体が一般に税務上無視されるが, IRSがその利用をモニターすることに関心があることを示している。

JCTは, 「チェック・ザ・ボックス」選択に従って無視される事業体に係る年間情報申告制度が国際課税ルールを執行し国際的な分野で「チェック・ザ・ボックス」を適用する場合に生じる特定の問題を識別してこれに対応するIRSの能力を向上させるであろう。申告される情報は, CFCに係る様式5471により提供されるものに類似し, 所得明細や貸借対照表情報および財務省が要求する他の情報を含む。この書類には, その設立国の法令による事業体の分類や税務上の取扱に関する情報を含むべきである。

(注109) 第1編第2章6(5)を参照。

L　COLIとTOLI[注110]

　1986年6月20日前の契約に適用されるグランドファーザー・ルールにより控除できるエンロンの生命保険契約に基づいて生じる債務の利子の増加に照らして，JCTはこのような契約に関するグランドファーザー・ルールの廃止を勧告する。たとえエンロンが1994年後追加的生命保険契約を購入しなかったとしても，エンロンの生命保険契約に基づく債務と利子控除は，1980年代と1990年代を通じて引続き増加した。この結果は，生命保険契約の非課税のインサイド・ビルドアップに伴う利子につき1986年，1996年および1997年に議会が定めた立法上の制限に合致しない。

　(注110)　第1編第2章5(6)を参照。

参考文献

US Treasury Department, *The Problem of Corporate Tax Shelters*, 1999

US Treasury Department, *Scope and Use of Taxpayer Confidentiality and Disclosure Provisions*, 2000

US Treasury Department, *Financial Crimes Enforcement Network News*, FinCEN, 2001

US Treasury Department & Justice Department, *National Money Laundering Strategy*, 2002

Joint Committee on Taxation of US Congress, *Background and Present Law relating to Tax Shelters*, 2002

Joint Committee on Taxation of US Congress, *Report of Investigation of Enron Corporation and Related Entities regarding Federal Tax and Compensation Issues and Policy Recommendations*, 2003

Joseph Bankman, *The New Market in U.S. Corporate Tax Shelters*, Tax Notes Int'l June 28. 1999, pp 2681–2706

Robert Feinschreiber and Margaret Kent, *Tax Shelter Malpractice*, Tax Notes Int'l June 7, 1999, pp 2345–2381

David L. Lupi-Sher, *The U.S. IRS's Fight Against Abusive Offshore Trusts*, Tax Notes Int'l July 17, 2000, pp 176–181

Andrew A. Samwick, *Tax Shelters and Passive Losses after the Tax Reform Act of 1986*, in Martin Feldstein and James M. Poterba, eds., *Empirical Foundations of Household Taxation*, National Bureau of Economic Research Project series, University of Chicago Press, 1996, pp 193–226

Daniel N. Shaviro, *Economic Substance, Corporate Tax Shelters and the Compaq Case*, Tax Notes Int'l Oct. 9, 2000, pp 1693–1720

Lee A. Sheppard, *Slow and Steady Progress on Corporate Tax Shelters*, Tax

Notes Int'l July 19, 1999, pp 231–238

Lee A. Sheppard, *Courts Combat Cross-Border Corporate Tax Shelters*, Tax Notes Int'l Oct 18, 1999, pp 1498–1503

Lee A. Sheppard, *U.S. Treasury Official Promises More Action on Corporate Shelters*, Oct 25, 1999, pp 1604–1605

Lee A. Sheppard, *Corporate Tax Shelter Disclosure : But Will It Work?* Tax Notes Int'l March 13, 2000, pp 1189–1194

Lee A. Sheppard, *Income Stripping : Yet Another Attractive Nuisance*, Tax Notes Int'l April 3, 2000, pp 1514–1545

Lee A. Sheppard, *Corporate Tax Shelters : The Killer B*, Tax Notes Int'l May 22, 2000, pp 2276–2322

Lee A. Sheppard, *Corporate Shelters : A Snowball's Chance of Pre-Tax Profit*, Tax Notes Int'l Aug 14, 2000, pp 689–696

Lee A. Sheppard, *The Phantom Income Tax Shelter*, Tax Notes Int'l Oct. 30, 2000, pp 1977–1983

Lee A. Sheppard, *The Guam Resident Trust Tax Shelter*, Tax Notes Int'l Nov. 13, 2000, pp 2240–2245

Sheryl Stratton, *U.S. Treasury's White Paper Recommends Changes to Corporate Tax Shelter Proposals*, Tax Notes Int'l July 12, 1999, pp 130–132

CCH Editorial Staff, 2003 *CCH Tax Planning Guide*, CCH, 2003

International Fiscal Association, *The Effect of Losses in one of country on the Income Tax Treatment in other countries of the Enterprise or of Associated Companies Engaged in International Activities*, in Cahier de droit fiscal international, Vol. 114 b, 1979

International Fiscal Association, *The Tax Treatmet of Interest in International Economic Transactions*, in Cahier de droit fiscal international, Vol. 117 a, 1982

International Fiscal Association, *Tax Avoidance/Tax Evasion*, in Cahier de droit fiscal international , Vol. 118 a, 1983

International Fiscal Association, *The Fiscal Residence of Companies*, in Cahiers de droit fiscal international, Vol. 122 a, 1987

International Fiscal Association, *Tax Problems of the Liquidation of Corporations*, in Cahier de droit fiscal International, Vol. 122 b, 1987

International Fiscal Association, *The Disregard of a Legal Entity for Tax Purposes*, in Cahier de droit fiscal international, Vol. 124 a, 1989

International Fiscal Association, *Taxation of Cross Border Leasing*, in Cahier de droit fiscal international, Vol. 125 a, 1990

International Fiscal Association, *International Income tax Problems of Partnerships*, in Cahier de droit fiscal international, Vol. 130 a, 1995

International Fiscal Association, *Tax Aspects of Derivative Financial Instruments*, in Cahier de droit fiscal international, Vol. 130 b. 1995

International Fiscal Association, *International Aspects of Thin Capitalization*, in Cahier de droit international, Vol. 131 b, 1996

International Fiscal Association, *The Taxation of Investment Funds*, in Cahier de droit International, Vol. 132 b, 1997

International Fiscal Association, *Tax Treatment of Corporate Loss*, in Cahiers de droit fiscal international, Vol. 133 a, 1998

International Fiscal Association, *Tax Treatment of Hybrid Financial Instruments in Cross-Border Transaction*, in Cahier de droit fiscal International, Vol. 135 a, 2000

International Fiscal Association, *Limits on the Use of Low-Tax Regimes by Multi-National Businesses : Current Measures and Emerging Trends*, in Cahier de droit fiscal international, Vol. 136 b, 2001

本庄　資『国際租税計画』税務経理協会　2000
本庄　資『国際的租税回避　基礎研究』税務経理協会　2002

中里　実『タックスシェルター』有斐閣　2002
村上真呂『対米投資の国際税務戦略』東洋経済新報社　1996
P. ワイデンブルック，カレンＣバーク『アメリカ法人税法』木鐸社　1996

本庄　資「米国におけるタックス・シェルター対抗措置強化の方針について（その1）」『租税研究』639，2003，pp 114-137
本庄　資「米国におけるタックス・シェルター対抗措置強化の方針について（その2）―米国の濫用的タックス・シェルターに対する挑戦の歴史とその否認理論―」『租税研究』640，2003，pp 114-135
本庄　資「米国におけるタックス・シェルター対抗措置強化の方針について（その3）―税法上の会計方法を中心とする租税回避防止規定の整備①―」『租税研究』643，2003，pp 86-103
本庄　資「米国におけるタックス・シェルター対抗措置強化の方針について（その3）―税法上の会計方法を中心とする租税回避防止規定の整備②―」『租税研究』644，2003，pp 121-134
本庄　資「アメリカのタックス・シェルター対抗措置の強化」『国際税務』Vol. 23-1，2003，pp 30-42
本庄　資「アメリカにおける租税回避取引に対抗するための理論と個別的否認規定の展開」『国際税務』Vol. 23-3，2003，pp 32-45
本庄　資「アメリカにおける租税回避取引に対抗するための理論と個別的否認規定の展開」『国際税務』Vol. 23-4，2003，pp 28-35
本庄　資「アメリカにおける租税回避取引に対抗するための理論と個別的否認規定の展開」『国際税務』Vol. 23-5，2003，pp 49-62
本庄　資「エンロンの利用した租税動機取引の分析と米国の対抗措置」『税経通信』Vol. 58-9，2003，pp 143-165
本庄　資「アメリカのタックス・シェルター対抗措置の強化に学ぶべきこと」『移転価格情報』20，2002，pp 8-9

索　引

<あ行>

アーニング・ストリッピング ……………… 288
アーニング・ストリッピング・ルール
　……………………… 135, 136, 241, 325, 332
IRS タックス・シェルター・プログラム
　………………………………………………… 309
IRS タックス・シェルターの分析室 …… 309
IRS ノーティス ……………………………… 267
アコモデーション・パーティ ……… 55, 56,
　61, 142, 145, 149, 324, 327, 328
アコモデーション・フィー …… 142, 145, 149
アット・リスク・ルール……… 7～9, 219, 221,
　241, 244, 245, 252, 274, 275
意見 …………………………………………… 318
移住 …………………………………………… 72
異常な取引 …………………………………… 68
異常配当 ……………………………………… 32
異常配当ルール …… 116, 120～122, 325, 328
一定の短期債券の購入のための
　借入金利子の計上時期 …………………… 285
一定の農業経費の控除制限 ………………… 273
一般的タックス・シェルター ……………… 4
一般的タックス・シェルター基準 ………… 4
一般的否認規定 ……………………………… 240
一般的否認権限 ……………………………… 182
移転価格 ………………………………… 6, 100
移転価格税制 ……………… 13, 100, 240, 247
移転価格の操作 ……………………………… 72
迂回融資 ……………………… 54, 266, 301
受取配当控除 …… 31, 116, 119, 262, 279, 327
エイケン判決 ………………………………… 301
ACM パートナーシップ判決 ……………… 303
益金不算入 …………………………………… 261
エクイティ・インデックス・スワップ
　……………………………………… 49, 184

エクイティ・スワップ ……………… 49, 184
S 法人 ………………………… 21, 104, 250
エネルギー税額控除 ………………………… 6
MIPS ……………………………… 153, 156, 157
LLC ……………………………………………… 18
エンロン・レポート ……………………… 26, 54
オプション …………………………… 139, 187
オフセット・ポジション …………………… 46

<か行>

会計方法 …………………………… 182, 242
会計方法の一般原則 ………………………… 182
会計方法の選択 ……………………………… 190
会計方法の変更 ……………………………… 183
外国基地会社所得 …………………………… 100
外国事業体 ……………………………… 22, 72
外国税額控除の制限 ………………… 268, 289
外国同族持株会社 …………………………… 137
外国持株会社 ………………………………… 23
介在者取引 …………………………………… 101
開示されないタックス・シェルター …… 12
解約支払 …………………………… 188, 189
拡張解釈 ……………………………………… 181
隠れたタックス・シェルター …………… 12
過少資本税制 …………… 13, 240, 249, 272
課税管轄の変更 ……………………………… 72
課税規定を利用した帳簿価額のステップ・
　アップの防止 ……………………………… 289
課税繰延 …………… 25, 73, 102, 104, 105
課税軽減 ……………………………………… 114
課税単位 ……………………………………… 90
課税パートナーシップ分配 ………………… 37
課税排除 …………………………… 25, 51, 73
課税法人 …………………………………… 52, 75
仮装行為 ……………………………………… 180
仮装取引原則 ………………………………… 111

家族信託 …………………………………… 94
加速度償却 …………………………………… 6
家族内私的年金 …………………………… 93
家族内贈与リースバック取引 …………… 96
家族内売却リースバック取引 …………… 96
家族内ローン ……………………………… 97
家族パートナーシップ …………………… 93
過大評価ペナルティ …………………… 241
割賦方法 ………………………………… 197
割賦方法によらない不動産の延払販売
　………………………………………… 208
割賦方法による不動産販売 …………… 208
株式配当 ………………………………… 272
カラー ……………………………… 184, 187
完全な清算における分配資産につき
　認識されるゲイン・ロス …………… 285
関連外国法人あてに発行した割引債の
　利子経費の控除制限 …………… 241, 281
関連会社間の「債務保証」に対する
　アーニング・ストリッピング規定の
　適用 …………………………………… 288
関連者間取引の損失・経費の損金算入
　繰延規定の「人的役務法人の株主
　従業員」への適用拡大 ……………… 284
関連者償還 ………………………… 119, 120
関連者償還ルール ………………… 116, 120
関連者またはパススルー・エンティティ
　の利用 ………………………………… 281
関連法人間の償還 ………………………… 31
関連法人償還ルール ……………………… 32
議会の意図したタックス・ベネフィット
　…………………………………… 11, 305
議会の意図しないタックス・ベネフィット
　……………………………… 305, 311, 313
議会の意図を超える租税回避取引 …… 306
期間損益 ………………………………… 102
危険負担額に制限される控除 ………… 219
規制投資会社 ……………………… 19, 194, 283
偽装想定元本契約 ……………………… 187

偽装売却 ……………………… 38, 79, 80, 325
偽装売却ルール ………………… 80, 83, 328
疑問がある取引 ………………………… 312
キャッシュ・フロー …… 55, 106, 129, 131,
　151, 167, 168, 172
キャップ ………………………………… 186
キャピタル・ゲイン ……………………… 7
キャピタル・ゲイン優遇税制 ………… 284
共通かつ重要な租税回避防止規定 …… 240
虚偽表示 ………………………………… 302
居住者信託 ………………………………… 73
キントナー原則 …………………………… 24
金融資産証券化投資信託 ………… 21, 325
金融商品 ………… 43, 105, 152, 155, 163, 166
金融取引を利用した所得分類の変更 …… 288
金利キャップ ……………………… 48, 184
金利スワップ契約 ………………… 48, 184
金利フロア ……………………………… 184
グアム居住者信託スキーム ……………… 73
グランター・トラスト …………………… 94
グランドファーザー・ルール …… 107, 114,
　325
繰延戦略 …………………………………… 22
グレゴリー判決 ………………………… 299
クレジット・リンク・ファイナンス取引
　……………………………………… 170, 173
クロスオーバー・ポイント ……………… 12
経済実体 ……… 4, 61, 62, 134, 154, 162, 180,
　184, 185, 188, 189, 242, 293, 301, 304
経済実体原則 …………………………… 60, 298
経済的損失 ………………………………… 68
経済的パフォーマンス・ルール …… 215, 242
ケイマン・トライアングル …………… 23, 24
契約自由の原則 ………………………… 182
減価償却 …………………………………… 6
減価償却の取戻 ………………………… 244
減価償却費 ……………………… 8, 10, 122
現金主義 ………………………………… 183
現金主義納税者 …………………………… 28

索　引　345

現金主義の利用制限 …………… 194～196
減耗控除 ……………………………… 7,9
権利章典 ……………………………… 179
権利の請願 …………………………… 179
公開パートナーシップ …………… 18,237
恒久的収益繰延 ……………………… 75
合計リスクのヘッジ ………………… 191
合成的リース・アレンジメント ……… 36
コーポレイト的手法 ………………… 52
コーポレイト・ファイナンス的手法 … 53
コール・オプション … 59,65,147,165,166
国際金融センターとの情報交換 …… 322
国際租税計画 ………………………… 51
個別的否認規定 ……………… 180,182,240
コンセント配当 …………………… 65,66

＜さ行＞

サーキュラー 230 ………………… 317
債権ストラドル ……………………… 103
債券ストリッピング取引 …………… 269
財務会計上のベネフィット ……… 55,67,69,
　　79,81,84,123,324
財務省規則制定権の付与 ……… 199,233,237
債務証書 …… 45,153,155,156,158,165,192,
　　206,208
債務証書のヘッジ …………………… 192
財務省タックス・シェルター白書 …… 13,
　　239,262,293,294,312
財務諸表上のベネフィット …… 109,116,324
債務引受 ……………………… 28,76,268
債務引受における取得原価を超える債務
　　………………………………………… 277
先物契約 ………………… 44,139,187
先渡契約 ……… 44,45,48,139,158,169,187
サブチャプター K ………… 42,88,263
サブチャプター K 組織 …………… 253
サブチャプター K の意図 … 42,43,81,89,
　　121,122,264
サブチャプター S ……………… 104,250

サブパート F 所得 … 24,100,130,135,136,
　　241,249,325,331
サブパート F の回避 ……………… 134
残余持分 …………………………… 33,71
CFC ルール …………… 73,100,102,241
COLI ……………………………… 106,337
C 法人 ……………………………… 194
自営業主 ……………………………… 17
JCT …… 54,79,86,114,126,133,141,149,
　　155,162,173,324
時価主義 ……………………… 103,151
事業形態の選択 ……………………… 16
事業目的 …… 43,60,79,81,84,86,89,128,
　　143,154,180,241,293,301,304
事業目的原則 ………………… 60,297
自己金融 …………………………… 129
自己に対する債務 ……………… 134,331
自己に対する支払利子 ……………… 129
資産取得として扱われる株式買収 …… 279
資産またはサービスの使用の対価 …… 224
事実認定 ……………………… 180,301,302
自主申告納税制度 ……………… 182,242
実現主義 …………………………… 190
実質主義 ……………… 43,180,241,293
実質主義の不確実性 ………………… 294
指定取引 ……………… 29,308,312,315
支店利益税 ……………………… 241,285
支配 ……………………… 27,60,251
支配の取得 ………………………… 67,69
支払配当損金算入制度 ……………… 74
支払利子 ……………… 11,153,302
私法自治の原則 ……………………… 182
資本償還の損金算入 ………………… 55
収益認識ルール ……………………… 37
収益の繰延 ………………………… 102
収益の不認識 ……………………… 102
従業員─所有者 ……………… 22,98,279
修正配分法 ………………… 85,87,88
修復税額控除 ………………………… 8

シュールマン判決 ………………………… 302
趣旨解釈 …………………………… 180, 181
純営業損失 …………………………… 34, 67
循環金融 ……… 53, 77, 81, 133, 135, 151, 167, 302
循環的キャッシュ・フロー ………… 134, 167
純贈与 ………………………………………… 91
召喚状 ……………………………………… 320
償還取引 …………………………… 116, 119
条件付売買契約 ……………………………… 34
譲渡者による被支配法人への譲渡… 67, 251
商品スワップ契約 ………… 48, 105, 172, 184
商品の前払売却 …………………… 173, 175
商品前払取引…… 27, 55, 167～169, 171, 173, 175, 334
情報申告 …………………………………… 256
所得移転…… 5, 25, 51, 89, 97, 100, 151, 181, 182
所得移転の原則 …………………… 90, 246
所得帰属主体変更 …………………………… 51
所得帰属年度変更 …………………………… 51
所得区分の変更 …………………………… 261
所得源泉地の変更 ………………………… 5, 72
所得源泉の変更 …………………… 25, 51, 262
所得控除 …………………………………… 5, 6
所得税の回避・脱税のために組織され
　または利用される人的役務法人 ……… 278
所得の認識の繰延 …………………… 260, 285
所得分割 ………………… 51, 89, 97, 99, 100
所得分離取引 ……………………………… 269
所得分類の変更 ……………………… 5, 25, 51
所得割当 …………………………… 91, 181, 182
所有権変更後の営業純損失の繰越と
　ビルト・イン・ロスの制限 ………… 286
進行基準 …………………………………… 213
シンジケート ……………………………… 195
真正な事業取引 ……………………………… 68
信託所有生命保険 ………………………… 106
人的役務法人 …………………………… 22, 98

スタンダード …………………………… 239
ステップ取引原則 …………………… 241, 295
ストラクチャード・タックス・
　シェルター …………………………… 151
ストラクチャード・ファイナンス ……… 54, 55, 151
ストラドル …………………………… 46, 165
ストラドル・ルール ………… 46, 165, 166
スプリンクリング・トラスト …………… 96
スワップ …………………………… 139, 185
税額控除 …………………………………… 5, 6
正確性関連ペナルティ …………… 241, 316
清算 REIT スキーム ………………… 74, 261
清算分配 ………………… 74, 86, 119, 128
税制の差異のアービトラージ …………… 16
税法の解釈 ………………………………… 181
税務会計の基本原則 ……………………… 181
税務調査割合 ……………………………… 15
セール・リースバック取引 ……………… 35
石油・ガス・タックス・シェルター ……… 9
節税 …………………………… 14, 179, 324
設備リース・タックス・シェルター ……… 9
ゼネラル・パートナー …………………… 17
ゼネラル・パートナーシップ …………… 17
ゼネラル・ユーティリティ原則…… 14, 279, 282
潜在的租税回避取引 ……………………… 319
潜在的納税主体 …………………… 90, 246
全世界所得課税原則 …………………… 102
想定元本契約… 27, 44, 48, 105, 166, 184, 187
想定元本契約の会計方法 ……………… 184
相当の投資 ………………………………… 4
贈与 ………………………………………… 91
組織再編成 ………………………………… 52
租税以外の事業目的 ……… 67～69, 122, 128, 134, 135, 154, 158, 324
租税回避 …………………………… 102, 179, 299
租税回避取引…… 105, 149, 180, 181, 263, 308
租税回避取引の否認の方法 …………… 180

索　引 *347*

租税回避の推定 …………………………… 195
租税裁定取引 ……………………… 25, 262
租税条約 ……………………………………… 54
租税属性の移転能力 ……………………… 67
租税動機取引……… 25, 26, 55, 60, 66, 68, 72,
　82, 86, 120, 128, 133, 324
租税の障害 ………………………………… 68
租税法律主義 …………………………… 179
租税優遇項目 …………………………… 243
租税優遇措置 ……………………………… 5
ソフト・レター ………………………… 320
損失取引 ………………………………… 315
損失の創造 ……………………………… 56
損失の二重控除 …………………… 56, 324, 326

〈た行〉

第三者に対する債務 …………………… 134
第三者に対する支払利子 …………… 129
退場戦略 …………………… 123, 129, 132
代替的ミニマム・タックス…… 241, 243, 276
多段階優先証券 ……… 55, 152, 155, 157, 333
タックス・シェルター ……… 3, 25, 180, 194,
　218, 242
タックス・シェルター・アレンジメント
　………………………………………… 54
タックス・シェルター・オルガナイザー
　………………………………………… 306
タックス・シェルター開示制度 ………… 306
タックス・シェルター投資 ………… 244, 245
タックス・シェルター登録制度…… 241, 306
タックス・シェルターの実態把握の
　ための制度 …………………………… 305
タックス・シェルターの特性 …………… 5
タックス・シェルターの認定基準 ………… 3
タックス・シェルターの持分の
　販売者 ………………………………… 306
タックス・シェルターの類型 ……… 51, 260
タックス・シェルター番号 …………… 307
タックス・シェルター・レゾリューショ

ン・イニシアチブ ……………………… 30
タックス・シェルター割合 ……………… 3
タックス・プランニング…… 14〜16, 91, 286
タックス・ヘイブン ……………… 6, 72, 100
タックス・ヘイブン対策税制 ……… 13, 73,
　130, 249
タックス・ベネフィット …………… 4, 5, 11,
　55, 60, 66, 68, 82, 84, 86, 122, 133, 142, 145,
　155, 262, 310, 324
脱税または租税回避のために
　行われる取得 ……………… 30, 67, 69, 327
棚卸資産のヘッジ ……………………… 191
単一の経済的損失の二重控除 ……… 55, 68,
　71, 326
短期収益性 ……………………………… 55
チェック・ザ・ボックス事業体
　分類規則 ……………… 23, 25, 62, 131, 335
長期契約 ………………………………… 213
長期タックス・ベネフィット …………… 55
帳簿価額のステッピング・アップ ………… 5
帳簿価額の引継 …………………… 5, 102
賃貸不動産タックス・シェルター ………… 8
通貨スワップ契約 ………… 48, 105, 184
通常の所得 ……………………………… 7
通常の法人 ……………………………… 16
通常の持分 ……………………… 33, 63, 64, 71
TOLI ………………………… 27, 106, 337
TOPrS …………………………………… 157
DECS ………………………… 162, 174, 175
定期的支払 ………………… 49, 185, 186
低所得層住宅税額控除 …………………… 6, 8
適格C法人 ……………………………… 223
適格人的役務法人 ……………………… 196
適格ノン・リコース・ファイナンス
　………………………………… 220, 221, 274
適格パッシブ所得 ……………………… 18
適格明示利子 …………………………… 183
適格リース・グループ ………………… 222
適正な納税主体 …………………… 90, 246

348 索　　引

デリバティブ……………………… 103, 151
デリバティブ取引 ………………… 6, 54
転換 …………………………………… 261
導管 ……………………………… 17, 253
統合債権 ……………………………… 103
投資家リスト保存制度 ……… 241, 307, 317
当事者の意思 ………………………… 180
投資負債利子の控除制限 …………… 270
投資ユニット証券 ……… 27, 55, 152, 158, 334
投資利子控除の制限 ………………… 243
同族持株会社 ………………………… 97
同族持株会社税 ………………… 240, 250
特定目的会社 ………………………… 98
特別配分 …………………………… 85, 87
特別目的事業体 ……… 54, 154, 155, 167, 169, 170, 172
独立企業間価格 ………………… 100, 247
トリーティ・ショッピング防止 … 240, 301
トンネル会社 ………………………… 301

＜な行＞

7年ルール ……………………… 37, 79, 83
二重損失 ……………………………… 71
2年ルール ……………………… 39, 83
任意信託 ……………………………… 96
認識の繰延 …………………………… 102
ネシュ判決 …………………………… 300
年度帰属の変更 ……………………… 5
農業損失の控除制限 ………………… 271
納税者イニシアチブ ………………… 320
納税者からの実質主義の主張 ……… 296
納税主体 ………………………… 90, 95
能動的所得 …………………………… 24
延払による不動産の販売 …………… 207
ノン・リコース・ファイナンス … 53, 245
ノン・リコース・ローン ………… 7, 244

＜は行＞

パートナーシップ ………………… 17, 253

パートナーシップ課税ルール ……… 80, 83, 86, 329
パートナーシップ契約 ……………… 257
パートナーシップ資産の分配 ……… 36
パートナーシップ・ストラクチャー
　…………………………………… 116, 121
パートナーシップ・ストラドル …… 104
パートナーシップの課税所得の計算 … 256
パートナーシップの分配持分 ……… 256
パートナーシップ配分 ……… 86, 87, 126
パートナーシップ配分濫用防止規定
　のルール ……………… 86, 88, 325, 329
パートナーシップへの資産の拠出 … 036
パートナーシップ持分 … 123, 126, 128, 254
パートナーシップ持分の処分 ……… 258
パートナーシップ持分のベーシス … 255
パートナーシップ濫用防止規定 …… 42, 86, 88, 121, 327, 328
パートナーシップ濫用防止ルール … 79, 80, 263
パートナーの集合体 ………………… 43
パートナー持分の清算 ……………… 36
バーミューダ保険会社スキーム …… 73
バーンアウト・タックス・シェルター … 12
配当ストリップ取引 ………………… 120
ハイブリッド金融商品 ……… 152, 156, 158, 174, 333
パススルー・エンティティ …… 103, 215, 251
パススルー・エンティティ・ストラドル
　……………………………………… 103
パッシブ・ロス・リミテーション・
　ルール …… 8, 9, 15, 18, 22, 234, 237, 241, 252, 281, 282
パッシブ外国投資会社制度 ……… 135, 331
パッシブ外国投資会社の繰延防止 … 291
パッシブ活動 ……………… 233, 245, 282
パッシブ活動所得 …………………… 13
パッシブ活動税額控除 ……… 13, 234, 245
パッシブ活動損失 …………… 13, 234, 245

索　引　*349*

パッシブ活動損失および税額控除の制限 …………………………………… 233
パッシブ活動ルール ………………… 245
発生主義 …………………………… 47, 183
発生主義納税者 ……………………… 28
判例原則 ………… 60, 66, 68, 72, 82, 86, 128, 133, 293
非課税法人 ………………… 52, 74, 194
非減価償却資産から減価償却資産への税務上のベーシスの移転 ………… 55
被支配法人に対する非課税譲渡 ………… 27
被支配法人の株式・証券を分配する法人の課税上の取扱 ……………… 287
非定期的支払 ……………… 185, 186, 188
非法人 ………………………………… 52
秘密の法人タックス・シェルター ……… 307
評価損益 …………………………… 103
ビルト・イン・ゲイン …… 37, 40, 41, 79, 88, 122～124, 126, 192, 193, 282, 283
ビルト・イン・ゲインと相殺するための買収前損失の利用の制限 ……… 287
ビルト・イン・ロス ………… 37, 40, 41, 61, 64, 66, 71, 80, 88, 126, 192, 193, 286, 326
ファースト・ペイ株式 ………… 52, 74, 266
ファイナンス・リース ………………… 53
FASIT ……… 21, 132, 133, 135, 136, 144, 145, 325, 332
FASIT 要件 …………………………… 21
ファンド・ビークル …………………… 108
ファントム控除 ……………………… 34
ファントム所得 ………… 34, 63, 65, 66, 69, 70
不確定債務 ………………… 28, 57, 58
不確定債務タックス・シェルター ……… 29
不確定債務に係る損失 ………………… 57
不確定払販売 ……………………… 200
プット・オプション …… 59, 65, 71, 143, 147, 148, 165, 166
不定期的支払 ………………………… 49
不適格負債 …………………… 45, 164

不適格負債に係る利子控除否認ルール …………………………… 164, 325, 334
不適格リース・バックまたは長期契約 ………………… 225, 227
不動産投資信託 …………… 19, 194, 283
不動産の販売 ……………………… 207
不動産モーゲージ投資導管 ……… 20, 33, 62
フロア契約 ………………………… 48, 186
プロジェクト・アパッチ ……… 27, 129, 331
プロジェクト・コチーズ …… 27, 63, 68, 327
プロジェクト・コンドル ………… 27, 83, 329
プロジェクト事業体 ………………… 23～25
プロジェクト・スティール … 27, 61, 66, 326
プロジェクト・ターニャー ……… 27, 57, 326
プロジェクト・タミー I ………… 27, 123
プロジェクト・タミー I およびタミー II ……………………………… 122
プロジェクト・タミー II …………… 27, 125
プロジェクト・テレサ ………… 27, 116, 327
プロジェクト・トーマス ………… 27, 76, 328
プロジェクト・NOLy ………………… 138
プロジェクト・バラ …………… 27, 58, 326
プロジェクト・バルハラ …………… 27, 145
プロジェクト・レニゲード ………… 27, 142
プロモーター ……………………… 308
プロモーター・イニシアチブ ………… 320
文理解釈 ……………………… 181, 263
米国エンロン課税合同委員会報告書 …… 26
米国議会課税合同委員会 ……………… 54
米国議会課税合同委員会スタッフ報告書の税制改正勧告 …………… 323
米国属領法人 ………………………… 73
米国不動産に対する外国投資税法 ……… 278
閉鎖的保有 C 法人 ………………… 22, 222
閉鎖的保有パススルー・エンティティ … 215
ベーシス下方修正ルール ……………… 82
ベーシス・シフト ………… 84, 88, 116, 327
ベーシス・スワップ ……… 49, 105, 184
ベーシス引上げ …………… 84, 106, 122

ベーシス引継ルール ……………… 68, 70, 326
ヘッジ取引 ……………………………… 189
ペナルティ調査 ………………………… 321
報告すべき取引 …………… 312, 314, 316, 317
法人所有生命保険 ……………………… 106
法人タックス・シェルター …………… 13, 14
法人の特性 ……………………………… 24
法人分割による利益の抜き取り ………… 259
法的安定性 ………………………… 179, 181
法律の委任 ………………………… 182, 264
ポジション ……………………………… 46

＜ま行＞

マーク・アンド・スプレッド法 ………… 191
マークド・トゥ・マーケット契約 ……… 184
マークド・トゥ・マーケット項目の
　ヘッジ ……………………………… 191
前払先渡契約 …………………………… 48
前払商品販売 …………………………… 47
前払取引 …………………………… 47, 152
みなし償還ルール ………………… 42, 88, 130
みなし所有ルール ………………… 119, 133
みなし売却 ………………… 44, 138, 140, 163
ミューチュアル・ファンド ……………… 19
無形ドリル経費 ………………………… 9
無視される事業体 ………… 25, 146, 147, 325, 335
メイ・カンパニー規則 …………………… 88
明瞭な所得の反映原則 ………… 182, 190, 193
メカニカル・スタンダード …………… 180
メカニカル・ルール ……… 181, 263, 264, 293
目的論的解釈 ……………… 180, 181, 300
持株会社 ……………………………… 53

＜や行＞

有害な税の競争 ………………………… 322
優先株式ストリッピング取引 …………… 269
優先株式による利益の抜き取り ………… 258
譲受法人による債務の控除 ……………… 29
汚れた所得 …………………………… 101

ヨセミテ信託 ………………………… 172
ヨセミテ取引 ……………… 170, 171, 173
予測可能性 …………………………… 179

＜ら行＞

濫用的租税回避取引 ……… 12, 30, 311～313, 319
濫用的タックス・シェルター ……… 11, 12, 305, 310
濫用的タックス・シェルターの
　認定基準 ………………………………… 3
濫用防止規定 …………… 25, 89, 121, 189
リース ……………………………… 34
リース資産の処分 ……………………… 82
リース資産の売却 ……………………… 79
リース取引 ………………………… 6, 36
REIT …………………………… 19, 63, 74
REIT 要件 ……………………………… 20
利益動機 ……………………… 4, 180, 270
利益動機の原則 ………………………… 4
リサイクル・ヘッジ …………………… 193
利子控除否認ルール …………………… 164
利子に関する会計方法 ………………… 183
離脱権 ……………………………… 76, 77
RIC …………………………………… 19
RIC 要件 ……………………………… 19
リミテッド・パートナー ……………… 17
リミテッド・パートナーシップ ……… 17
リミテッド・ライアビリティ・
　カンパニー ………………………… 18
留保収益 ……………………………… 98
留保収益税 …………………… 240, 250
留保収益税の公開会社への適用拡大 …… 280
類推解釈 ……………………………… 181
ルール・ベース・システム ………… 239
ルック・バック法 ……………… 213, 214
REMIC ……………………… 20, 33, 63
REMIC 残余持分 …… 61, 64～66, 68, 70, 326
REMIC 要件 ………………………… 20

レバレッジド・リース ……………………… 10
レバレッジド・リース取引 ………………… 35
レバレッジ投資 ……………………………… 5,7
連結納税 ……………………………………… 99
連結納税グループ構成員による
　ヘッジ …………………………………… 193

連結納税グループにおける収益・利潤
　…………………………………… 33, 120, 325
連結納税濫用防止ルール …………………… 264

＜わ行＞

割引債濫用防止ルール ……………………… 264

著者紹介

本庄　資（ほんじょう・たすく）

昭和39年京都大学法学部卒業
以後、大蔵省主税局国際租税課外国人係長、日本貿易振興会カナダ・バンクーバー駐在、大蔵省大臣官房調査企画課（外国調査室）課長補佐、国税庁調査査察部調査課課長補佐、広島国税局調査査察部長、東京国税局調査第1部次長、大蔵省証券局検査課長、国税庁直税部審理室長、国税庁調査査察部調査課長、税務大学校副校長、金沢国税局長、国税不服審判所次長
現在、国士舘大学政経学部教授、慶應義塾大学大学院商学研究科特別研究教授、税務大学校客員教授、専修大学大学院法学研究科講師

著書　国際租税法（大蔵財務協会）
　　　ゼミナール国際租税法（大蔵財務協会）
　　　国際取引課税の実務（大蔵財務協会）
　　　租税回避防止策―世界各国の挑戦（大蔵財務協会）
　　　アメリカの租税条約（大蔵省印刷局）
　　　アメリカ法人所得税（財経詳報社）
　　　アメリカの州税（財経詳報社）
　　　アメリカ税制ハンドブック（東洋経済新報社）
　　　租税条約（税務経理協会）
　　　国際租税計画（税務経理協会）
　　　国際的租税回避―基礎研究―（税務経理協会）

著者との契約により検印省略

平成15年9月1日　初版第1刷発行

アメリカ・タックス・シェルター
―基礎研究―

著　者	本　庄　　　資	
発 行 者	大　坪　嘉　春	
整 版 所	美研プリンティング㈱	
印 刷 所	税経印刷株式会社	
製 本 所	株式会社　三森製本所	

発行所　東京都新宿区下落合2丁目5番13号　株式会社　税務経理協会

郵便番号 161-0033　振替 00190-2-187408　電話(03)3953-3301(編集部)
FAX(03)3565-3391　　　　(03)3953-3325(営業部)
URL　http://www.zeikei.co.jp/
乱丁・落丁の場合はお取替えいたします。

Ⓒ 本庄　資 2003　　　　　　　　　　　　Printed in Japan

本書の内容の一部又は全部を無断で複写複製（コピー）することは、法律で認められた場合を除き、著者及び出版社の権利侵害となりますので、コピーの必要がある場合は、あらかじめ当社あて許諾を求めて下さい。

ISBN 4-419-04236-2　C 2032